날마다 찬미예수 (500곡)

KB191627

CcM²u

날마다 **찬미예수** 500곡은 . . .

♥ 한국교회의 청년과 장년들이 선호하는 복음성가 **베스트 500곡**

♥ **큰 글씨 큰 악보**로 누구나 보기에 편합니다.

♥ 수요예배, 금요철야, 주일찬양예배, 구역모임 등 여러 예배에서 은혜로운 찬양으로 사용할 수 있습니다.

♥ 목차에서 곡을 찾을 때는 곡의 제목뿐 아니라 가사첫줄만 알아도 쉽게 찾을 수 있습니다.

♥ **코드-가나다** 순서로 편집되어 있어 같은 코드의 곡을 쉽게 볼 수 있습니다.

Contents

가나다순 | 가사첫줄 · 원제목

Contents

주제순 | 가사첫줄 가나다순

인도와 보호

평안과 위로

신뢰와 확신

분투와 승리

성도의 교제

선교와 전도

천국과 소망

거룩하신 성령이여

(Holy Spirit we welcome You)

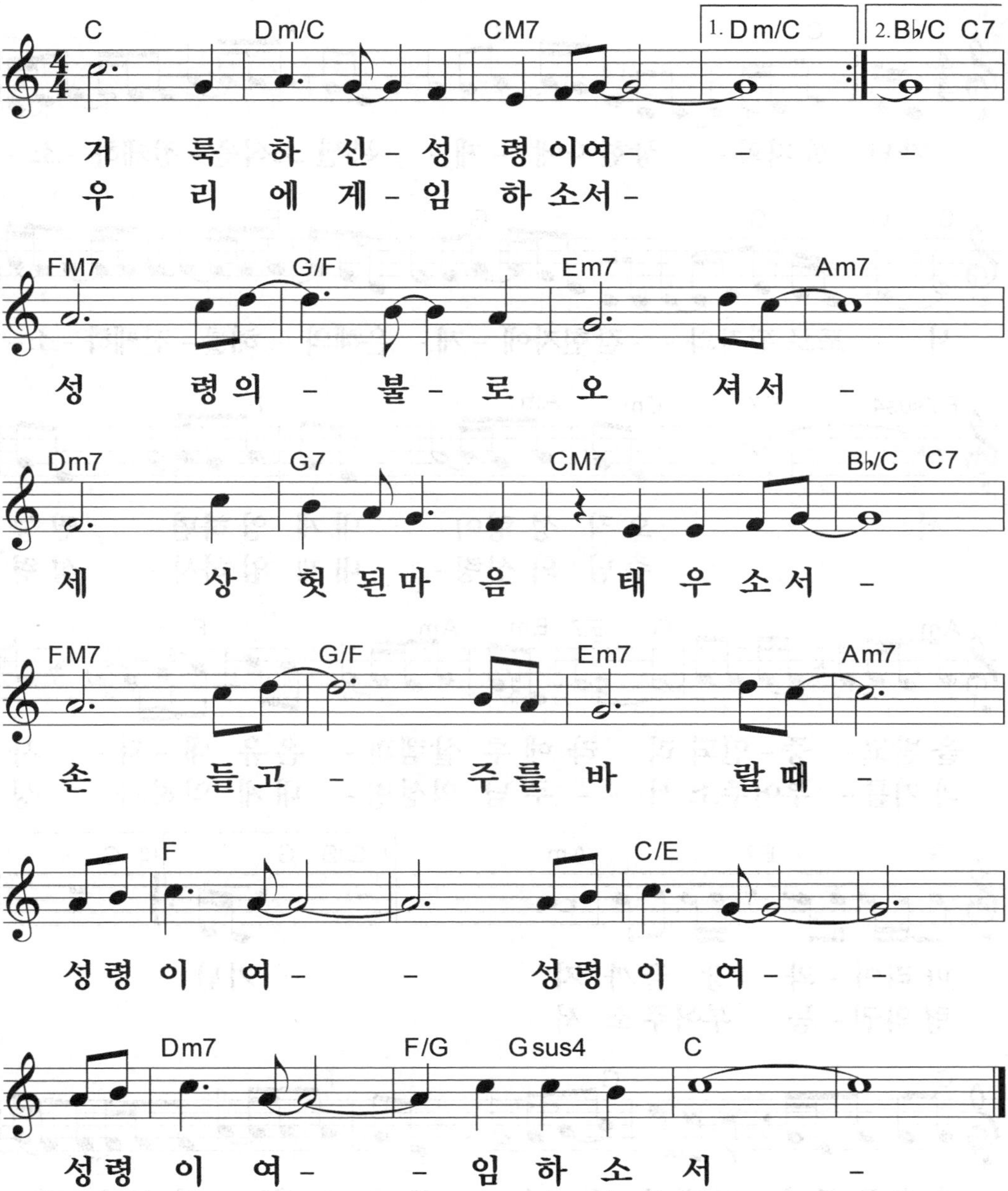

C

1

2 가난한 자와 상한 자에게

(한라와 백두와 땅 끝까지)

김웅래

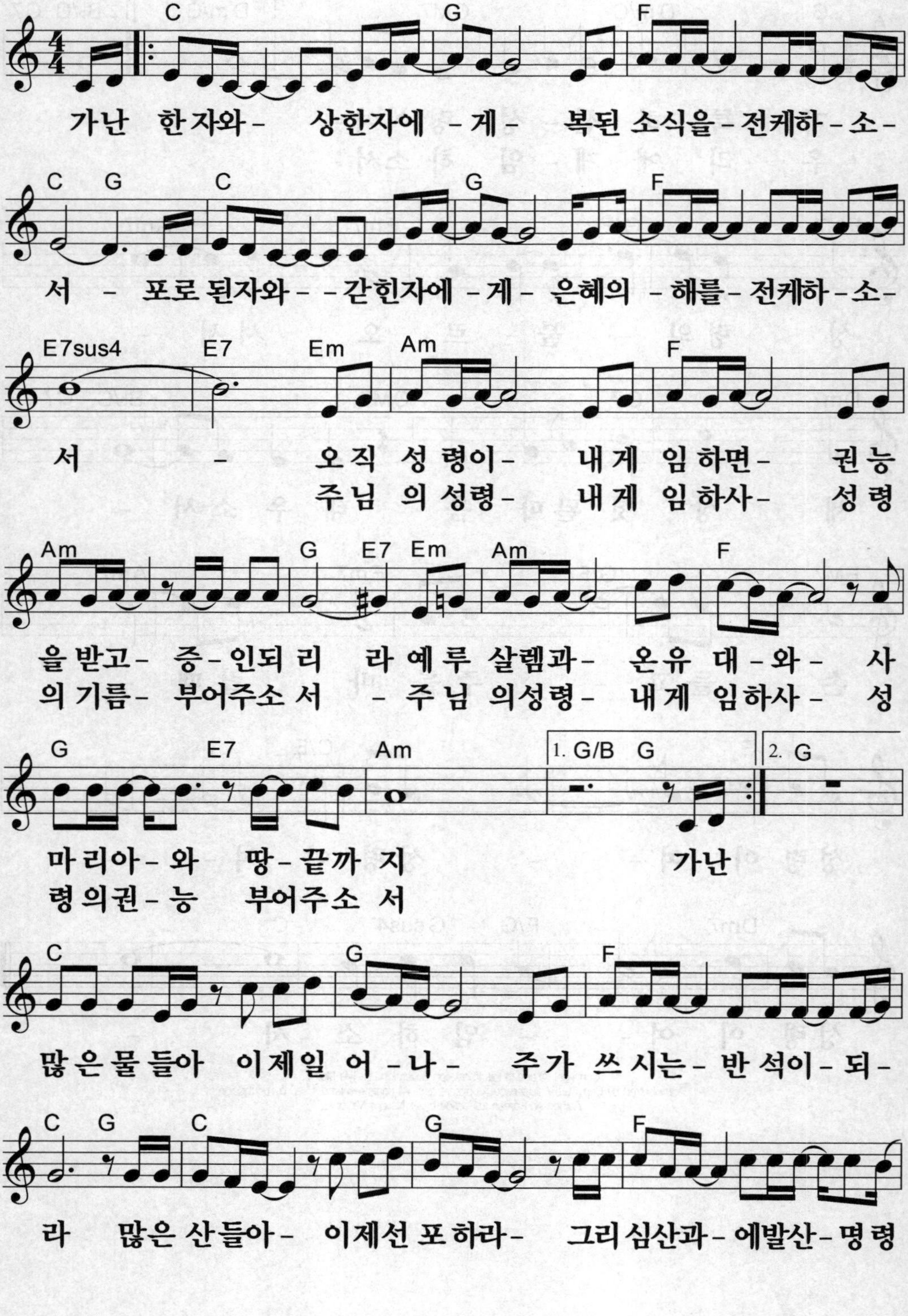

C

살아 계신 - 하나님 - 말 씀 - - 임 - 하옵소

서 - 주 - 님의성 령 - 하 - 늘가르 고 임하옵소서
서 - 성 - 령의단 비 - 이 - 땅한라 에 부어주소서

- - 불 - 어오소 서 성령의바 - 람 - 구름가
- - 내 - 려주소 서 성령의불 - 을 - 이땅백

- 르고 - 불어오 - 소 서 - 부 - 어주소 서 -
- 두에 - 내 려주 - 소

3 거리마다 기쁨으로

(Hear our praise)

Reuben Morgan

거리마 - 다기 - 쁨으 - 로 -
- 앞에 - 행할 - 때 -

춤 을 추 - 게하 - 시고 -
주 의빛 - 비추 - 시고 -

주 의백 - 성기 - 도할 - 때 -
물 이바 - 다덮 - 음같 - 이 -

이 땅회 - 복하 - 소서 - 오 늘 - 산 위
주 영광 - 채우 - 소서 - 주 틈 - 비으

에 서 - 계 곡 까 지 - 우 리 찬 양 -

울 리 네 하 늘 에 서 - 열 방

까 지 - 우 리 노 래 - 가 득 하 네

거리마다 기쁨으로

Fine

십 자 가

할렐 루 야 – 할렐 루 – 야 – 할 렐

루 야 – 할렐 루 야 – – 할 렐 – 산 위

D.S.

G sus4 C C sus4 C 1. C sus4 C
2. C sus4 F Dm7 Am7 Em7
F Dm7 G sus4 1.G 2.G G sus4

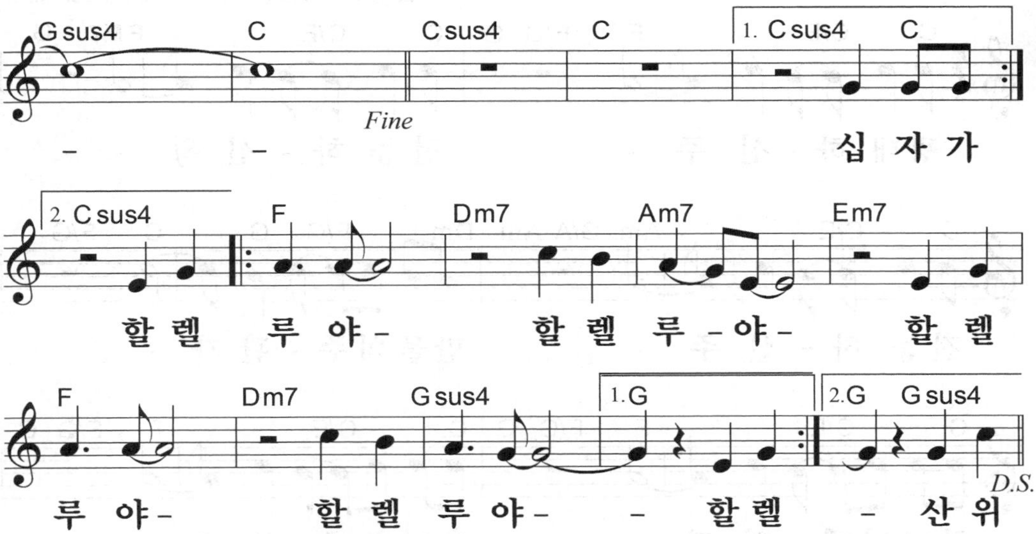

광대하신 주
(Mighty is our God)

Eugene Greco/Gerrit Fustafson & Don Moen

광대하 – 신 주 – 전능하 – 신 왕 –

전능 하 – 신 주 – 만물의주 – 관 자 –

하나님께 – 영 광 – 우리왕께 – 영 광 –

주님 께 – 영광 – 만물의주 – 관 자 온 세 상

위 – 에 – 가장높으 – 신 그 – 이 름 그 능 력

크 도다 – 만 물 을 창 조 – 하 셨 – – 네

Fine

D.C. al Coda

나는 순례자

5 C

JOYCE. LEE

나 는 순 례 자 - 이 세 상 에 서 - 언 젠 가
나 는 순 례 자 - 방 황 하 지 만 - 예 수 내
나 는 순 례 자 - 피 곤 한 몸 을 - 하 늘 나

집 에 - 돌 아 가 리 - 어 두 운 세 상 - 방 황 치
구 주 - 이 끄 시 네 - 영 광 의 나 팔 - 소 리 들
라 에 - 누 이 시 네 - 주 볼 때 마 다 - 영 광 나

앉 고 - 예 수 와 함 께 - 돌 아 가 리 -
릴 때 - 천 사 날 위 해 - 찾 아 오 리 -
타 나 - 승 리 를 위 해 - 찬 양 하 리 -

나 는 순 례 자 - 돌 아 가 리 - 날 기 다

리 는 - 밝 은 곳 에 - 곧 돌 아 가 리 - 기 쁨 의

나 라 - 예 수 와 함 께 - 길 이 살 리 -

6 나는 아네 내가 살아가는 이유
(불을 내려 주소서)

천관웅

1. 나 는 아 네 내가 살아 가는 이유
   작 은 불 이 이 큰 산 모두 태우 듯 이
2. 주 발 앞 에 신을 벗고 기도 하 니
   성 령 으 로 연 단 받은 불의 사 람

불 이 되 는 것 나를 쓰소 서
불 을 주 소 서 되게 하소 서

불을- 내 려주- 소서 - 내게- 성 령의-불을 -

죽 어진-영 혼 - 살 릴수있-도 록 - 나를-

태 워주- 소서 - 제단- 위 에나-를 드 -리 니-

열 방의-불-로 - 세우-소 서 - -

나는 아네 내가 살아가는 이유

태 - 우 소 - 서 부 - 으 소 - 서 성 - 령 의 - 불

을   불을 - 내 려주 - 소서 - 내게 -

성 령의 - 불 을 -   죽 어진 - 영 혼 -   살

릴 수있 - 도 록 -   나를 - 태 워주 - 소서   - 제단 -

위 에나 - 를드 - 리 니 -   열 방의 - 불 - 로

- 세 우 - 소 서 -   -

7 나를 위해 오신 주님

(사랑의 손길)

문찬호

나를위 해 오신주 님 나의죄를 위하여 서
이세상 에 오신주 님 나의죄를 위하여 서

유대민 족 들-에 게 잡히시 던 -- 그날밤 에
로마병 정 창과칼 에 찔리시 던 -- 그날오 후

아무런 말 도-없 이 우리에 게 사-랑 을
아무런 말 도-없 이 우리에 게 평-안 을

보여주 신 주님예 수 십자가 를 -- 지-셨 네
약속하 신 주님예 수 십자가 에 -- 못박혔 네

그러나 언 젠가 주님을 부인 하며 원망 하 고 있을때 에

나에게 오 셔서 사랑의 손 길로 어루만 지 셨 네

거절할 수 없어 외면할 수 없어 주님의 그 손을 잡았었 네

주님의 사 랑에 뜨거운 눈 물을 흘리고 야 말았 다 네

나에게 건강있는 것

(하나님을 위하여)

김석균

8

C

[악보: C / Am7 / G7 / C]

나에게 건강있는 것 주님 일 하라준것인 데
나에게 물질있는 것 주님 일 하라준것인 데
나에게 하나님한 분 그것으 로 - 족하지 요

[악보: C / C M7 / G7 / C]

나에게 지식있는 것 주님 일 하라준것인 데
나에게 명예있는 것 주님 일 하라준것인 데
한순간 한 - 순간 이 은혜와 감격뿐이지 요

[악보: C / G / G7 / C]

너희는 청년의때 에 창조주 - 하나님 을
재물과 하 - 나님 을 겸하여 - 섬 - 기 지
먼 - 저 그의나라 와 그의의 - 를구하 라

[악보: C / C7 / F / C / D / G7]

기억하 라말씀하신 하 나 - 님 왜 - 잊었는 가
못하리 라말씀하신 하 나 - 님 왜 - 잊었는 가
세상살 아가는법을 말 씀하신 나 - 의하나 님

[악보: C / G / G7 / C]

금보다 귀한세월 나를위 해무엇했느 냐
썩을것 위해서는 수많은 시간을쓰면 서
지금의 나된것은 주님의 크신은혜이 니

[악보: C / C7 / F / C / G7]

예수님 - 나에게물 - 으시니 회개의 눈물뿐이 네
주님을 - 위해서무얼했는지 부 - 끄 러움뿐이 네
일할수 - 있을때힘써일하라 하 - 나 님을위하 여

9 나의 만족과 유익을 위해

(Knowing You)

Graham Kendrick

나의 만족과 유익을 위-해 가지려 했던 세
의 능력 체험하면-서 주의 고난에 동

상 일들 이젠 모두 다 해로 여기-고 주님
참 하고 주의 죽으심 본을 받아-서 그의

을 위해 다 버리 네 내 안에 가장
생 명에 참 예 하 네

귀한 것 주님 을 앎 이 라 모든

것 되시며 - 의와 기쁨 되신 주 사랑 합니 다 - 부활

합니 다 - 나의 주 -

나의 입술의 모든 말과

(Let the words of my mouth)

10

C

Joe Mackey

나 의 입 술 의 모 든 말 과 나 의 마 음 의 묵 상 이

주 께 열 납 되 기 를 원 하 네 -

Fine

생 명 이 - 되 신 주 -
소 망 이 - 되 신 주 -

반 석 이 - 되 신 주 -
능 력 이 - 되 신 주 -

_D.C._

11 나의 하나님 나의 하나님

강태원

나의하 나님 나의하 나님 나와함 께하 신하나 님

주님 뜻 대로 살기 원 하여 이처럼 간구 합니 다

아버 지 아버 지 죄인부 르신 아버 지
아버 지 아버 지 나를구 하신 아버 지

감사 합 니다 감사 합 니다 늘찬 송 하게 하소 서
감사 합 니다 감사 합 니다 이몸바 쳐살 렵니 다

아버 지 아버 지 은혜베 푸신 아버 지
아버 지 아버 지 축복해 주신 아버 지

감사 합 니다 감사 합 니다 영광받 아주 옵소 서
감사 합 니다 감사 합 니다 사명감 당케 합소 서

나의하 나님 나의하 나님 나의하 나님 아버 지

감사 합 니다 감사합 니다 진정감 사 합니- 다

나 지치고 내 영혼
(날 세우시네 / You raise me up)

Brendan Graham & Rolf Loyland

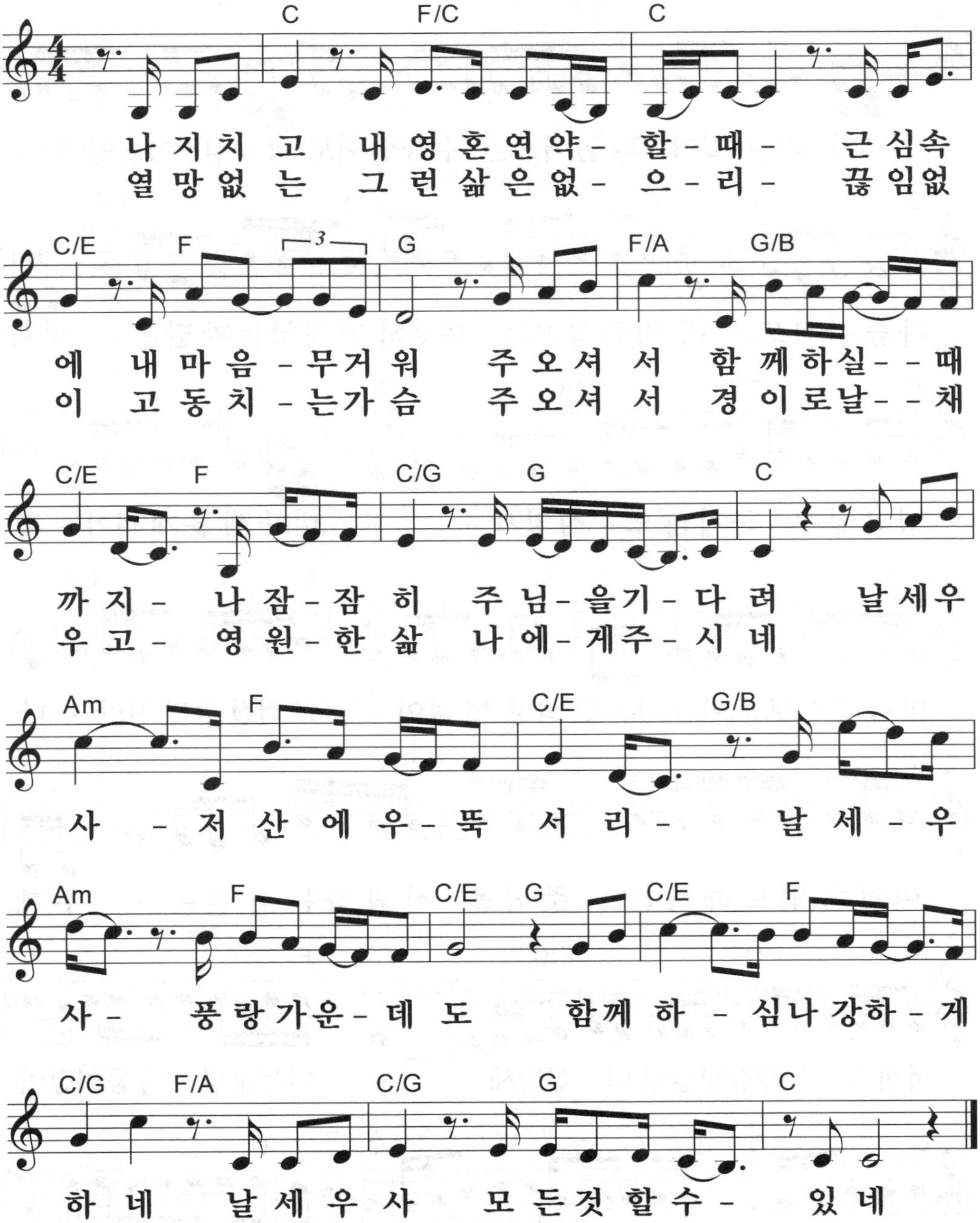

13 내가 걷는 이 길이

(하나님은 실수하지 않으신다네)

A.M.오버톤 & 최용덕

내가 걷는이길이- 혹 굽어도는-수가 있어도 내- 심장이울렁이고-

가슴아파도 - 내 마음속으로 - 여전히 기뻐하는까닭은- 하나

님은실수 - 하지않으 - 심일세 - - 내가 세운계획이 - 혹

빗나갈지모르며 - 나의 희망 덧없이 - 쓰러질수있지만 - 나

여전히 인도하시는 주님을 신뢰하는까닭은 - 주께

서내가 - 가야할길을잘아 - 심일세 - - 어두운밤 - 어둠이깊어

날이다 시는 - 밝지않 을것같아보여도 - 내 신앙부여잡고 - 주

C

님께 모든것 - 맡기리니 - 하나님을 - 내가 믿 - 음일 세 - 지금

은 내가 볼 수 없 는것 너무 많아서 - 너무 멀리 - 가물 가물 -

어른 거려도 - 운명 이여 - 오라 - 나 두 려워 - 아니 하리 - 만 -

사를 주 님께 - 내어 맡기리 - 차츰 차츰 - 안개는 걷히고 - 하나

님 지으신 - 빛이 뚜 렷이 보이리라 - 가는 길이 온통 - 어 -

둡게만 보여도 - 하나 님은 - 실수 하지 않으신 - 다 네 - 차츰

님은 - 실수 하 지 않으신 - 다 - 네 -

14 내가 산을 향하여

김영기

내가 산을 향하여– 눈을 들리라
내가 손을 들고서– 기도 하리라

나의 도움이 어디서 올 –꼬
나의 응답이 어디서 올 –꼬

천지 지으신 여호와– 나의 왕이여
전지 전능한 하나님– 나의 주시여

영원 무궁 히 지키시 리로다
나의 출입을 지키시 리로다

내가 처음 주를 만났을 때

15

(주를 처음 만난 날)

김석균

내가 처음 주 를 만났 을 때 외롭 고도 쓸 쓸한모습 -
내가 다 시 주 를 만났 을 때 죄악 으로 몹 쓸병든 몸 -
내가 이 제 주 를 만남 으 로 죽음 의길 벗 어나려 네 -

말없 이 홀로 걸 어가신 길 은영-광 을 다- 버 린나그 네 -
조용 히 내손 잡 아이끄 시 며병-든 자 여- 일 어나거 라 -
변찮 는 은혜 와 사랑베 푸 신그-분 만 이- 나 의구세 주 -

정녕 그분이 내 형제구원 했 나 나의 영 혼도 구 원하려 나 -
눈물 흘리며 참 - 회하였 었 네 나의 믿 음이 뜨 거웠었 네 -
주예 수따라 항 - 상살리 로 다 십자 가 지고 따 라가리 라 -

의심 많은 도 마처럼 울었 네 내가 주를 처 음만난 날 -
그러 나 죄 악 이나를 삼키 고 내영 혼갈 길 을잃었 네 -
할렐 루 야 주 를만난 이기 쁨 영광 의찬 송 을돌리 리 -

16 내 구주 예수님
(Shout to the Lord)

Darlene Zschech

내구주 예수님 주같은분 - 없 - 네 - 내평생에
위로자 되시며 피난처되 - 신주님 - 나의영혼

1. - 찬양하리 - - 놀라운주의사 랑 을

2. - 온맘다해 - 주를경배합 니 다

온땅이여 - 주님께 - 외쳐라 - - 능력과위 - 엄의왕

- 되신주 - 산과바다 - 소리쳐 - 주의 - 이름

을 - - - 높이리 - 주행한일 - 기뻐노

- 래하며 - 영원히주님 - 을사랑 - 하리라 -

신실하신 - 주의약 - 속나받 - 았네 -

내 안에 사는 이
(Christ in me)

Gary Garcia

내 안에 사는 이 예수 - 그리 스 도-니

나 의죽 음-도 유 익 - 함이 라

나의 왕 내노 래 내생 명 - 또내기 쁨

나의 힘 나 의 검 내평 화 나의 주 -

18 내 영혼아 여호와를 송축하라
(Bless the Lord O my soul)

Pete Sanchez Jr.

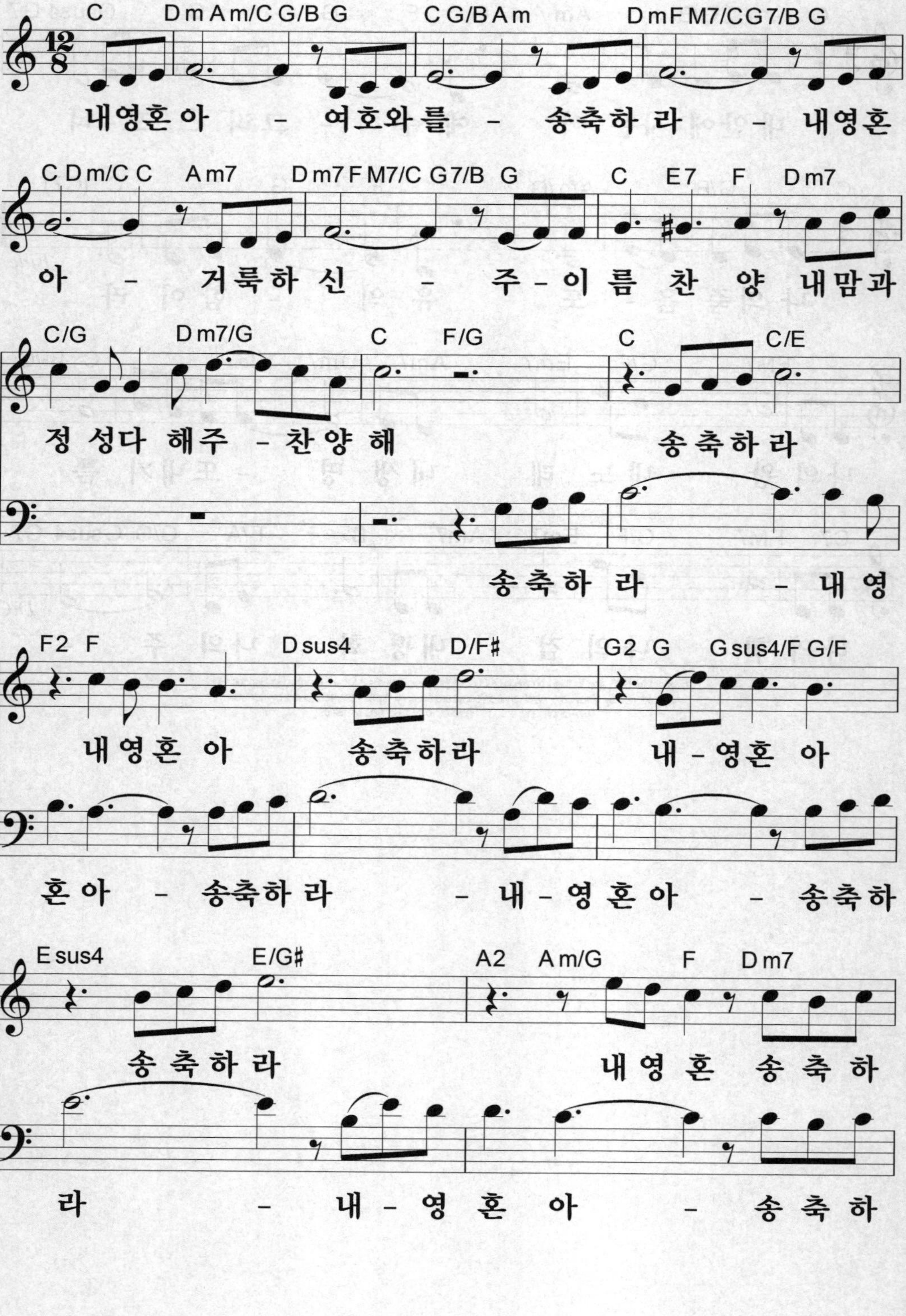

C

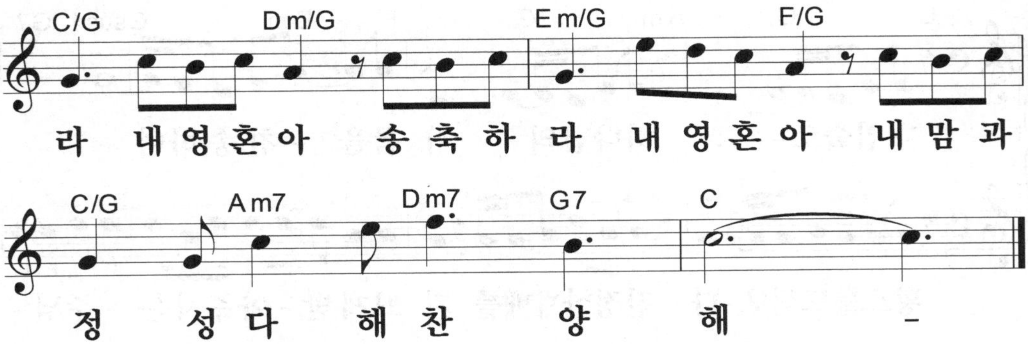

라 내영혼아 송축하라 내영혼아 내맘과

정 성다 해찬 양해 -

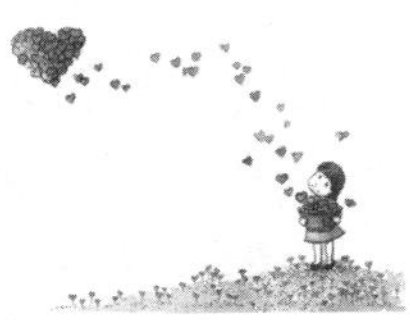

19 내 입술로 하나님의 이름을

정종원

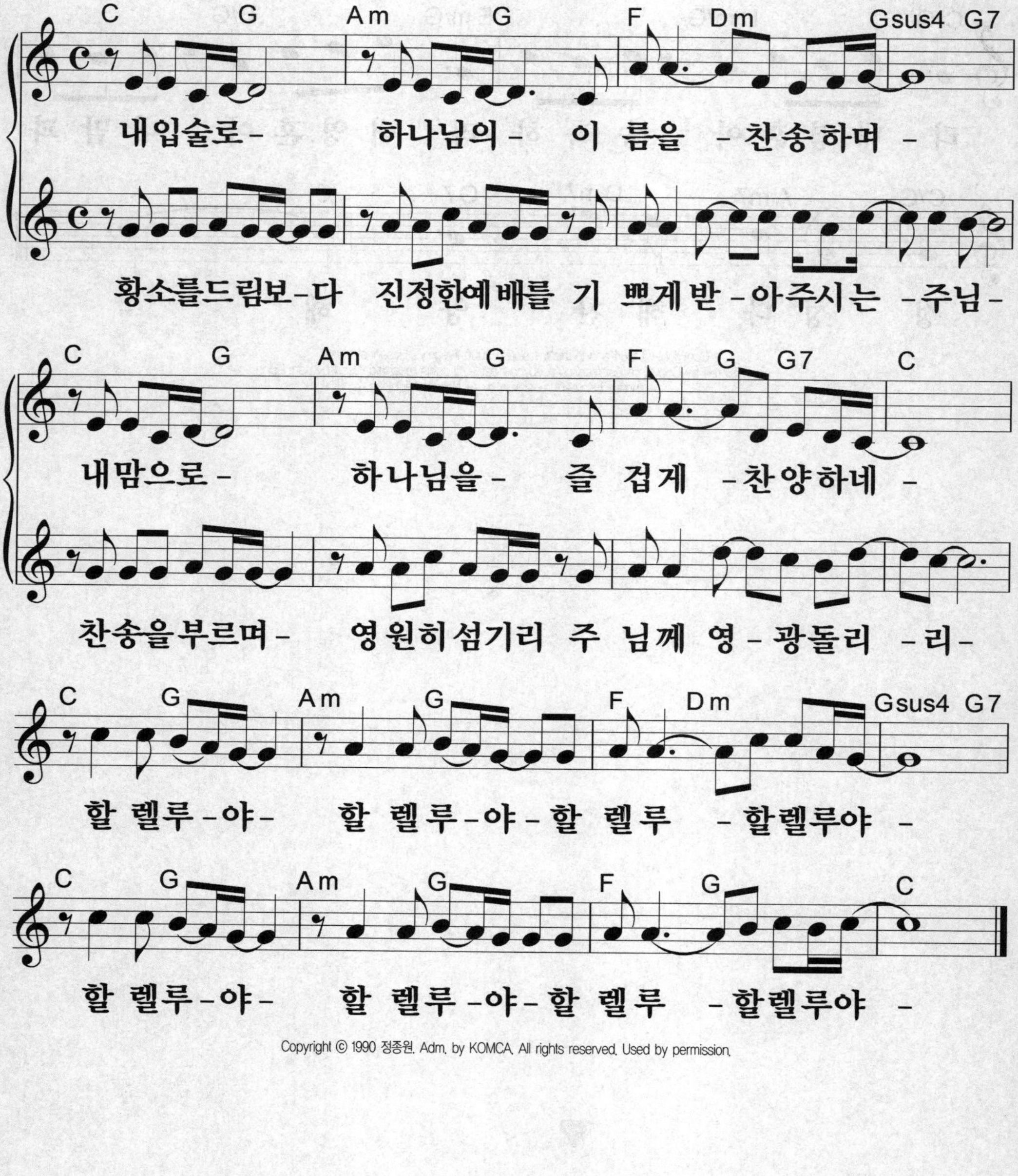

눈을 들어 주를 보라

(See His glory)

Chris Bowater

눈을 들-어 주를 보-라 주의 영 광을 보 라

눈을 들-어 주를 보-라 주의 영 광을 보 라

주는빛 - 거룩과-진 리 능력의 - 주의 영 광 나타나셨네 -

선포-하 라 선하-신 주 주의 인자는 영원함 이 -라

선포-하 라 선하-신 주 주의 인자는 영원함 이 -라

21 너는 담장 너머로 뻗은 나무

(야곱의 축복)

김인식

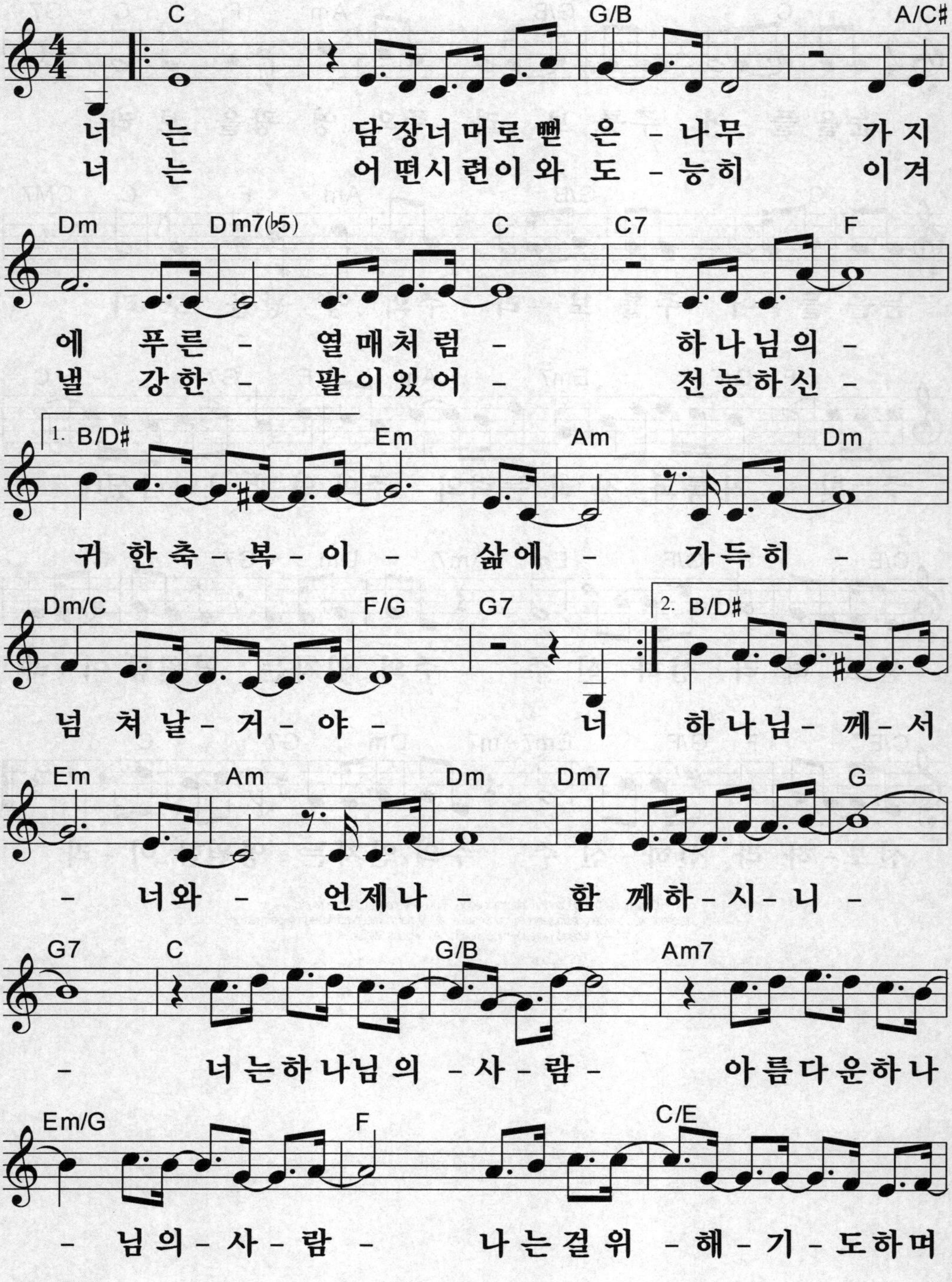

너는 담장 너머로 뻗은 나무

Dm7　　　　　G7　　　　　C

- 네 길 을 - 축 복 할 - 거야　　너 는 하 나 님 의

G/B　　　Am7　　　　Em/G　　　　F

- 선 - 물 -　　사 랑 스런하나 - 님 의 - 열 - 매 - 주 의 품 에

C/E　　Am　　Dm7　G7　　F/C　　　C

- 꽃 피 운 -　　나 무 가 되 어 줘 -　　　-

22

능력 위에 능력으로
(He is able)

Rory Noland & Greg Freguson

능력 위에 - 능 력 으 - 로 - 나를 향한주뜻이 루시

고 - - - 능력 위에 - 능 력 으 - 로 - 내

앞의일을주 - 관하시 네 - 능력 위 - 에 능 력

으 - 로 내 생각보다더크신 - - 주 님 - 능력

위에 - 능 력 으 - 로 주 뜻대로날빛 으소 서

능력의 이름 예수

(Jesus Your Name)

Claire Cloninger & Morris Chapman

능 력 의 이 - 름 예 - 수
치 유 의 이 - 름 예 - 수
거 룩 한 이 - 름 예 - 수

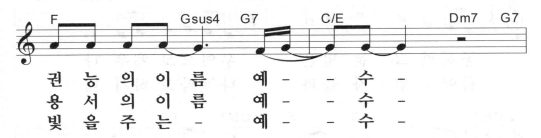

권 능 의 이 름 예 - - 수 -
용 서 의 이 름 예 - - 수 -
빛 을 주 는 - 예 - - 수

모 든 강 력 - - 을 - 파 하 는 예 - 수 -
자 유 주 시 - - 는 - 그 이 름 예 - 수 -
모 든 이 름 - - 위 에 뛰 어 난 예 - 수 -

생 명 되 신 - 예 수 -

24 매일 스치는 사람들

(주가 필요해 / People Need The Lord)

Phil McHugh & Greg Nelson

매일스치는 사람들- 내게무얼- - 원하나-
캄캄한 -세 상에서- 빛으로- -부름받아-

공허한 그 눈 빛은 무엇으로 채우 나
잃어버린 자 들과 나누라고 하시 네

모두자기 고 통과- 두려움- 가 득
주의사랑 으로만- 사랑할수있 네

감춰진울 음 소리- 주님들으시 네 - -
우리가나 눌 때에- 그들알-겠 네 - -

그들은 모 두 주가필 요 해

깨지고 상 한 마음 주가여시 네 - -

매일 스치는 사람들

C

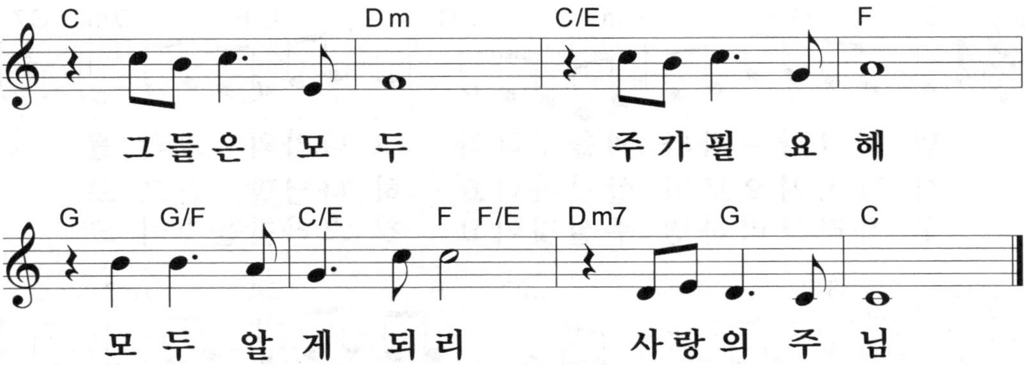

그들은 모 두　　　　주가 필 요해

모두 알 게 되리　　　　사랑의 주 님

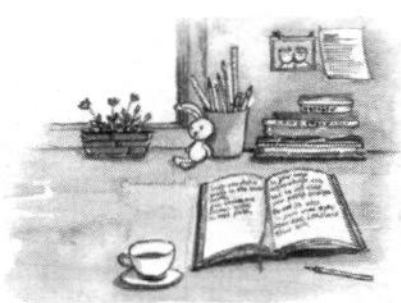

25 먼저 그 나라와 의를 구하라

(Seek Ye First)

Karen Lafferty

먼 저그나 - 라와 의를구하라   그 나라와 - 그의 를
사 람이떡으로만 살것아니요   하 나님말 - 씀으 로
구 하라그리하면 주실것이요   찾 으라찾을것이 요

그 리하면 이 - 모 - 든것을   너희에게더 하시리 라
그 리하면 이 - 모 - 든것을   너희에게더 하시리 라
두 드리라 문이 열릴것이니   할 - 렐 - 루 할렐루 야

할 렐 루 야 할 렐 루 - 야

할 렐 루 야 할렐 - 루 할렐루 야

무엇이 변치 않아

(십자가)

조은아

무엇이변-치않아　내소망이-되며-

무엇이한-결같아　내삶을품으리　그누가날-만

족케해-　내영이-쉬며-　그 누굴기--다려-　내

영이기쁘리　-　십자가-　십자가-그그늘아래-내

소망이있-네　십자가-　십자가-　그그늘아-래내

생명이있네-　-　주여

내영을고요케하사-　십자-가를-품게하시면-주여

내영을잠잠케하사-　십자가로-만족케하소서

27 복음 들고 산을

(주 다스리시네 / Our God Reigns)

Leonard E Jnr, Smith

복음들고 산 을 넘는자 들 의 발길

아름답 고 도 아름답 도 다

평화전하 며 복 된소식 을 외 치네

주 다 스 - 리시네 -

주 다 스 - 리시네 -

주 다 스 - - - 리시네

비바람이 갈 길을 막아도

(주의 길을 가리)

28

C

김석균

비바람이갈길을 막 아도 나는 가리 – 주의길을가 리
힘한파도앞길을 막 아도 나는 가리 – 주의길을가 리

눈보라가앞길을 가 려도 나는 가리 – 주의길을가 리
모진바람앞길을 가 려도 나는 가리 – 주의길을가 리

이 길은 영광 의길 이 길은 승리 의길
이 길은 고난 의길 이 길은 생명 의길

나를구원하신 주 님 이 십자가지고가신 길

나 는 가 리 라 주의길을가리 라

주님발자취 따 라 나는가 리 라

나 는 가 리 라 주의길을가리 라

주님발자취 따 라 나는가 리 라

29 사랑하는 나의 아버지

(Blessed be the Lord God Almighty)

Bob Fitts

사랑하는 나의 아버지 - 이 름높여드립 니 다

주의 나라 찬양속에 임하시니 - 능력의 주께찬송하 네

전능하 - 신 하 나 님 찬 - 양 언제나동일하 신 주 - -

전능하 - 신 하 나 님 찬 - 양 영 원 히다스리 네

Fine

나주의이름높 - 이 리 나주의이름높 - 이 리 - - -

하늘높이올린 깃 - 발 - 처럼 - - - 주의이름높 - 이 리전능하 - 신

D.S.

산과 시내와 붉은 노을과

(오셔서 다스리소서 / Lord, Reign in me)

Brenton Brown

산과시 내-와   붉은노 을-과   땅의모 든-것   주다스 리-네
생각을 넘-어   모든말 보-다   나의생 활-이   말하게 하소-서

내안의 갈-망   유일한 소-망 -   주님날 다 스 리 는것
세상그 어-떤   것 보다소 중-한 -   내주님 날 이 끄 심을

주 오 셔-서   통치하 소-서   헛된나 의-꿈   어둠거 두-사

내모든-것   다드 리-니 -   오셔서 다 스 리 소서 -

주 오 셔-서   통치하 소-서   헛된나 의-꿈   어둠거 두-사

다시한-번   나의주-님 -   오셔서 다 스 리 소서 -

오셔서 다 스 리 소서 -   오셔서 다 스 리 소서 -

31 살아계신 성령님
(Spirit of the living God)

Paul Armstrong

살 아계신 성 령님 날 붙드 - 소서

살 아계신 성 령님 날 살피소서

채 우 소 서 채 우 소 서

성 령하나님 새롭게 하 소서

성도들아 이시간은
(기회로다)

성 도 -들 아 이 시 간은 은 혜 받 을 기 회로 다
마 음 -문 을 활 짝 열고 찬 송 하 며 기 도하 세
타 오 -르 는 제 단 위에 모 든 죄 짐 던 지어 라
구 하 -여 라 사 모 하라 겸 손 하 고 순 종하 라
내 일 -아 침 있 다 해도 인 명 생 사 모 르나 니

성 령 -님 의 은 혜 역사 우 리 위에 임 하 셨 - 네
하 나 -님 의 은 혜 말씀 왜 못 받아 드 리 느 - 뇨
성 령 -불 에 못 태 운죄 주 님 가슴 태 우 누 - 나
은 혜 -깊 은 하 나 님이 우 리 더욱 사 랑 하 - 리
내 일 -생 에 은 혜 기회 늘 있 는줄 생 각 마 - 라

기 회로 다 - 기 회로 다 - 은 혜받 을- 기 회로 다-

믿 읍시 다 - 받 읍시 다 - 이 후 의기 회 를 믿 지마 라-

33 세상에서 방황할 때

(주여 이 죄인을)

안철호

세상 에 서 방황 할 때 나 - 주 님 을 몰 랐 네
많은 사 람 찾아 와 서 나의 친 구 가 되 어 도
이 죄 인 의 애 통 함 을 예 수 께 서 들 으 셨 네
내 모 든 죄 무 거 운 짐 이 젠 모 두 다 벗 었 네

내 맘 대 로 고 집 하 며 온 갖 죄 를 저 질 렀 네
병 든 몸 과 상 한 마 음 위 로 받 지 못 했 다 오
못 자 국 난 사 랑 의 손 나 를 어 루 만 지 셨 네
우 리 주 님 예 수 께 서 나 와 함 께 계 신 다 오

예 수 여 이 죄 인 도 용 서 받 을 수 있 - 나 요
예 수 여 이 죄 인 을 불 쌍 히 여 겨 주 - 소 서
내 주 여 이 죄 인 이 다 시 눈 물 흘 립 - 니 다
내 주 여 이 죄 인 이 무 한 감 사 드 립 - 니 다

벌 레 만 도 못 한 내 가 용 서 받 을 수 있 나 요
의 지 할 것 없 는 이 몸 위 로 받 기 원 합 니 다
오 내 주 여 나 이 제 는 아 무 걱 정 없 습 니 다
나 의 몸 과 영 혼 까 지 주 를 위 해 바 칩 니 다

심령이 가난한 자는

34

C

여명현

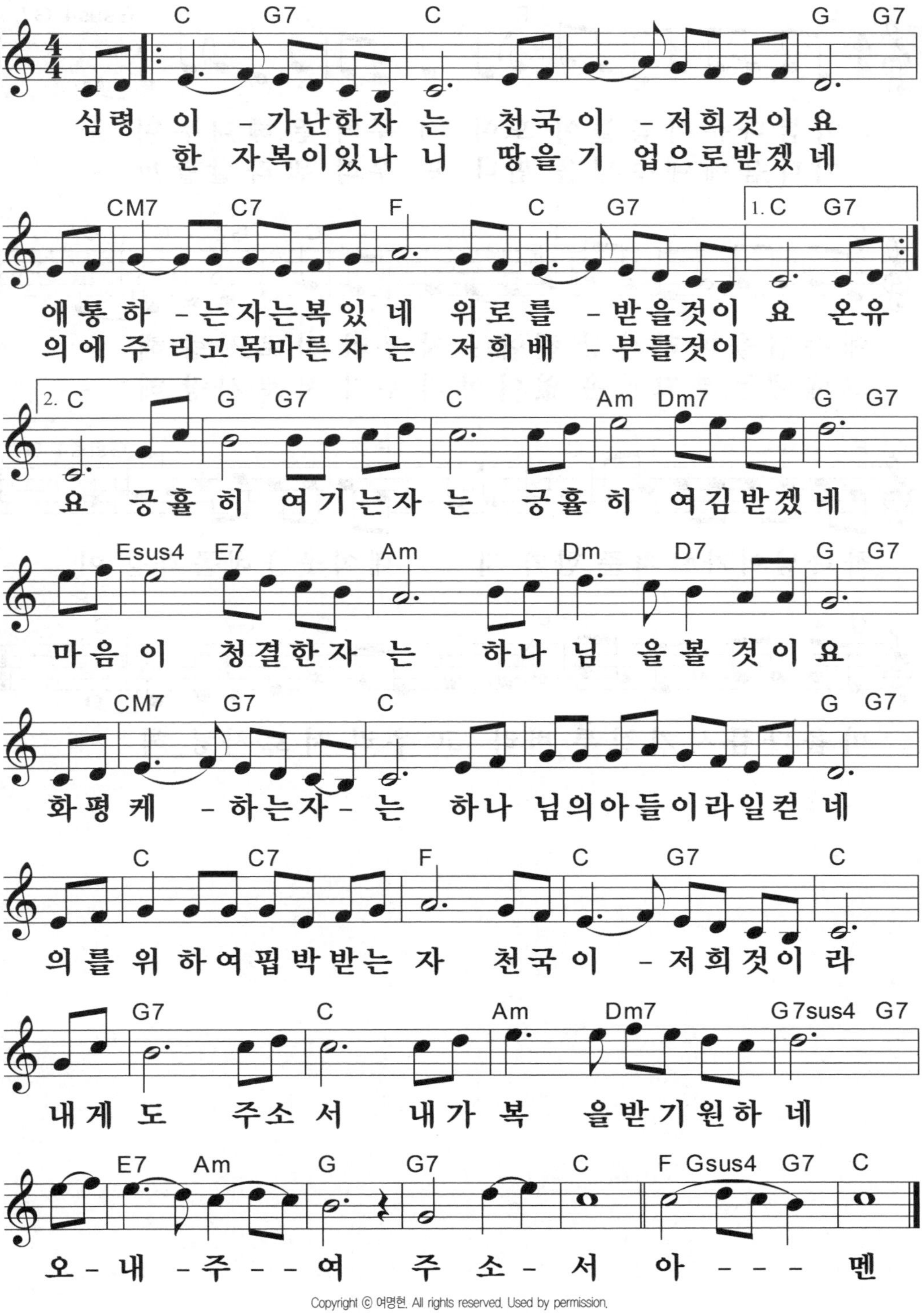

35 아름다운 마음들이 모여서

아름다운마음들이 모여 서 주의 은혜나누며 -
이다음에예수님을 만나 면 우리 뭐라말할까 -

예수님을따라사랑 해야 - 지우리 서로사랑 해 -
그때에는부끄러움 없어 야지우리 서로사랑 해 -

하나님이가르쳐준 한가 지 - 네이웃을네몸과같 이

미움다툼시기질투 버리 고 우리 서로사랑 해 -

아무것도 두려워 말라

현석주

아 무 - 것 도 두려워말라 주 나의하나님이 지켜주시네 -

놀라지마라 - 겁내지마라 - 주님나를 지켜주시네 - -

내 맘이힘에겨워 지칠지라 도 주님나를 지켜주시 네

세 상의험한풍파 몰아칠때도 주님나를 지켜주시 네 -

주 님은 나의산 성 주 님은 나의요 새

주 님은 나의소 망 나의힘이 되신여호 와

37 아주 먼 옛날
(당신을 향한 노래)

천태혁 & 진경

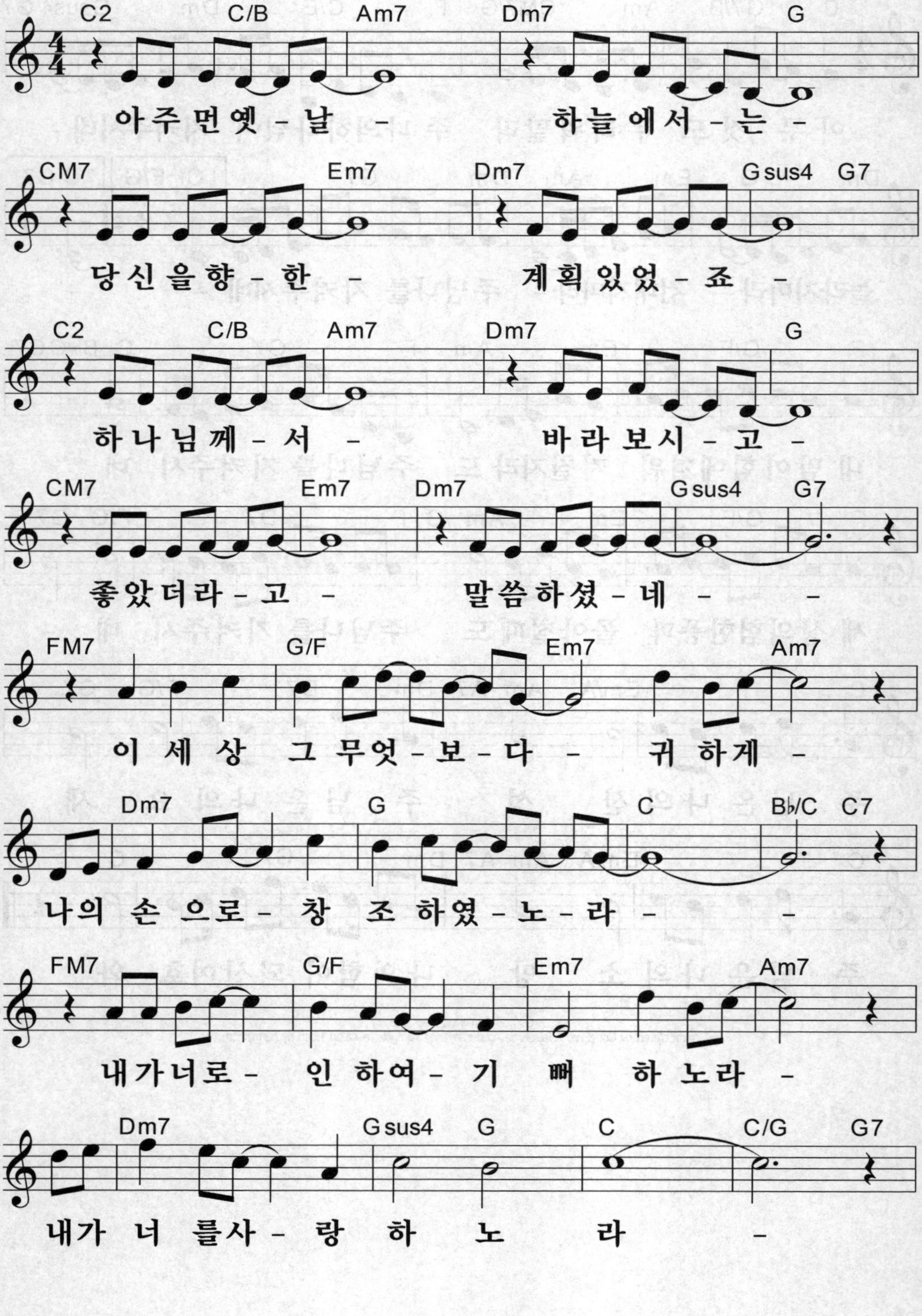

아주 먼 옛날

C G/B Am B♭2/G C7 F C/E Dm7 Dm7/G G7
사 랑해 요 – 축 복 해 요 –
C E7/B Am7 C/G
당 신의 마 음 에 우 리의– –
Dm7 G7 C
사 랑 을 드 려 요 –

38 아버지 당신의 마음이

(하나님 아버지의 마음)

박용주 & 설경욱

아버지 당신의 - 마음이 있는곳에 - 나의 마음이 - 있기를

원해요 - 아 버지 당신의 눈물 이 고인곳에 - 나의

눈물이 - 고 이길 원해 요 아 버지 당신이 - 바라보는

영혼에게 - 나의 두눈이 - 향하길 원해요 - 아

버지 당신이 울고 있는 어 두 운 땅에 - 나의 두발이 - 향 하 길 원해

요 나의 마 음이 아버지 의 마음 알아 - 내

모든뜻 - 아버지의 뜻 이 될수있기를 - 나의 온 몸이 아버지

의 마음 알아 - 내 모 든삶 - 당신 의 삶 되 기를 -

C

약한 나로 강하게
(What the Lord has done in me)

Reuben Morgan

약한– 나로 강하게 가난한 날 부하게 눈먼–

날 볼 수 있게 주 내 게 행 하 셨 네 – 호 –

산 나 호 – – 산 –나 죽임 당 한어린양 호 –

산 나 호 – – 산 –나 예수– 다 시사셨네 호 –

네 – 내가– 건 너 야할 강 거기서 내 죄 씻겼

네 이제– 주의사랑이 나를향해흐르네

– 깊은– 강 에서주가 나를일 으키셨도 다 구원의

노 래 부르리 예수 자 유 주셨네 –

40 어찌하여야
(나의 찬미 / My tribute)

Andrae Crouch

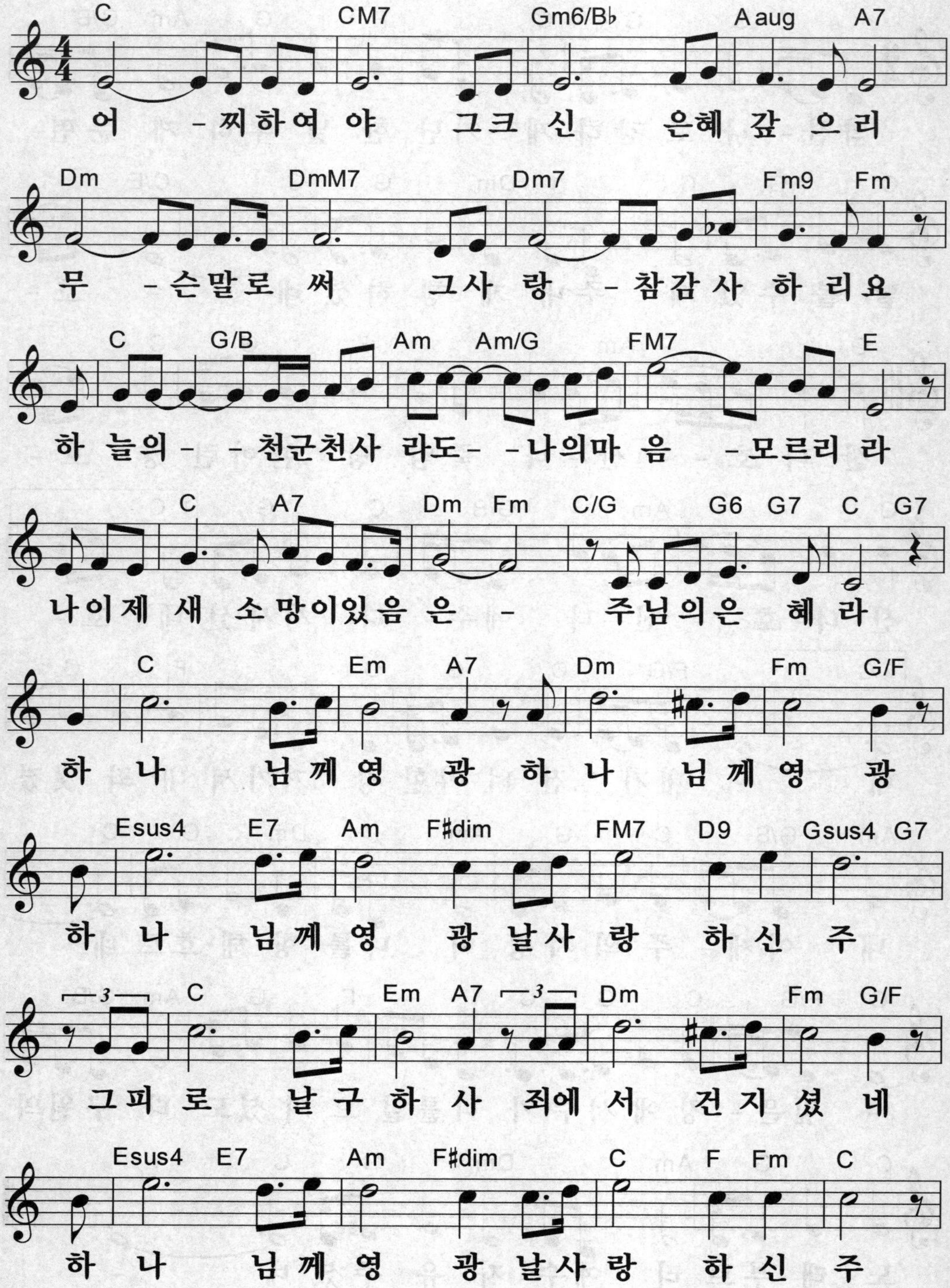

어찌하여야

바 치 리 라 모 두 나 의 일 생 을 당 신 께

세 상 영 광 명 예 도 갈 보 리 로 돌 – 려 보 내 리

그 피 로 날 구 하 사 죄 에 서 건 지 셨 네

하 나 님 께 영 광 날 사 랑 하 신 주

41 어두운 밤에 캄캄한 밤에

(실로암)

신상근

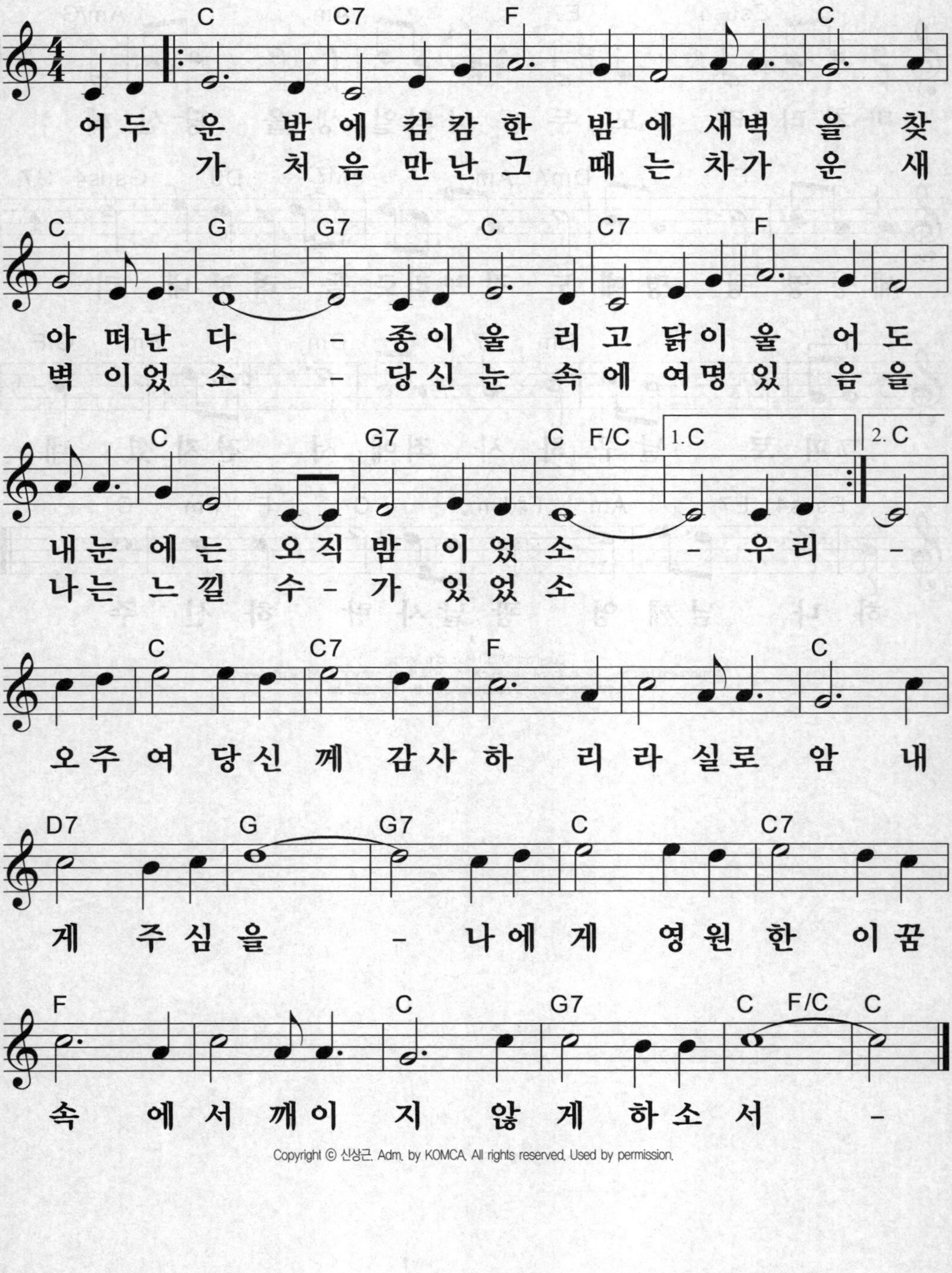

C

언제나 내 모습

(주님 내 안에)

임미정 & 이정림

언제나 - 내모습 - 너무나 - 부끄러워 -

무릎으- 로주님께 - 기도로 - 가오니 -

나홀로 - 서있는 - 죽은내영깨우 사

주님만 나 를 깨워 내 영 살게 하소서 -

주님 내안에- 주님 내안에- 내 안에 계 시고 -

주님 내안에- 주님 내안에- 나를 세워 주소서 -

43 얼마나 아프실까

송명희 & 김영석

얼마나 아프실 까 - 하나님 의마음 은 -

인간들 을 위하 여 아들 을 제물로 삼으실 때 -

얼마나 아프실 까 - 주님 의몸과 마 음

사람들 을 위하 여 십자가 에 달려 제물되 실 때 -

얼마나 아프실 까 - 하나 님 - 가슴은 -

독생자 주셨건 만 - 인간 들 부족하 다 원망할 때 -

얼마나 아프실 까 - 주님의 심 령은 -

자신을 주셨건 만 - 사람 들 부인하 며욕할 때 -

여호와 우리 주여

(시편 8편)

최덕신

여 호와 우리 주 -여- 주의 이름이- 온 땅 -에- 어

찌 그리 아름다 운지요- 어찌 그리 아름다 운지요-

여 호와 우리 주 -여- 주의 이름이- 온 땅 -에- 어

찌 그리 아름다 운지요- 어찌 그리 아름다 운지요-

주의 손가락으로 지으 신 - 주의 하늘 과 -

주가 베풀어 주신 달과 별 - 내 가 보오 니 -

사 람이 무엇 이관대- 주께 서 저를- 생각 하시며-

인 자가 무엇 이관대- 저 를 권고 하시 나이까-

45 예수님 날 위해 죽으셨네

(왜 날 사랑하나)

Robert Harkness

예수님 날위해 죽으셨네 왜 날사랑 하 나 -
손과발 날위해 찢기셨네 왜 날사랑 하 나 -
내대신 고통을 당하셨네 왜 날사랑 하 나 -

겸손히 십자가 지시었네 왜 날사랑 하 나 -
고난을 당하여 구원했네 왜 날사랑 하 나 -
죄용서 받을수 없었는데 왜 날사랑 하 나 -

왜 날사랑 하 나 - 왜 날사랑 하 나 -

왜 주님갈 보리 가야했나 왜 날사랑 하 나 -

예수 사랑해요

(Jesus, I love You)

Jude Del Hierro

예 - 수 사랑 해요 나 주 앞 에 엎드려

경 - 배 와 찬 - 양 왕 께 드 리 네

알 - 렐 루 - 야 알 렐 루 - 야

알 - 렐 루 - 야 알 렐 - 루

47

오 하나님 받으소서
(Song of offering)

Brent Chambers

오 – 하 나님받 으소 서   왕께 드 리는제 사 – 를

소 리높여 주님 을   찬 양 해   –

홀로 하 나이신 하나 님   자녀 된 우리경 배하 고

나 의몸과 찬양 을 –드 리 네   –

할렐루 –야 –   할렐 루 –야 –

입 술의열 매 를드 리 오니   –

오 – 하 나님받 으소 서   왕 께드 리는제 사 –를

소 리높여 주님 을 –찬 양 해   –

온 땅과 만민들아

(Let all the earth hear his voice)

Graham Kendrick

온 땅과 만민들 아 주님음성듣 고 모두기뻐하 라 -
땅들아기뻐하 라 죄인구하시 러 주님오신다 네 -
모두다소리높 여 주님찬 - 양 해 힘있게찬양 해 -

산 들과 나무들 도 즐겁게춤추 며 함께손뼉쳐 라 -
십 자가구원으 로 우린물리쳤 네 어둠의세력 을 -
외 치세온세상 에 열방과만민 을 주가통치하 네 -

사 랑과정의를 주시는주 영 원한그의나 라

좌 우에날이선 검과같은 진 리의그분말 씀 -

- 승 리 해 - - -

49 완전한 사랑 보여주신

(예수 좋은 내 친구 / My Best Friend)

Joel Houston & Marty sampson

완전한사랑보여주신 - 구세주그분아나요 그아들우리에게주신 -
구원하신주나는믿네 부활하신주나믿네 다시오실왕나는믿네

하나님그분아나요 그사랑알 - 기에 - 그아들나 - 는믿 - 네
그분과영원히살리 그사랑알 - 기에 - 그아들나 - 는믿 - 네

날 이 끄 소 - 서 예 수 좋은내 - 친구 - 내곁에계시네

- 영 원 히 변 - 치않 - 네 - 예 수 좋은 내 - 친 구

- 내 곁 에 계 시 네 - 영 원 히 변 - 치않 - 네 - -

영 원 히 변 - 치않 - 네 영 원 히 변 - 치않 - 네 -

- 영 원 히 변 - 치않 - 네 영 원 히 변 - 치않 - 네 - -

왜 나만 겪는 고난이냐고

(주님 손 잡고 일어서세요)

김석균

왜 나만겪는 고난이냐고 불평 하지마세 요
왜 이런슬픔 찾아왔는지 원 망 하지마세 요

고난의 뒤 편에 있는 주님이주실축복 미리보 면서감사하세 요
당신이잃 은것 보다 주님께받은은혜 더욱많 음에감사하세 요

너무견 디 기 힘든 지금이순간에도 주님 이 일하고계시 잖아요

남들은 지쳐 앉아 있을지라도 당신 만 은 일어서세 요

힘을내 세요 힘을내 세요 주님이 손 잡고계시잖아 요

주님 이 나와함께함을 믿 는다면 어떤 역경도 이길수있잖아요
주님 이 나와함께함을 믿 는다면 어떤 고난도 견딜수있잖아요

51 우리에겐 소원이 하나있네

(우릴 사용하소서)

김영표

우리 에겐소원이 - 하나있 네   주님 다시오 - 실 - 그날까 지

우리 가슴에 - 새긴 주의 십자가 - 사랑 나의 교회를 - 사랑케 - 하 네

주의 교회를향한 - 우리마 음   희생 과포기 - 와   가난과고 - 난 -

하물 며죽음조 - 차 - 우릴 막을수없네 우리 교회는 - 이땅의 - 희망 교회를

교회되 - 게 - 예밸 예배되 - 게 -   우릴 사용하 - 소 - 서 - 진정한

부흥의 - 날 - 오늘 임하도 - 록 -   우릴 사용하 - 소 - 서 -

Fine

성령안 - 에예배 하 리라 -   자유의 - 마음으 로

D.S. al Fine

사랑으 - 로사역 하 리라 -   교회는 - 생명이니 -   교회를

우리의 만남은

(왕국과 소명)

윤건선

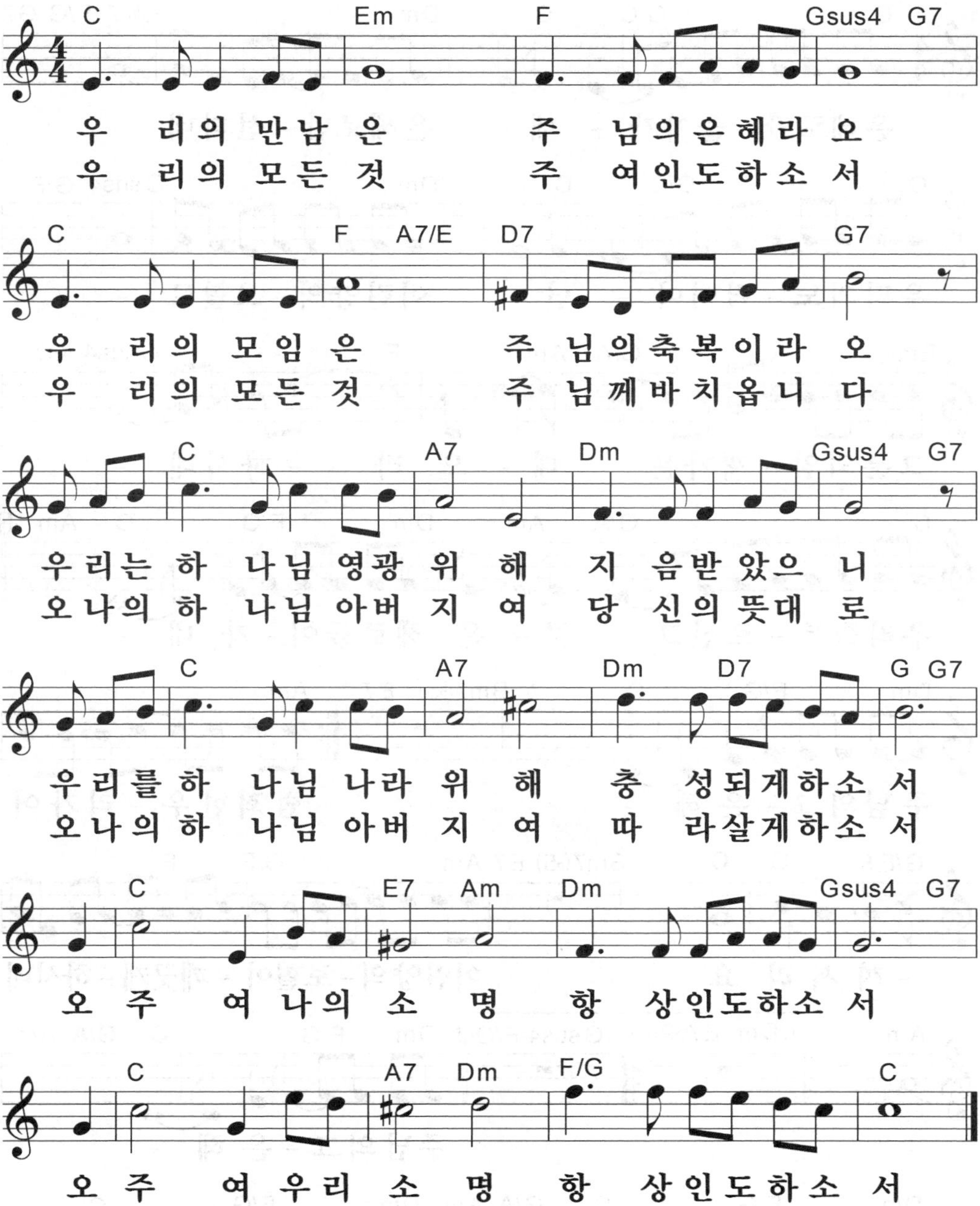

53 은혜로만 들어가네

(Only By Grace)

Gerrit Gustafson

은혜로만 - 들어가 - 네 - 은혜로만 - 선다네 -

우리의노 - 력이아 - 닌 - 어린양의 - 보혈로 -

그분의임 - 재가운 - 데 - 오 라 - 하시네 -

우리를부 - 르신그 - 곳 - 은 혜로들어 - 가 네 -

주님의그 - 은 혜 - 범죄한우 - 리가어

- 찌 서 리 요 어린양의 - 보혈이 - 깨끗케 - 하시네

- 주님의그 - 은 혜 -

주님의 - 그은 혜 - 주님의그 - 은 혜 -

이 땅의 동과 서 남과 북

(한라에서 백두까지 백두에서 땅 끝까지)

고형원

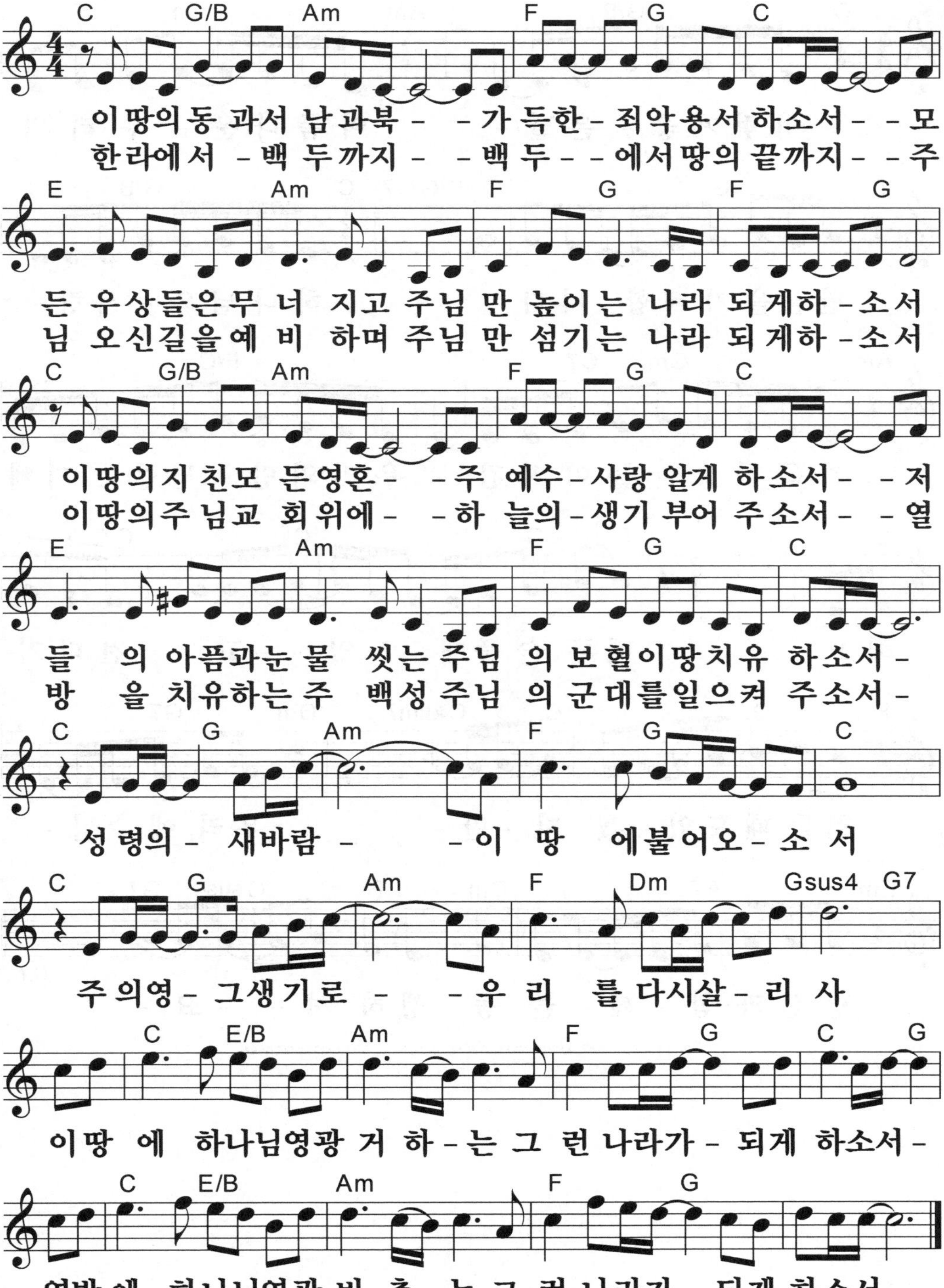

55 이렇게 좋은 날

최택현

이렇게좋 - 은날 - 　아름다운 - 우리의

만남을기뻐합 - 니다 - 　하나님의 - 사랑 -

가득한오 - 늘이시간 - 우리의만 - 남을 - 기뻐

해요 - 　때론 슬플때 - 도있 - -고 - 　견디기

힘들때도있 - 겠 지 - 만 - 　우리 예수님 -

당신과함 - 께 - 늘동 행하셔 - -요 -

Fine

D.C.

이 험한 세상

(찬송하며 살리라)

정석진

이 험한 세상 나 살아갈 동 안
내 작은 손 에 불 밝혀들고 서

내 주님가신 길 걸으며 내 주님을 찬양해 -
이 세상다시 오 시 - 는 내 주님을 맞으리 -

십 자가 보 혈 날 구한그사 랑
내 무거운짐 다 벗겨주시 고

나 매일찬송 을 드려도 늘 부족한것 뿐이니
그 아름다운 금 면류관 날 위해예비 하시리

나 호흡있는 동 안에 - 나 생명있는 동 안에 -

나 주를찬양 하 리라 - 내게 생 명 주신 주 님 을

57

임마누엘
(Emmanuel)

Bob McGee

임 마 누 엘　　임 마 누 엘
그 리 스 도　　그 리 스 도
할 렐 루 야　　할 렐 루 야

그 이 름 은　　임 마 누 엘
그 이 름 은　　그 리 스 도
찬 양 하 라　　할 렐 루 야

우 리 와　　함 께 하 네
우 리 를　　구 원 하 신
하 나 님　　찬 양 하 라

그 이 름 은　　임 마 누 엘
그 이 름 은　　그 리 스 도
찬 양 하 라　　할 렐 루 야

있는 모습 그대로

오정훈

있는모습 그 대로 -   있는모습 그 대로 -

있는모습 그 대로 -   오 시 오

하나님 은   당 신이 -   있는모습 그 대로 -

있는모습 그 대로 오시길 원 하십 니 다

59 저 높은 하늘 위로 밝은 태양

(나로부터 시작되리)

이천

저높은하늘위 -로- 밝은태양 - 떠오르듯이 -

난 주저앉지 - 않으리 - -

어떤어려움에 -도- 주의길을 - 선택하리 -

빛 가운데로 - 걸으리 - - 주 님을 -

크게보는 - 믿 음가-지고 - 세 상에- 나 타내리라 -

놀 라운 - 주 의사랑을 - - 주의꿈을안고

- 일어-나리라 - 선한능력으로 - 일어-나리라 - 이땅의부

-흥 과-회복은 - 바로- 나로부터시작되리 - -

죄에 빠져 헤매이다가
(내게 오라)

죄에 빠 져헤매 이다 가　지쳐 버린 나의 모습은
수많 은 사람 - 중에서　주님 이날 부르 실때 에

못견 디는 아픔 속에 서　그렇게 쓰러 졌을 때
설레 이는 나의 마음 은　그렇게 기쁠 수없 네

아무 도 오는사람 이없 어　정말 로난 외로 웠 - 네
이제 나 도 - 주님 위하 여　내모 든것 다드 리 - 리

그때 주님 내게 찾아 와　사랑 으로 함께 하셨 네
내가 가진 모든 것들 을　아낌 없이 주께 드리 리

병 든자 여내 게오 라　가난 한자 내 게오 라
슬 픈자 여내 게오 라　괴로 운자 내 게오 라

죄에 빠진 많은 사람 들아 모두 다 내 게오 라
삶에 지친 많은 사람 들아 모두 다 내 게오 라

Words & Music by 권희석 Copyright © by CAIOS. All Right Reserved. Used by permission.

61 주께와 엎드려

(예배드림이 기쁨됩니다 / I will come and bow down)

Martin Nystrom

주 께 와 엎 드 려 경 배 드 립 니 다

주 계 신 곳 엔 기 쁨 가 득 -

무 엇 과 도 누 구 와 도 바 꿀 수 없 네

예 배 드 림 이 기 쁨 됩 니 다 -

주님 것을 내 것이라고

(용서하소서)

김석균

주님것을   내것이 라고 - 고집 하며 - 살아 왔 네
천한이몸   내것이 라고 - 주의일을 - 멀리했 네
주님사 랑   받기만 하고 - 감사 할줄 - 몰랐었 네

금은보 화   자녀들 까지 - 주님 것을 내 것이라
주신이 도   주님이 시요 - 쓰신 이도 주님이라
주님말 씀   듣기만 하고 - 실행 하지 못 했었 네

아 버 지여 - 철없는 종을 - 용서하 여주옵소서
아 버 지여 - 불충한 종을 - 용서하 여주옵소서
아 버 지여 - 연약한 종을 - 용서하 여주옵소서

맡 긴 사명 - 맡긴재 물을 - 주를위 해쓰렵니다
세 상 유혹 - 다멀리 하고 - 주의일 만하렵니다
주 님 명령 - 순종하 면서 - 주를위 해살렵니다

63 주님 다시 오실때까지

고형원

주 님 다시오실 때 까-지나-는 이길을가리 라

좁은-문 좁은-길 나 의십자가 지 고

나 의가는이길 끝 에-서나- 는 주님을보리 라

영광-의 내주-님 나 를맞아주시 리

주님다시 오실때까- 지 나 는 일어나 달려가리라

주의영광온땅덮을- 때 나 는 일어나노래하 리

내 사모하는주 님-- 온세상 -구주시 라

내 사모하는주 님-- 영광의 왕이 시 라

주님 뜻대로

C

Norman Johnson

주님뜻 대 로 살기로 했 네 주님뜻 대 로 살기로 했 네
이세상 사 람 날몰라 줘 도 이세상 사 람 날몰라 줘 도
세상등 지 고 십자가 지 네 세상등 지 고 십자가 지 네

주님뜻 대 로 살기로 했 네 뒤돌아 서 지않겠 네
이세상 사 람 날몰라 줘 도 뒤돌아 서 지않겠 네
세상등 지 고 십자가 지 네 뒤돌아 서 지않겠 네

65 주님 뜻대로 살기로 했네

(돌아서지 않으리 / No turning back)

김영범

주님뜻 대로- 살기로 했네- 주님뜻 대 로-
이세상사 람- 날몰라 줘도- 이세상 사 람-
세상등 지고- 십자가 보네- 세상등 지 고-

살기로 했 네- 주님뜻 대 로- 살기로 했 네-
날몰라 줘 도- 이 세상사 람- 날몰라 줘 도-
십자가 보 네- 세 상등 지 고- 십자가 보 네-

뒤돌아서 - -지 - 않겠네 - - - - 뒤돌아서 - -지

- 않 겠 네 - 어떠한 시 련이-와도 - 수많은
이 해못-하고 - 우리를

유 혹속-에 도 - - - 신실하 신 -주님- 약속 -나붙들 리라
조 롱하-여 도 - - - 신실하 신 -주님- 약속 -만붙들 리라

1. G sus4   G   2. G sus4   G   4   C

- - 세상이 - 결코 돌아서지 않 으리

주님의 시간에
(In His time)

Diane Ball

주 님 의 – 시 간 에 –
기 다 려 – 그 때 를 –

그 의 뜻 이 뤄 지 리 기 다 려 –
그 의 뜻 이 뤄 지 리 기 다 려 –

하 루 하 루 살 동 안 주 님 인 도 하 시 니
주 의 뜻 이 뤄 질 때 우 리 들 의 모 든 것

주 뜻 이 룰 때 까 지 기 다 려 –
아 름 답 게 변 하 리 기 다 려 –

67 주님이 주시는 파도같은 사랑은

(파도 같은 사랑)

주님이 주시는 파도 같은 사랑은
주님이 주시는 솟아 나는 기쁨은
주님이 주시는 하늘 나라 평화는

내 작은 가슴에 흘러 흘러 넘쳐요
내 작은 가슴에 샘물 처럼 솟아요
내 작은 가슴에 깊이 깊이 흘러요

생각 하면 할수록 기도 하면 할수록

두 눈가에 눈물이 터질 것만 같아요

주님의 사랑은 한없이 크셔라
주님의 기쁨은 끝없이 새로와
주님의 평화는 놀랍고 놀라와

우리의 영혼에 한줄기 빛이어라
우리의 삶속에 영원한 향기어라
우리의 마음에 빛나는 보석이라

주님 한 분 밖에는

(나는 행복해요)

김석균

주님 한분밖에는 아는 사람없어요
주님 한분밖에는 사랑 할이없어요

가슴 깊이숨어있 는 주를 사랑하는맘
작은 가슴뜨거움 게 주님 피가흘러요

주님 한분밖에는 기억 하지못해요
주님 한분밖에는 약속 한이없어요

처음 주를만난그 날 울며 고백하던말
나를 믿고따르는 자 반석 위에서리라

나는- 행복해요 죄사함 받았으니

아버지 품안에서 떠나살 기싫어요

나는- 행복해요 사랑이 샘솟으니

이세상 무엇이든 채우고 도남아요

69 주 안에 우린 하나

(기대)

천강수

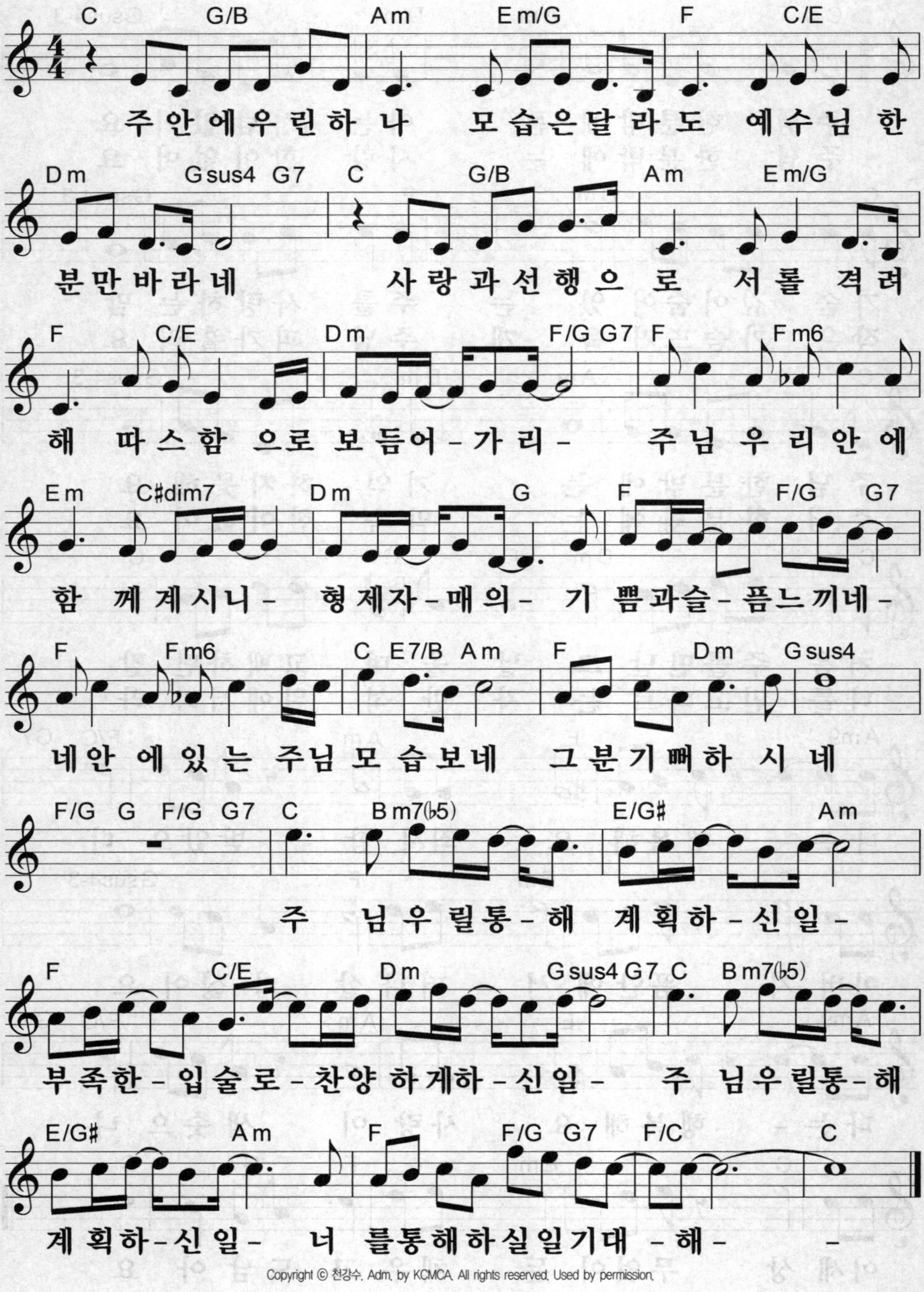

주 예수 사랑 기쁨

(주님이 주신 기쁨 / Joy Joy Down In My Heart)

George W.Cooke

주예수 사 랑 기 쁨　내 마음 속 에　내 마음 속 에
이제는 정 죄 없 네　예 수 안 에 서　예 수 안 에 서
이제는 해 방 됐 네　예 수 안 에 서　예 수 안 에 서

내 마음 속 에 주 예 수 사 랑 기 쁨　내 마음 속 에
예 수 안 에 서 이제는 정 죄 없 네　예 수 안 에 서
예 수 안 에 서 이제는 해 방 됐 네　예 수 안 에 서

내 마음 속 에 있 네　나 는 기 뻐 요 정 말 기 뻐 요 주
예 수 안 에 서 없 네
예 수 안 에 서 해 방

1. G ... C C7
예 수 사랑 기쁨 내 맘 에　나 는 기

2. G ... C
예 수 사랑 기쁨 내 맘 에

71 주의 거룩하심 생각할 때

(주께 경배해 / When I look into Your holiness)

Wayne & Cathy Perrin

주의 신을 내가 떠나

(Psalm 139:7–14)

Kelly Willard

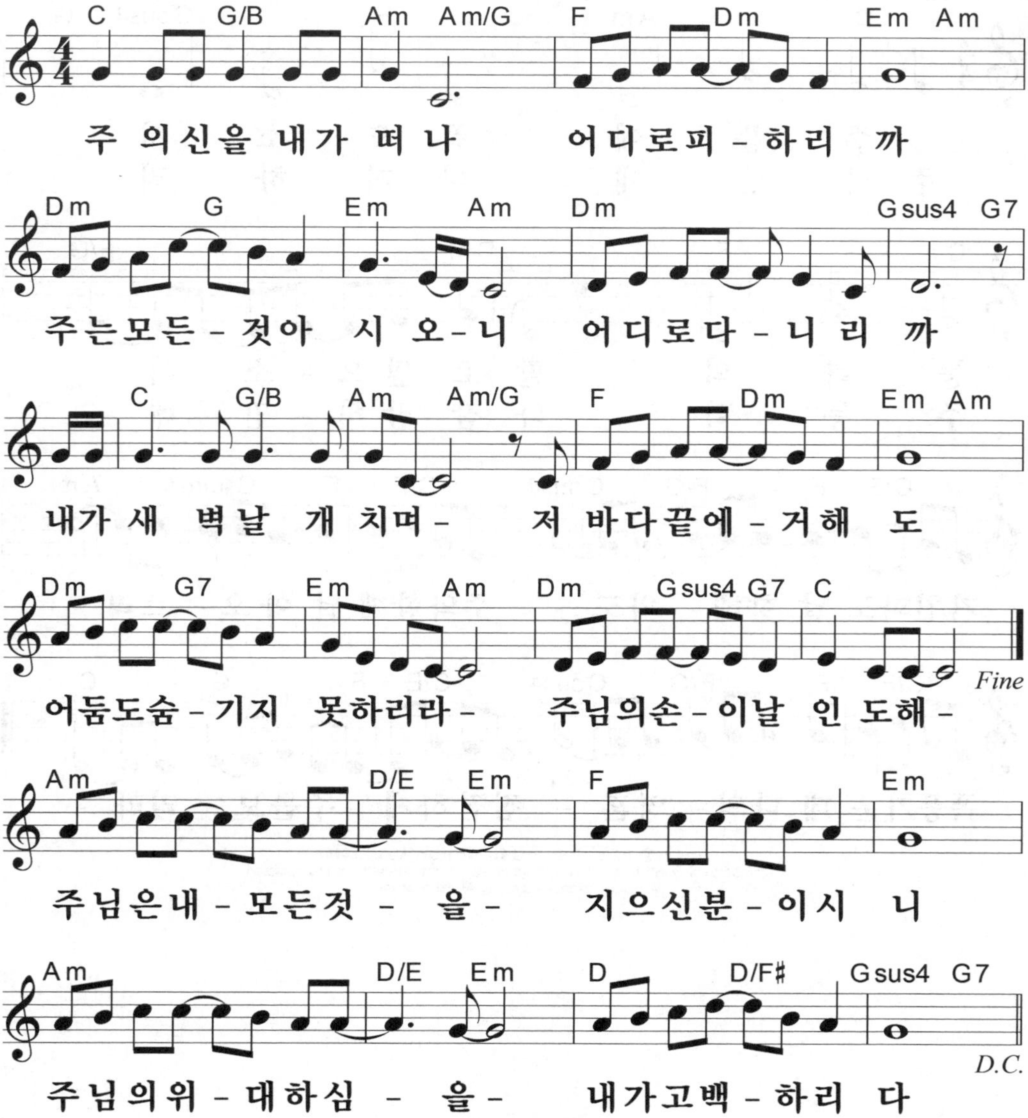

Fine

D.C.

73 주 품에 품으소서

Reuben Morgan

주 품 에 품으소 서
주님 안에 나 거 하 리

능 력 의 팔로덮으-소-서-
주 능 력 나잠잠히-믿-네-

거친파도 날 향해- 와도- 주와함께 날 아오- 르리-

폭풍가운 데 나의- 영혼 - 잠잠하게 -주를보- 리라-

찬양을 드리며
(Into Your Presence Lord)

Richard Oddie

74

C

찬 양 을 드 리 며　　주 앞 에 옵 니 다

내 삶 을 드 리 네　　두 손 들 고

주 경 배 드 릴때　　주 님 을 느 끼 네

내 눈 보 게 하 소 서　　주 님 얼 굴 　 -

75 하나님의 음성을 듣고자

(시편 40편)

김지면

하 나님의음성을 듣고자 – 기 – 도하 면
주 를의지하 – 고 교만하 지않 – 으 – 면

귀 – 를 기울이고나 의 기도를 들 어주신다 – 네
거짓 에 치우치지아 니 하 – 면 복 이있으리 – 라

깊 은웅덩이 – 와 수 렁에 서끌어주시 고
여 호와나의주 는 크신 권 능의 – 주 – 라

나의 발 을반석위 – 에 세 우시사 나를 튼튼히하셨 네
그의 크 신권능으 – 로 우 리들을 사랑 하여 – 주시 네

새 노 래로 – 부르 자 라라라 하나 님 께올릴찬송 을

새 노 래로 – – 부르 – 자 하나 – 님 – 사랑을

하나님이시여

(주는 나의)

유상렬

하나님이시 – 여　하나님이시 – 여 주는 나의 하나님이 시 로다

나의몸과마 – 음　주를갈망하 – 며 이제 내가 주께고백 하 는말

여호 와는 –　나의 빛이요 –　여호 와는 –　나의 구원이시니 –

내가 누구를 –　두려워 하리요 –　여호 와는　생명의 피난처시니 –

주의 인자가 –　생명보다 나으므로　내 입술이 – 여호와를찬 양하리 –

내 평생에 –　주를찬양 하며 –　주의 이름으 – 로내손들리라 –

77 하나님 한번도 나를
(오 신실하신 주)

최용덕

하나님한 번도 나를 –　실망시킨 적없으 시고 –
지나온모 든세 월들 –　돌 – 아보 – 아 – 도 – –

언제나공 평과　은혜 – 로　나를 – – 지키 셨 네
그 어느것 하나　주의손길　안미 친것 전혀없 네

오 신실 하 신 주　오 신실 하 신 주

내 너를떠나지도　않으리라　내 너를버리지도　않으리라

약 속 하 셨던 주님 –　그 약속을 지키 사

이 후　로도 영원 토록 –　나를 지 키시리라 확신하 네

할 수 있다 하신 이는

이영후 & 장욱조

할수있다 하신이는 나의능력주하나님

의심말라 하-시고 물결위로오라하시네
나를바라보-시고 능력준다하-시-네
주저말라 하-시고 십자가를지라하시네
변치말라 하-시고 성령충만하게하시네

할수있 -다하신주 할수있다하신주

믿음만이 믿음만이 능력이라하시네
사랑만이 사랑만이 능력이라하시네
희생만이 희생만이 능력이라하시네
성령만이 성령만이 능력이라하시네

믿음만이 믿음만이 능력이라하시네
사랑만이 사랑만이 능력이라하시네
희생만이 희생만이 능력이라하시네
성령만이 성령만이 능력이라하시네

79 항상 진실케

(Change my heart, oh God)

Eddie Espinosa

항상진실케 - 내맘바꾸사 -

하나님닮게 - 하여주소 서

주는토 기 장이 나는진흙 -

날빛으소 -서 기도하오 니

허무한 시절 지날 때

(성령이 오셨네)

80

C

김도현

허무한시절지날때 – 깊은한숨내쉴때 – 그런풍경보 –시며 –탄식
억눌린자간힌자 – 자유함이없는자 – 피난처가되 –시는– –성

하는분–있네 – 고아같이너희를– – 버려두지않으리 –
령 님계 –시네 – 주의영이계신곳에 – 참자유가있다네 –

내가너희와영원히 – 함께하 –리라 – 성령이오 –셨네 –
진 – 리 –의영이신– 성 령이오 –셨네 –

성 – 령이오셨네 – 내주의보내신– 성 령이오 –셨네 –

우리인생가운데 – 친히찾아 –오셔서 – 그나라꿈꾸게하시 네

81 힘들고 지쳐

(너는 내 아들이라)

이재왕 & 이은수

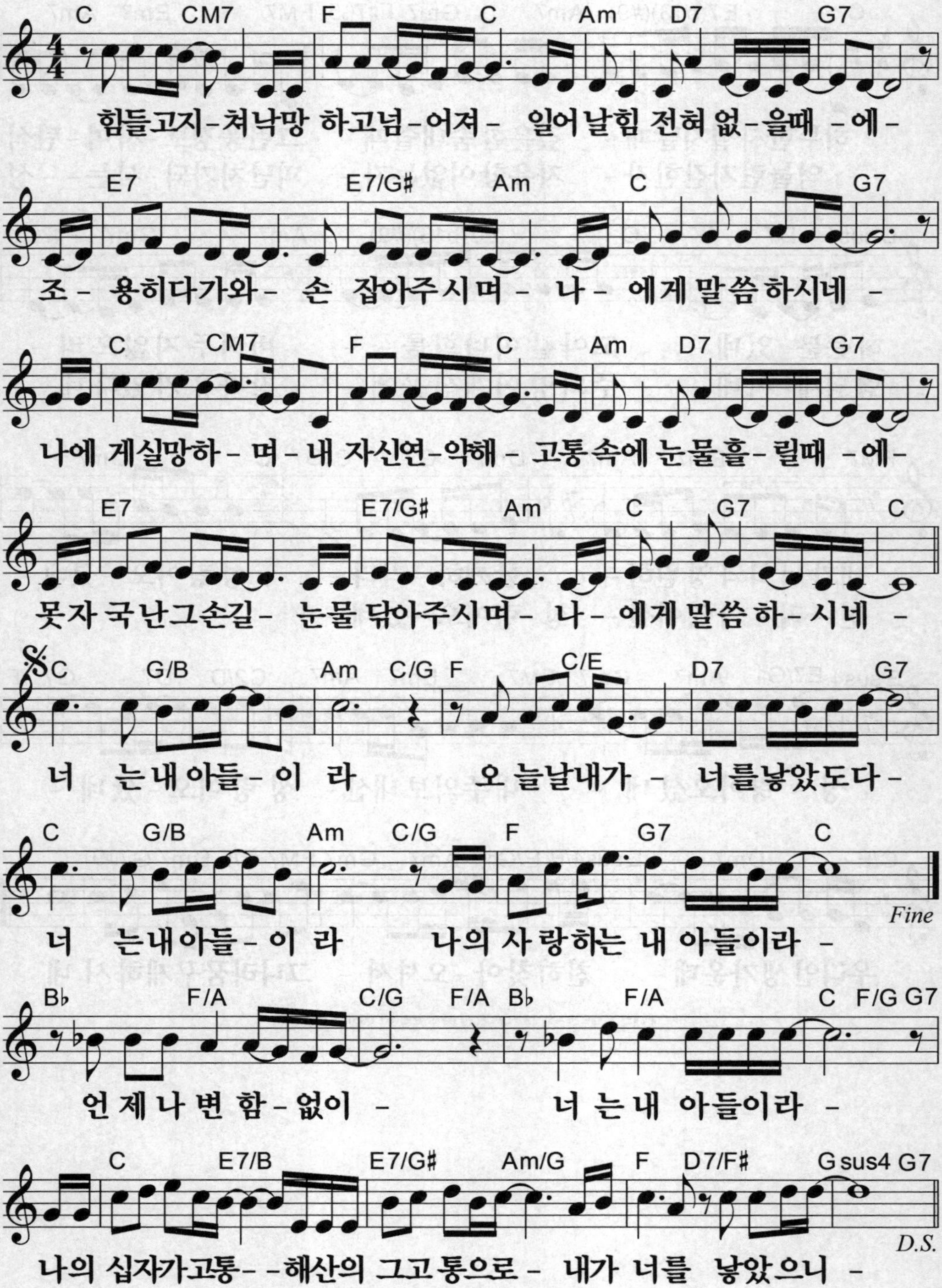

성령의 비가 내리네
(Let it rain)

C

Michael Farron

성 령 - 의 - - - 비 가 내 리 네 -

하 늘 의 문 - 을 여 소 - 서 -

성 령 - 의 - - - 비 가 내 리 네 -

하 늘 의 문 - 을 여 소 - 서 -

83 주님이 홀로 가신

(사명)

이권희

주님이 홀로가 신그길 나도따 라가 오

모든물 과피를 흘리신 그길을 나도- 가 오

험한산 도 나는 괜찮소 바다 끝 이라도나는 괜찮소

죽어가 는 저들 을위해 나를버 리길바라 오

아버지 나를보내주 오 나는달 려가겠 소
세상이 나를미워해 도 나는사 랑하겠 소
생명을 버리면서까 지 나를사 랑한당 신

목 숨도아끼지 않겠소 나 를보내주 오
세 상을구원할 십자가 나 도따라가 오
이 작은나를받 아주오 나 도사랑하 오

주여 우리의 죄를
(벙어리가 되어도)

문찬호

84

C

주 여우리의죄 를 용 서하여주소 서
주 여우리의죄 를 용 서하여주소 서

지 난날의잘못 을 사 하여주옵소 서
지 난날의허물 을 사 하여주옵소 서

주 여 주 여 나 의죄를위 – 하 여
주 여 주 여 나 의죄를위 – 하 여

주 여 주 여 십 자가를지셨 네
주 여 주 여 십 자가를지셨 네

주님가신그길 을 나도걸어야하 네
나의생명다하 여 주를위해살리 라

주님가신그길 을 나도걸어야하 네
벙어리가되어 도 찬양하며살리 라

85 하나님 우리와 함께 하시오니
(The Lord is present in his sanctury)

Gail Cole

하 나 님 우리와 함 께 하시 - 오 니
리 가 모 일때 임 하시 는 - 주 님

주 를 찬 양 하 세 의 - 우 세
주 를 찬 양 하

찬 양 찬 - 양 주 를 찬양 하 세 - - - - -

찬 양 찬 - 양 예 수를 찬양 하 세 -

호렙산 떨기나무에

86

김익현

C

호 렙산 떨기나 무에 　 나 타나신하나 님
불 꽃떨 기속에 계신 　 거 룩하신하나 님

모세를 　 부르신 　 주 - 하 - 나님 　 하나님
약하고 　 힘없 는 　 내백 성을찾으라 　 찾으라

내 　 가너와함께가 　 리라 　 너 　 를도와주리 라
내 　 가너와함께가 　 리라 　 너 　 를도와주리 라

고 　 통속에있 는내 　 백성 　 어 　 서찾 아가 라
억 　 압받고있 는내 　 백성 　 어 　 서구 하여 라

불 　 꽃떨 기속에 계신 　 거 　 룩하신하나 님

우 리 를 　 부르신 　 주 하 나님 　 하나 님

87 갈릴리 바닷가에서

Alison Huntley

갈 릴 리 바 닷 가 에 서 -
사 마 리 아 우 물 가 에 서 -

주 님 은 시 몬 에 게 물 으 셨 네 -
주 님 은 여 인 에 게 물 으 셨 네 -

사 랑 하 는 시 몬 아 넌 날 사 랑 하 느 냐
사 랑 하 는 여 인 아 넌 날 사 랑 하 느 냐

오 주 님 당 신 만 이 아 십 니 다 -

감사해요 깨닫지 못했었는데 88

(또 하나의 열매를 바라시며)

설경욱

감사 해요 깨닫지못했 었는데 – 내가 얼마나 – 소중한존재

라 는걸 – 태초부터지금까지 하 나 님 의사랑은 – 항

상 날향하고있었 다 는걸 – 고마워요 – 그사랑을가르

쳐준당신께 – 주 께서허락하 –신당신 께 그 리스

도의사랑으 –로더욱 섬 기며 – 이제 나도세 상에 – 전하리

라 당신 은 사랑받기 –위 해 그 리고

그사랑 – 전하기 –위 해 주께서 택 하시고 – 이땅에

심 으셨네 또 하 나의 –열매를바라시 며

89 감사해요 주님의 사랑

(감사해요 / Thank you Jesus)

Alison Revell

감사 해 요　주님의사 랑 –

감사 해 요　주님의은 혜

목소리 높 여주님 을　영 원히찬양해 요

나의 전부이신 –　나의주 님 –

기도하세요 지금

김석균

D

기도하세요 -지금 - 아직 포기하지 마 -세요 -

주님앞에 무릎꿇고 - 겸손 하게 기 도 해보세요 -
주님앞에 무릎꿇고 - 간절 하게 기 도 해보세요 -

내앞길 가로막 는 장애물있다해 도 걱정하지마세 요
하늘이 무너져도 절망하지마세 요 주님의지하세 요

돌아서지마세 요 슬픔도 고통도 괴 로 움 도
믿음을가지세 요 슬픔도 고통도 괴 로 움 도

기도로이겨낼 수 있잖아 요 - 기도하 세 요

기도하 세 요 주님 은 당신 편입니 다 -

91

나는 믿음으로
(As for me)

Dan Marks

나 - 는 믿음으로 주 얼굴 보리니

- 아침에 깰 때에 주형상에 만족하 - 리

나 주님 닮 기 원하 네 믿음으

로 주얼굴보 리라 - 나 -

라 - 믿음으로 주얼굴보 리라 -

나를 세상의 빛으로

(Light Of The world)

Scott Brenner

나 를세 -상의빛 -으-로- 부르신- 주님 - 비추소서

- 나도주님의 - 빛을비추리라 - - --어

둠 을밝 -히는빛 - 온 세상-을-비 -추는빛 - 산

위의-마 -을이숨 -기-지-못-하- -네- - 어 -

93 나를 지으신 이가
(하나님의 은혜)

조은아 & 신상우

나를 지으신이가 - 하 나 님   나를 부르신이가 - 하 나

님   나를 보내신 이도 - 하 나 - 님 - 나의

나된것은다 하나님 은혜라 - 나의 달려갈길 다 가도록

- 나의 마 지막호흡 - 다하 도록 - 나로

그십자가 - 품게 하시니 - 나의 나된것은다 - 하나님

은 혜라 - - 한량없는 은 혜 - 갚을길없는

은 혜   내삶을에워 싸는 - 하나님의 - 은 혜

- 나 주저함없 이 - 그땅을밟음 도

- 나를붙드시 는 - 하나님의은혜 -

나 무엇과도 주님을

(Heart and Soul)

Wes Sutton

나 무엇과 - 도주님을바 - 꾸지 - 않으리 -

다른 어떤 - 은혜 - 구 하지않 - 으리 - 오직

주님만 - 이내삶에 - 도움이 - 시니 - 주의

- 얼굴 보기 - 원합니다 - 주님사 랑 해요

- 온맘과 정성다해 - 하나님 - 의

신 실 - 한 친구되기 - 원합니다 -

95 나의 맘 받으소서
(My heart Your home)

Nathan & Christy Nockels

나의맘   받으 - 소 - 서 - - - - 오 셔서

주님의 - 처소삼으 - 소서 -   나의 - 전부이 - 신

주 여내맘을 - 올 받 아주소 - 서 - 나의맘

- 오 나의맘을 - - - - 주님께열었 - - - 으니

- 주여내게 - 오 - 셔서 - 내맘에 - 거하 - 여주 - 옵소 - 서 주가

기뻐하는 - 주 의성전되게하소서 나의맘 - 주 여내맘을

- 받아주소 - 서 - 주 여내맘을 - 받 아주소 - 서 -

내가 그리스도와 함께

96

박윤호

내가 그 리스도 와함 – 께 십자가 에못박 혔나니 –

그런 즉 이–제 내가산 것아니요 오 직 내안 에

예수 께 – – 서 사 신 – 것 이–라 –

이제내 – – 가 육체가 운– 데사 는 것은 – – –

나를사 랑하사 자기몸 버리신 예수위 해산 것이 라 –

97 내게 있는 향유 옥합

(옥합을 깨뜨려)

박정관

내 게 있 는 향 유 옥 합 주 께 - 가 져 와

그 발 위 에 입 맞 추 고 깨 뜨 - 립 니 다

나 를 위 해 험 한 산 길 오 르 - 신 그 발
나 를 위 해 십 자 가 에 오 르 - 신 예 수
주 님 다 시 이 땅 위 에 임 하 - 실 그 때

걸 음 마 다 크 신 사 랑 새 겨 - 놓 았 네
흘 린 피 로 나 의 죄 를 대 속 - 하 셨 네
주 의 크 신 사 랑 으 로 날 받 아 주 소 서

내 평생 사는동안
(I will sing)

Donya Brockway

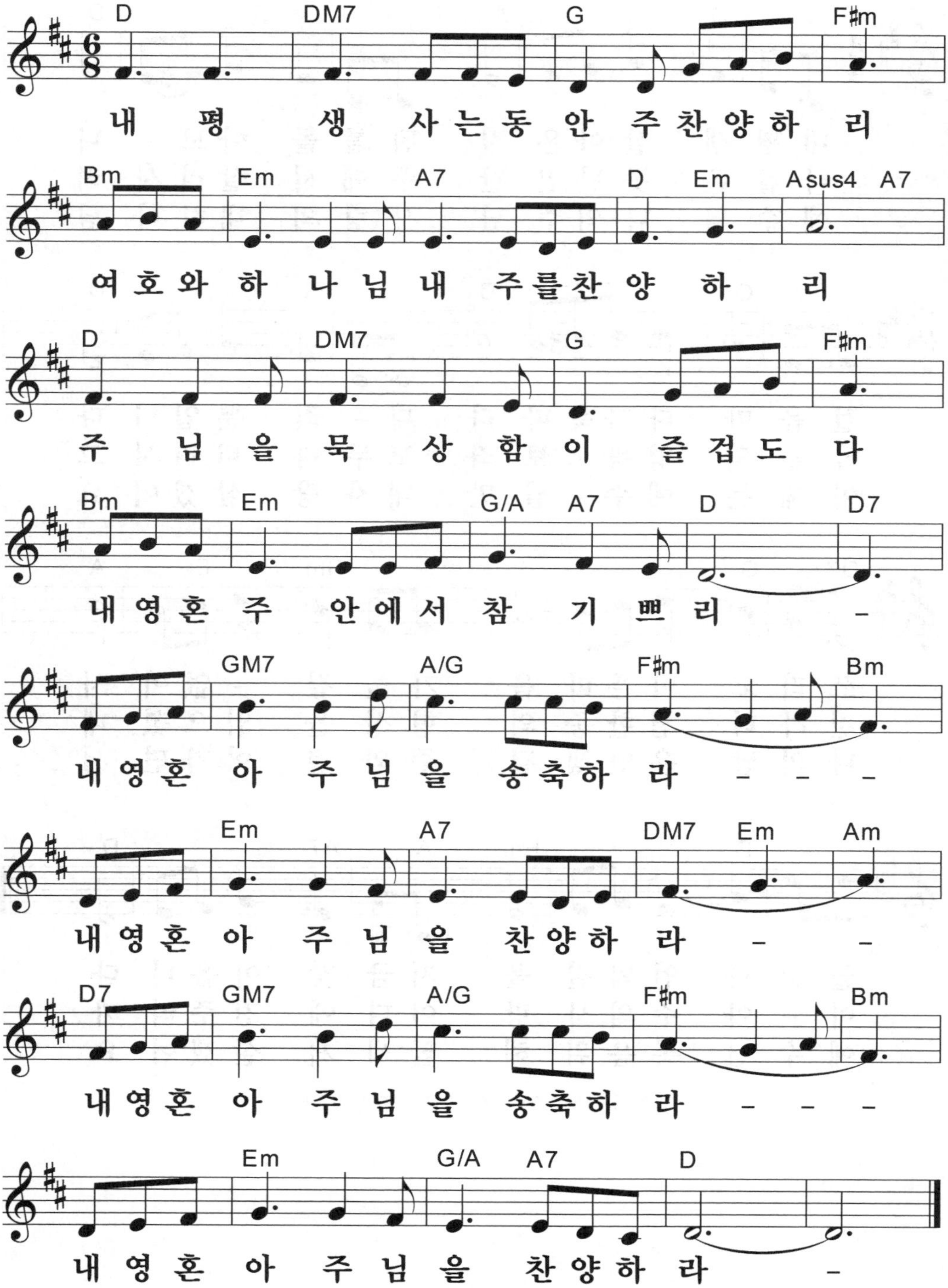

D

99 내 평생 살아온 길

조용기 & 김성혜

내평생 살아온길 뒤를돌 아보 - 니
나같은 못난인간 주께서 살리시려
예수님 나의주님 사랑의 내하나 님

걸음마 다자욱마다 다 - 죄 뿐입니 다
하늘의 영광 - 보좌 모두다 버리시 고
이제는 예수 - 님만 내자랑 삼겠어 요

쓰리고 아픈마음 가눌길 - 없어 서
천하디 천한종의 형상을 입으셨 네
나의남 은인생길 주와걸 어가면 서

골고다 언덕길을 지금찾 아옵니 다
아 - 아 주의사랑 어디에 견주리 까
예수님 복음위해 굳세게 살겠어 요

너는 그리스도의 향기라 100

구현화 & 이사우

D

너는 그리스도의 - 향 기 라- 너는 그리스도의- 편

지 라 하나님 - 앞에서그- 리 스 도의- 향기니- 너를

통해*생 명이-흘러가 리 너를 통해*생 명이- 흘러가 리

* | 사랑
  | 기쁨

101 너 어디 가든지 순종하라

(Wherever you may go)

Stephen Hah

너 어디 가 든지 순 종 하 라

너 어디 있 든지 충 성 하 라

주 너의 하 나 님 왕 되 신 주

영 원 히 주 님 만 찬 양 하 라

눈으로 사랑을 그리지 말아요 *102*

(영원한 사랑)

김민식

눈으로 사랑을 그리지 말아요 입술로

사랑을 말하지 말아요 영원한 사랑을

바라 는 사람은 사랑의 진리를 알지요 -

참 사랑 은 가 난 함 도 부 요 함 도 없어

요 - 괴 로 움 도 즐 거 움 도

주 와 함 께 나눠 요 - 나 의 - 가 장 -

귀 한 것 그 것 을 주는- 거예 요 -

103 눈을 들어

(Open your eyes)

Carl Tuttle

눈 을 들 어 영광의 왕을 보라

소 리 높 여 주를찬 - 양 하 라

사 랑 해 요 선 포 하 리

알 렐 루 - 야 주 송 축 해

당신은 사랑받기 위해 104

이민섭

당신 은 사랑받기위 – 해 태어난 사람 – 당신

의삶속에서 – –그사랑 받고있지요 – 당신 받고있지 – 요

태초부터 – 시작된 하나님 – 의사 랑은 – 우리

의만남 – 을통해 열매를맺고 – 당신이이세상 – 에존

재함으로인 – 해 우리 에게얼마나 – 큰 기 쁨이되는지 –

당신은사랑받 – 기위해 태어난 사람 –

지금도그사랑 – 받고있지요 – 받고있지요 – 당신

105 때가 차매
(Now is the time)

때 가 차 매　　아 버 지 께 -

신 령과 진정 으로 예배 드리 네 - -

때 가 차 매　　아 버 지 께 -

신 령과 진정 으로 예배 드리 네 -

마음을 다하고

(여호와를 사랑하라)

106

주숙일

마 음을 다하고 성 품을 다하고

힘을 다 하여서 여호 와를 사랑하 라

네 계준 계명 을 마 음에 새기 고 부지 런히 –

부지 런히 – 이웃 에게 전하여 라

그러 면 네가짓지않은 큰 집을주리 라

네가심지않은 과실을 먹게하리 라 –

그 러나 한가 지 잊 지는 말아 라

죄인 된 우리 를 구원 하신 여호와 를

107 모든 이름 위에 뛰어난 이름

고형원

모든 이름위 - 에뛰어난 - 이 름　예수는 주　예수는 주

모두 무릎꿇 고 경 배를드리세 예 수 는 만유의 - 주 님

예수는 주　예수는 주　온 천 하만물우 - 러 러

그 보 좌앞 영 광을돌리 - 세 예 수 예 수　예 수는 - 주　 -

목마른 사슴
(As the deer)

108

Martin Nystrom

D

목 마른 사슴 시 냇 물을찾아 헤 매이 듯 이
금 보다 귀한 나 의 주님내게 만 족주 신 주

내 영혼주를 찾 기에 — 갈급하 — 나 이 다
당 신만 이 — 나 의 기쁨또한나 의참 보 배

주 님 만 이 — 나의힘 나 의방 패 나의참 소 망

나 의 몸 정성 다 바 쳐서주님 경 배합 니 다

D

109 사랑은 언제나 오래 참고

(사랑)

정두영

D   A7

사랑 은 언제 나 오래참 고   - 사랑 은 언제 나 온유하
사랑 은 무례 히 행치않 고   - 자기 의 유익 을 구치않

D   D7   G   D

며   - 사랑 은 시기 하 지않으 며   - 자랑 도 교만
고   - 사랑 은 성내 지 아니하 며   - 진리 와 함-

A7   D   D7   G   D

도 아니하 며   - 사랑 은 모든것 감싸주 고   -
께 기뻐하 네   -

D7   Gm   D

바라 고 믿 -고 참아내 며   - 사랑 은 영원토

A7   D   A7

록 변 함없 네   - 믿음 과 소망 과 사 -랑은   -

A   A7   D   D7

이세 상 끝까 지 영원하 며   - 믿음 과 소망

D7   G   D   A7   D

과 사랑중 에   - 그중 에 제일은 사랑이 라   -

사랑은 참으로 버리는 것 110

(사랑은 더 가지지 않는 것)

M. Reynold

사 랑은 참으로 *버리는 것 - 버리는 것 - 버리는 것 -

사 랑은 참으로 *버리는 것 - 더 가 지지 않 는 것

이 상 하 다 동 전 한 닢 움 켜 잡으면 없 어 지고

쓰 고 빌 려 주 면 풍 성 해 져 땅 위 에 가득 하 네 오 것

자 내 일 걱 정 일 랑 버 리고 - - 모 든 염 려 주 님 께 맡 기 세요

사 랑은 참으로 버리는 것 - 더 가 지지 않 는 것

111 사랑하는 주님

(베드로의 고백)

김석균

사랑하는주님 내게다가 와 이밤이다 가기전 에
멀리서들리는 닭울음소 리 나의영혼 잠깨웠 네

네가나를 – 버리리라 하 실때 왜그리 섭섭하던 지
잊어버렸던 지난슬 – 픈 고백 왜그리 부끄러운 지

주님과함께 죽을지라 도 배반하지는 않겠다했 던
이세상어디 숨을곳있 나 닭울음소리 들릴때마 다

믿음없는 나의헛 된 맹세 주님마 음 울렸었 네
사랑하는 나의주 님 모습 스치고또 스쳐가 네

내가그를알 지 못하노 라 내가그를 알지 못하노 라

내가그를알 지 못하노라 부인하고 –돌아서서 한없이울었네---

내가주를잃 고 방황했 듯 주도나를잃고 슬퍼했 네
주님오실기 약 어찌잊 고 맡긴사명모 두 잊었던 가

하지만- 나의눈 물 보다　주님의눈물더 뜨거웠 네
지금도- 새벽닭 울 때면　참회의눈물로 회개하 네

사랑의 주님이　112

사 랑 의　주 님 이　날사 랑　하 시 네

내 모 습　이 대 로 -　받 으 셨 네　　　-

사 랑 의　주 님 이　날 사 랑　하 듯 이

나 도 너　를 사 랑 하 며　섬 기 리　　-

113

선하신 목자
(Shepherd of my soul)

Martin Nystrom

선 하신-목자- 날 사랑하-는분-

주 인도하-는곳- 따라 가 - -리

주 의말-씀을- 나 듣 기위-하-여

주 인도하-는곳- 가려 네 네 나를

푸 른초-장과- 쉴 만 한물-가로-

내 선 하신-목자- 날인-도해 -

험 한 산 과골-짜 기-로 - 내가 다 닐찌-라도-

내 선 하신-목자- 날인-도해 -

성령이여 내 영혼을

114

이천

성령이여 - 내 영 혼을 - 충만케 하소서 -

내 속에 - 강물이 - 넘쳐나 - 게 - -

오 - 성령하나 - 님 - -

날 - 다시새롭 - 게 - - 하소 서 -

채 -우- 소서 - 내영혼이 세 -상- 유혹 - 다이기고

다 -시- 주를 - 닮아가도 록 - 록 -
오 -직- 주만 - 나타내도

D

115 세상 권세 멸하시러

(For this purpose)

Graham Kendrick

세 상 권 세음 멸 하 시 러
주 님 보 혈 권 능 으 로

주 님 이 땅 에 나 타 나 시 었 네
우 리 일 어 나 나 가 서 외 치 세

우 리 안 에 계 신 주 은 - 즐 겁
어 둠 의 세 력 들 은 - 모 두

게 찬 양 해 - 주 님 나 라 거 하 리 - 죄 악
물 러 갔 네 - 승 리 하 신 나 의 주 -

을 이 기 셨 네(할 렐 루 야 이 기 셨 네)죽 음 을 승 리 로(할 렐

루 야 승 리 로)모 든 질 병 고 치 셨 네(할 렐 루 야 고 치 셨 네)

주 다 스 - 리 시 네 -

세상 부귀 안일함과

(주님 내게 오시면)

116

윤용섭

D

세상 부 귀 안일함 과 세상 근 심하다 가
세상 일 에얽매여 서 세상일 만하다 가
지금 까 지내가한 일 주님 께 서보시 고

주님 나 를찾으시 면 어 떻 게만날 까
주님 나 를부르시 면 어 떻 게만날 까
훗 - 날 에나를보 며 무 어 라하실 까

주님 내 게오시 면 나 어 찌대할 까

멀리 방 황하던 - 나 불 - 쌍 한이죄 인

이제 주 만생각하 며 세상 근 심버리 고
이제 주 만생각하 며 세상 권 세버리 고
이제 주 만생각하 며 세상 영 광버리 고

두손 들 고눈물로 써 주만 따 라가오리 다
오직 주 만바라보 며 주만 따 라가오리 다
십자 가 를내가지 고 주만 따 라가오리 다

117 신실하게 진실하게

(Let me be faithful)

Stephen Hah

신실하게 - 진실하게 - 거룩하게살게하소 서

신실하게 - 진실하게 - 거룩하게살게하소 서

하 나 님 - - - 나의 마음 - 만져 주소서 -
하 나 님 - - - 나의 기도 - 들어 주소서 -

하 나 님 - - 나의 영혼 새롭게하소 서
하 나 님 - - 주의 길로 인도 - 하소 서

십자가 십자가 그 위에 118

박지영

십자가 십자가 그위에 나죽었 - - 네 -

그사랑 내속에 강같이 흐르 - - 네 -

그의생명 내속 - 에 - 그의능력 내안 - 에 -

그의소망 내삶 - 에 - 나의삶 주의 - 것 -

십자가 십자가 그위에 나죽었 - - 네 -

그사랑 내속에 강같이 흐르 - - 네 -

119 아름다웠던 지난 추억들

(친구의 고백)

권희석

아름다 웠 던 - 지난추억 들 - 사랑했었던 -
지난유 월 절 - 저녁성찬 때 - 주님과함 께 -
새벽닭 울 때 - 난괴로웠어 - 풍랑이일 면 -

많은친 구 들 - 멀고도 험한 - 고난의길을 -
마시던 핏 잔 - 그일이문득 - 생각이나 면 -
난무서 웠 어 - 하지만이젠 - 두렵지않 아 -

나이제 말 없 - 이 주님을위 하 - 여떠나야 지
어느새 내 뺨 - 에 주르르눈 물 만이흐릅니 다
이세상 끝 까 - 지 주님을위 하 - 여죽을텐 데

수없이 많 은 - 사람들 위해 - 당신이 바친 -

고귀한 희 생 - 영원히 당신과 함께있 고 - 파

사랑의 십 자 가 를 맞이하 네

아침 안개 눈 앞 가리듯 120

(언제나 주님께 감사해)

김성은 & 이유정

D

아침안개눈앞가리 듯　나의 약한믿음의심쌓일 때　부드
빗줄기에바위패이 듯　나의 작은소망사라져갈 때　고요

럽게다가온주의음 성　아무 것도염려하지마 라
하게들리는주의음 성　내가

너 를사랑하노 라　외로 움과방황속에 서

주님앞에나아갈때 에　위로 하시는주님

나를도우사　상한 나의마음감싸주시 네

십자가의보 혈로 써　주의 크신사랑알게하셨 네

주 님께감사하리 라　언제 나 주님께감사 해

121 어느날 다가온 주님의

(고백)

김석균

어느날-다가온 주님의 이름을부를수 없었어요

뜨거운사랑을 느꼈지만 부를수-없었어요

어느날-다가온 주님의 모습을쳐다볼수 없었어요

따듯한사랑을 느꼈지만 바라보지못했어요

비우지못한 작은가슴 당신의사랑은 너무커요

부서지고 낮아져도 당신앞에 설수 없었어요

오늘도-찾아온 주님의 이름을불러봅니다

부를수록다정한 주님모습 가만히안아봅니다

예수보다 더 좋은 친구

(나의 참 친구)

김석균

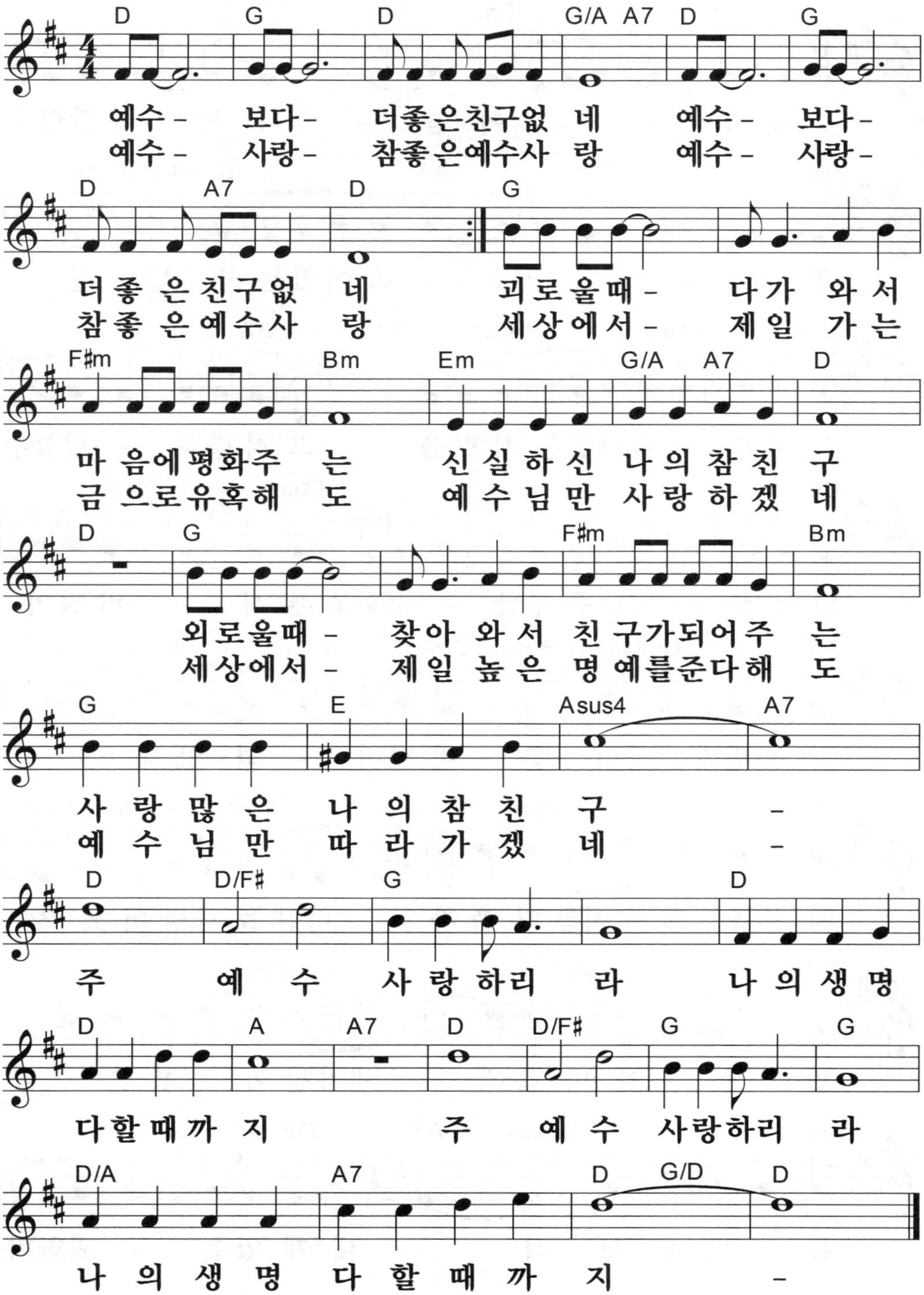

123 예수 그 이름

(그 이름)

송명희 & 최덕신

예수 - - 그이름 - 나는 - 말할수

없네 - 그이름 - 속에있는 비밀 을

그이름 - 속에있는 사랑을 - 그 사랑을 - 말할수

없어서 - 그 풍부함 - 표현못해서 - 비밀이

- 되었네그 이 름 비밀이 - 되-었네 -

사람들 그 -이름건축자의 -버린돌처럼버렸 지

만 - -내마음에 - 새겨진이 -름은 -아

름 -다운보석 - 내게있는 -귀한비

예수 그 이름

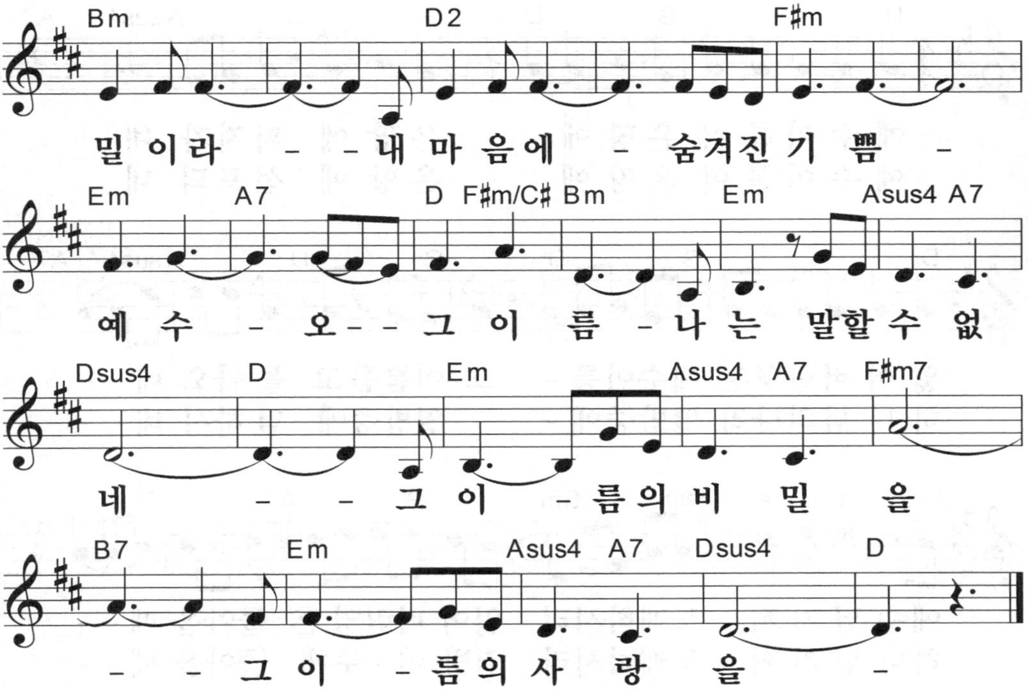

밀 이라 - - 내 마음에 - 숨겨진 기 쁨 -

예 수 - 오 - - 그 이 름 - 나 는 말할 수 없

네 - - 그 이 - 름 의 비 밀 을

- - 그 이 - 름 의 사 랑 을 -

D

124 예수 이름이 온 땅에

김화랑

예수이름이 온땅에 - 온땅에 퍼져가 네
예수이름이 온땅에 - 온땅에 선포되 네

잃어버린영혼 예수이름 - 그 이름듣고 돌아오 네 - -
하나님의나라 열방중에 - 열방중에 임하시 네 - -

예수님 기뻐 노래하시리 잃어버린영혼 돌아올 때 - -
하나님 기뻐 노래하시리 열방이 - 주께 돌아올 때 - -

예수님 기뻐 춤추시리 잃어버린영혼 돌아올 때 - -
하나님 기뻐 춤추시리 열방이 - 주께 돌아올 때 - -

예수 하나님의 공의

(This kingdom)

Geoff Bullock

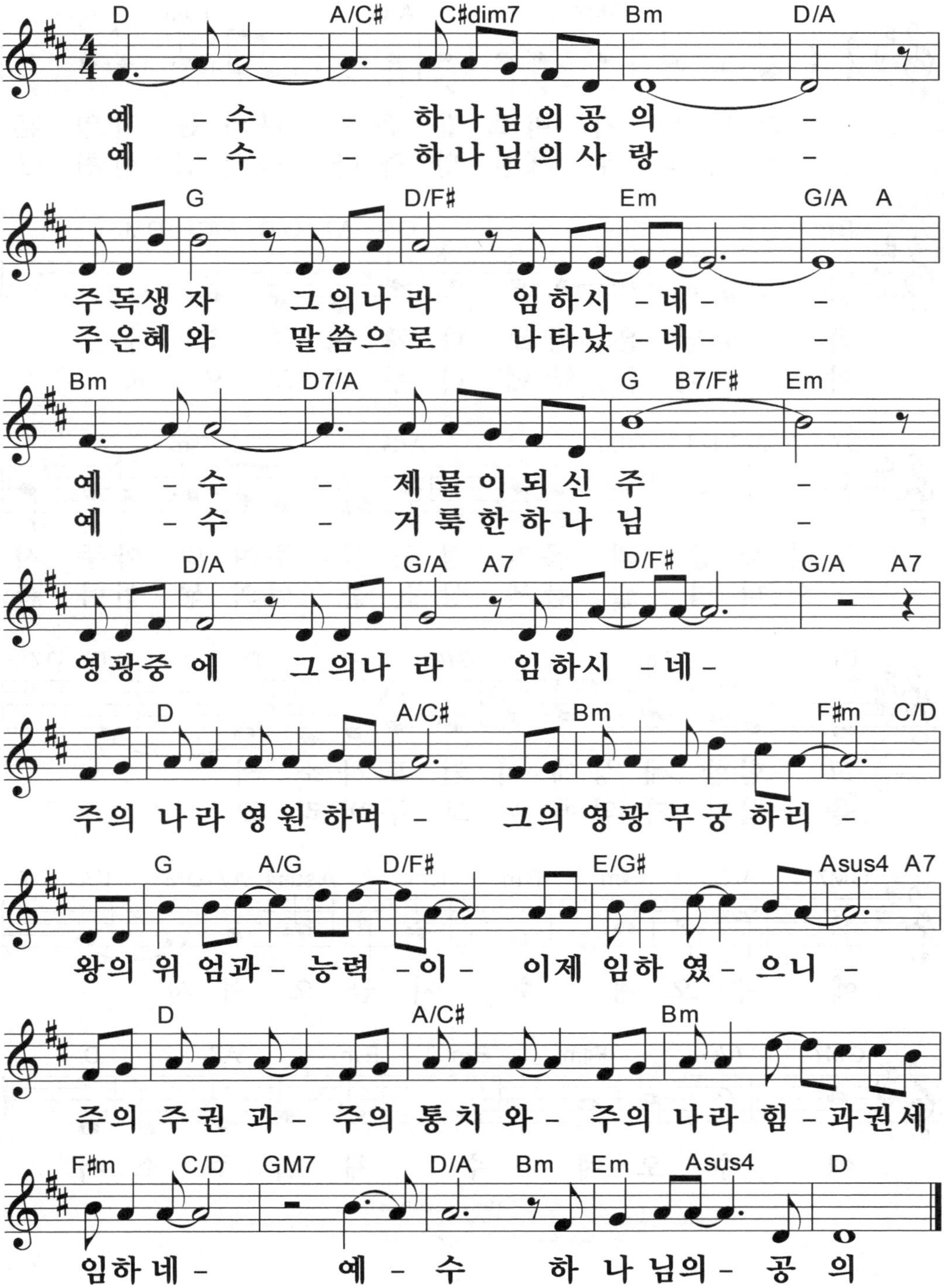

126 오 나의 자비로운 주여

(Spirit song)

John Wimber

D · GM7 · A/G · F#m

오 나 의 자 비 로 운 주 여 나 의 몸 과 영 혼
모 여 라 주 께 찬 양 하 라 나 의 귀 한 친 구

Bm · Em · G/A A7 G/B A/C# DM7

을 주 님 은 혜 로 다 채 워 주 소 서
야 주 이 름 앞 에 너 두 손 모 으 고

D7 C/E D/F# GM7 · A/G · F#m

이 세 상 괴 롬 걱 정 근 심 주 여 받 아 주 시
오 너 의 슬 픔 세 상 눈 물 너 의 쌓 인 아 픔

Bm · Em · G/A A · D · C/D D7

고 험 한 세 상 에 서 인 도 하 소 서 −
을 십 자 가 앞 에 너 모 두 버 리 고 −

GM7 A/G F#m Bm Em Asus4 A7 DM7 C/D D7

예 수 오 예 수 지 금 오 셔 서 −

GM7 A/G F#m Bm Em A7 D

예 수 오 예 수 채 워 주 소 서

오늘 집을 나서기 전 **127**

M.A. Kidder & W.O.Perkins

D

오 늘집을나서 기 전 기 도했 나 요
맘 에분이가득찰 때 기 도했 나 요
어 려운시험당 할 때 기 도했 나 요
나 의일생다하 도 록 기 도하 리 라

오 늘밭을은총위 해 기 도했 나 요
나 의앞길막는친 구 용 서했 나 요
주 가함께당하시 면 능 히이기 리
주 께맡긴나의생 애 영 원하 리 라

기 도는우리의안 식 빛 으로인도하 리

앞 이캄캄할때기 도 잊 지마시 오

128 오라 우리가

(여호와의 산에 올라 / Come and let us go)

B. Quigley & M-A Quigley

오라 우리가 - 여호와의 - 산에 올라 -

하 나 님의 전에 이르 자 -

전에 이르 자 - 주 님 의 도를 배우 고

- 주 님 의 길로 행하 리 -

이 는 율 법 이 시 온 에서 나오고 -

주 의 말 씀은 예 루 살 렘 에 서 -

오소서 진리의 성령님

(부흥 2000)

고형원

오소서진리의 성령님 - 이땅흔들며임 하소서 -

거짓과탐욕 죄 악에무너진 - 우리 가슴정케하소 서

오소서은혜의 성령님 - 하늘가르고임 하소서 -

거룩한불꽃 - 하늘 로서임하사 - 타오 르게하소서주영광위 해

부흥의불길 - 타오르게 하소서 - - 진리 의말씀 - 이땅새롭게하소 서

은혜의강물 - 흐르게 하소서 - - 성령 의바람 - 이땅가득불어 와

흰옷입 - 은주의 순결한백성 주의 영광위해 이제일어 나

열방을 - 치유하 며행진하는 영 광 의그날을주 - 소 서

130 오직 예수 다른 이름은

(No other name)

Robert Gay

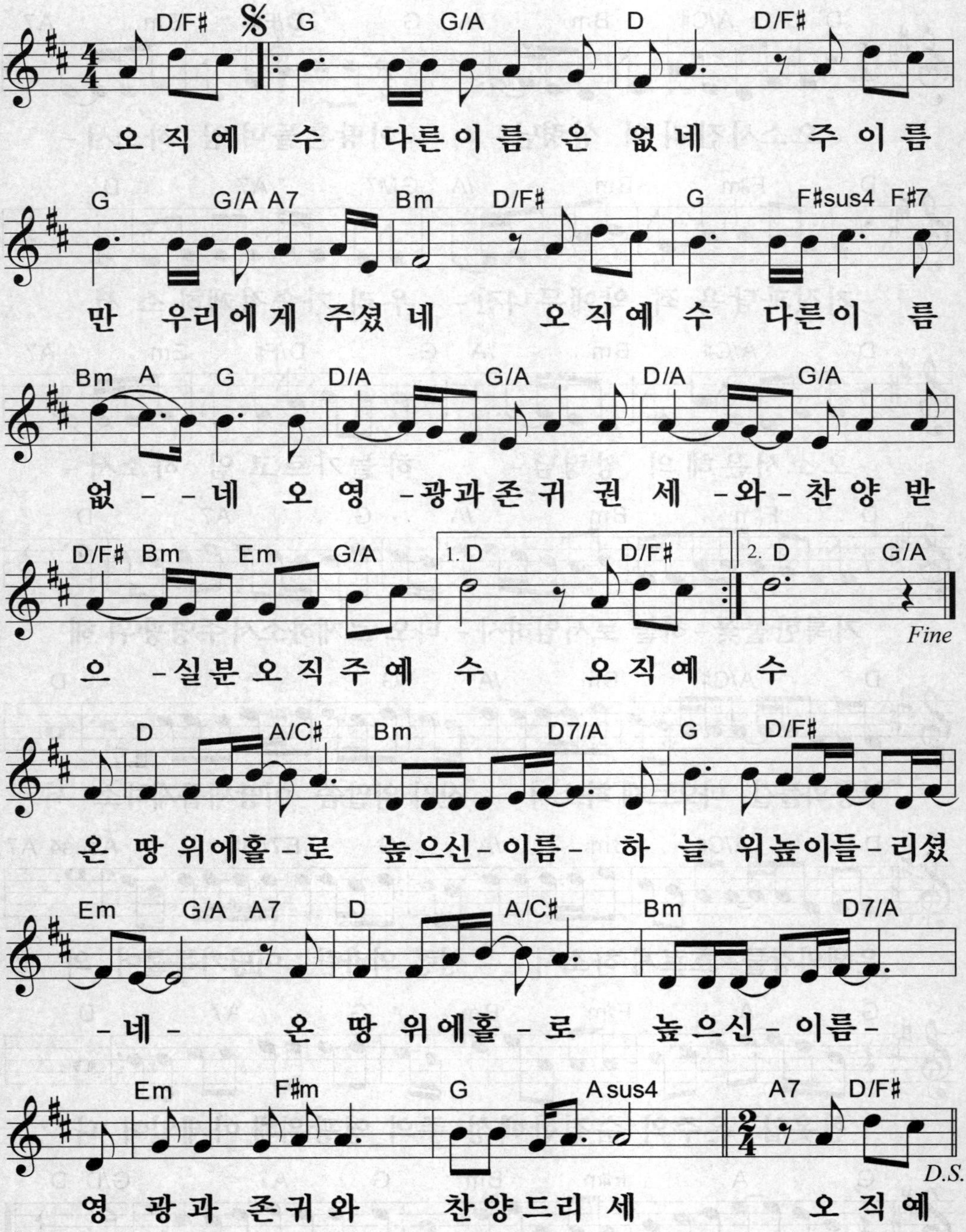

오직 주의 사랑에 매여

고형원

오직 주 의 사랑에매 여　내영 기 뻐 노래합니 다

이소 망 의언덕 기 쁨의땅 – 에 – 서　주께사랑드립니 다

오직 주 의임재안에갇 혀　내영 기 뻐 찬양합니 다

이소 명 의언덕 거 룩한땅 – 에 – 서　주 께경배드립니 다

주께 서 주신모든 은 혜　나 – 는 말할수없 네

내영 혼 즐거 – 이 주 따르렵 – 니다 – 주 께내삶드립니 다

132 오직 주의 은혜로

김영표

오직주의 - 은 혜 로 지금여기 - 서 있 네

한없는 - 경배 한없는 - 찬양 내 영혼예배드 리 네

나를위해 - 이 땅 에 오신주의 - 그 은 혜

십자가 - 고통 이기신 - 주님 그 은혜어찌잊 으 리

주은혜 날채우 시네 - 주은혜 보게하 시네 -

살아 가는동안 - 은혜 로만살리 - 십 자 가은혜 로 - -

우리 모일때 주 성령 임하리 *133*

(As we gather)

Mike Faye & Tommy Coomes

우 리 모 일 때 - 주 성 령 임 - 하 리

우 리 모 일 때 - 주 이 름 높 이 리

우 리 마 음 모 - 아 주 를 경 배 할 때

주 님 축 복 하 - 시 리 - - 주 님 축 복 하 - 시 리

D

134 이 땅 위에

(신 사도행전)

김사랑

이 땅위에 - -하나님의 교회- 부 르심을-따라일-어나 -

거칠 은광야- -외-치는 소리로- 거듭거 듭 피어 나- 라

성 령이여- -이세대를 향해- 주의 진리를- 선포케하-소 서

십자 가에서- -죽으신그 사랑- 우리사 랑 되게 하소 서

닫힌 문들이- 열릴지-어 다 모든 세대여- -일어나라 -

주 예 수께- 무 릎꿇-고 경 배드-리세- 죽음

이 기신 - -평화의- 왕- - 성 령이- 여

임 하 소 서 초대 교회 역사같은-권 능으-로

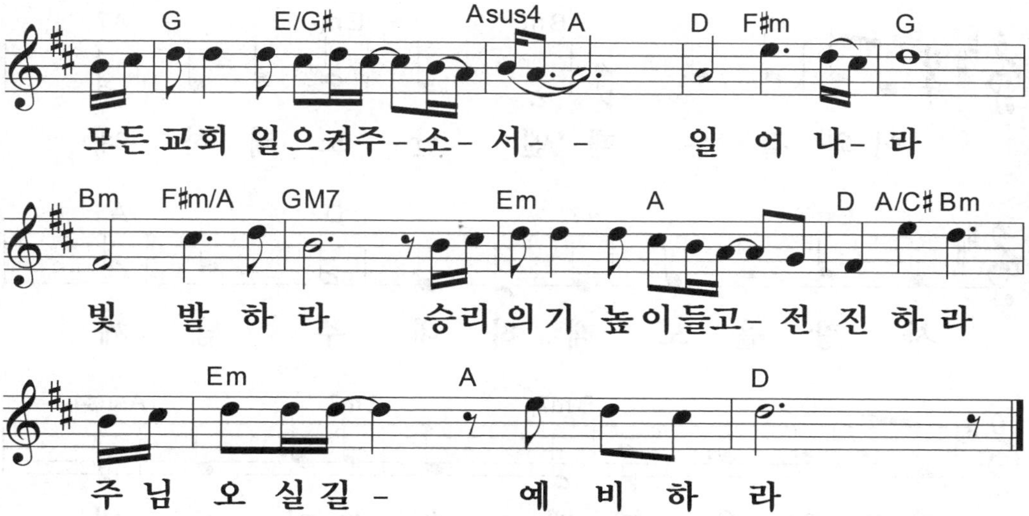

이 땅 위에

모든 교회 일으켜 주-소- 서- - 일 어 나- 라

빛 발 하 라   승리 의 기 높이 들고- 전 진 하 라

주 님 오 실 길 -   예 비 하 라

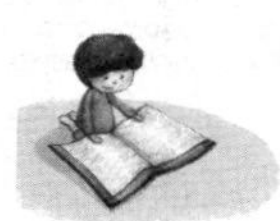

135 이와 같은 때엔
(In moments like these)

David Graham

이 와 같 은 때 엔 난 노 래 하 네

사 랑 을 노 래 하 네 주 님 께

이 와 같 은 때 엔 손 높 이 드 네

손 높 이 드 네 주 님 께 - 주 님

사 랑 해 요 - 사 랑 해 요 -

사 랑 해 요 주 님 사 랑 해 요 - 주 님 -

작은 불꽃 하나가

(Pass it on)

136

Kurt Kaiser

작은 불 꽃하나 가 큰 불 을일으 키 - 어 - -
이 돋아나 며 새 들은지저 귀 - 고 - -
구 여당신 께 이 기 쁨전하 고싶소 - -

곧 주 위사람 들 그 불 에몸녹 이듯이 - -
꽃 들 은피어 나 화 창 한봄날 이라네 - -
내 주 는당신 의 의 지 할구세 주라오 - -

주 님 의사랑 이같이 한 번경 험하면 - 그 의사랑
주 님 의사랑 놀라워 한 번경 험하면 - 봄 과같은
산 위 에올라 가 - 서 세 상에 외치리 - 내 게임한

모 두에게 전 하 고싶 으리 - - 새싹
새 희망을 전 하 고싶 으리 - - 친 -
주 의사랑 전 하 기원 하네 - -

산 위 에올라 가 서 세 상에 외치리 -

내 게임한 주 의사랑 전 하 기 원 하네 - -

137 주께서 주신 동산에

(땅 끝에서)

고형원

주께서 주신동산 에 - 땀흘리며 씨를뿌리 며
비바람 앞을가리 고 - 내육체 는 쇠잔해져 도

내모든 삶을드리 리 - 날사랑하시 는 내주님 께 -
내모든 삶을드리 리 - 내사-모하 는 내주님 께 -

땅끝에 서 주님 을맞으 리 주 께드릴열 매 가득안 고 -

땅끝에 서 주님 을뵈오 리 주 께드릴노 래 가득안 고

- 땅의모 든끝 찬 양하 라 - 주님오 실길

예비하 라 - 땅의모 든끝에 서 주님 을 찬양하

라 - 영광의주 님 곧오시리 라 -

주께 힘을 얻고

(축복의 사람)

설경욱

주께 힘을 얻고그 마음에 – 시온 의대로가있는그대는 –

하 나님의 – 축복 의사람이죠– 주님 그대를 –너무기뻐하시죠 –

주의 집에거하기를사모 하 –고– 주를 항상찬송하는그대는 –

하 나님의– 축복 의사람이죠– 주님 그대를 –너무사랑하시죠 –

그대 섬김은–아름다운찬 송 그대 헌신은 – 향기로운기 도

그대 가 밟는땅 어디 에서라도– 주님 의이름높아질거예 요

139 주 내 삶의 주인되시고

(Lord You are the Author of my life)

Judy Pruett

주 내삶의주 - 인되-시고 - 새로운일 - 이루- 셨 네
직 주님만이 - 내일-생과 - 내영혼의 - 주되-시 네

- 주뜻이루 -려고- 날 예 정하-셨네 - ----오
- 주말씀전 -하라- 날 선 택하-셨네

- --- 주 의 능력으로 - 인도- 하 사 -

크 신일 -을이-루소 - 서 의지합-니 다 -

주 의 얼굴만을 -찾으-리니 - 주여나 -와 함-께 하

- 사 주 뜻 이 루 소 -서

주님께 영광을

140

최덕신

주 님 께 영 - 광 을 -   주 님 께 감 - 사 를 -

주 님 께 찬 - 양 을 -   할 렐 루 야

- 우 리 의 젊 - 음 을 -   모 두 다 바 - 쳐 서 -
- 우 리 의 가 - 진 것 -   모 두 다 바 - 쳐 서 -

주 님 을 사 - 랑 해 -   할 렐 루 야

141 주님 나를 부르셨으니

윤용섭

주님 나 를 부르셨으니 주님 나 를 부르셨으니
주님 나 를 사랑했으니 주님 나 를 사랑했으니
주님 나 를 구원했으니 주님 나 를 구원했으니

내 모 든 정성 내 모 든 정성 주만 위 해 바칩니 다
이 몸 바 쳐서 이 몸 바 쳐서 주만 따 라 가렵니 다
소리 높 여서 소리 높 여서 주만 찬 양하렵니 다

주 - 님 주 - 님 나의 기 도 들 으 - 사

영원토 록 주 님 만 을 사모 하 게 하옵소 서
언제 까 지 주 님 만 을 사모 하 게 하옵소 서
할 렐 루 야 주 님 만 을 사모 하 게 하옵소 서

주님 내가 여기 있사오니 **142**

(나를 받으옵소서)

최덕신

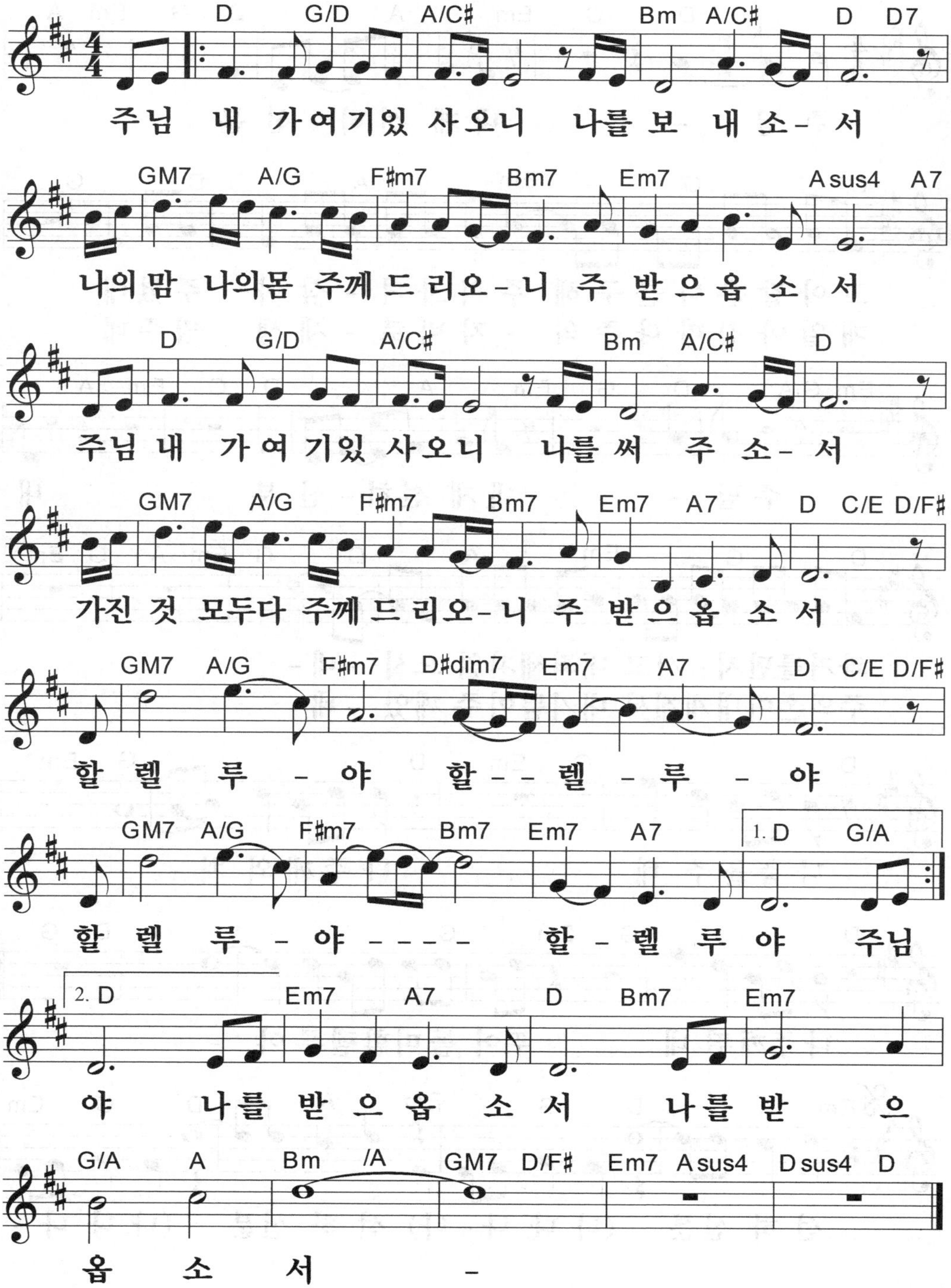

D

143 주님 내게 선하신 분
(So good to me)

Darrell Evans & Matt Jones

주님 - 내게 선하-신 분

고아같은 나를 구해 주의 자녀 - 삼아 주셨네
매일 아침 마다 주의 - 자비로 - 새 생 명 주네

주님 - 내게 선하-신 분 내

과거를 던지 - 시고 내 죄 세지 않 으시 - 네 -
주의 손이 내게 계서 내 기쁨이 주 께 있 - 네 -

나 춤을 추 네 나 주께 외 쳐 - -

나 주께 뛰 네 뛰어 돌며 할렐루 야 -

선 하 신 분 (나 나 나 - 나) 선 하 신 분 (나 나 나 -

나) 선 하 신 분 - 주 님
오 직 주 - 님 이 - 나를 구하 - 셨 네
나 거 리 에 - 서 도 - 찬 양 을 드 - 리 리

주여 진실하게 하소서 144

(I'll be true, Lord Jesus)

주여 진 실 하게하소 서 오늘 하 루 하루순간 을
주가 주신힘으로 승리 하기원하네 주여 나를진실하게하소 서

145 주님 말씀하시면

(말씀하시면)

김영범

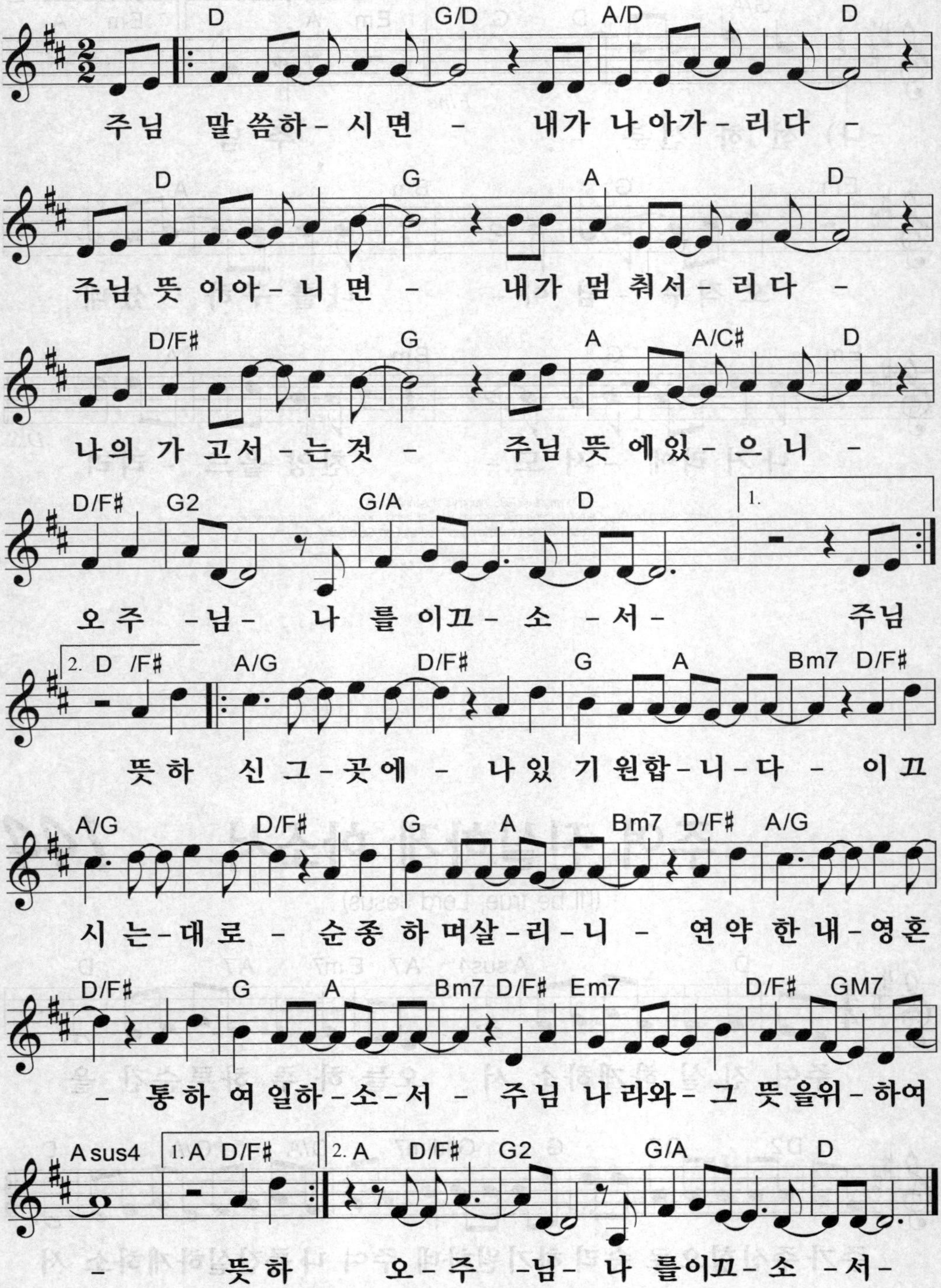

주님은 너를 사랑해 146

조환곤

D

주 님 은   너 를 *사 랑 해 -   주 님 은 너 를 사 랑 해 -

우 리 를 사 랑 하 신 주 -   널 사 랑 해   주 님 은 너 를 사 랑 해 -

주 님 은 너 를 사 랑 해 -   우 리 를 사 랑 하 신 주 -

1. D   /F#   2. D

널 사 랑 해   주 님 은   해

```
* | 기 뻐 해
  | 위 로 해
```

147 주님 손에 맡겨 드리리

(전심으로 / With all I am)

Reuben Morgan

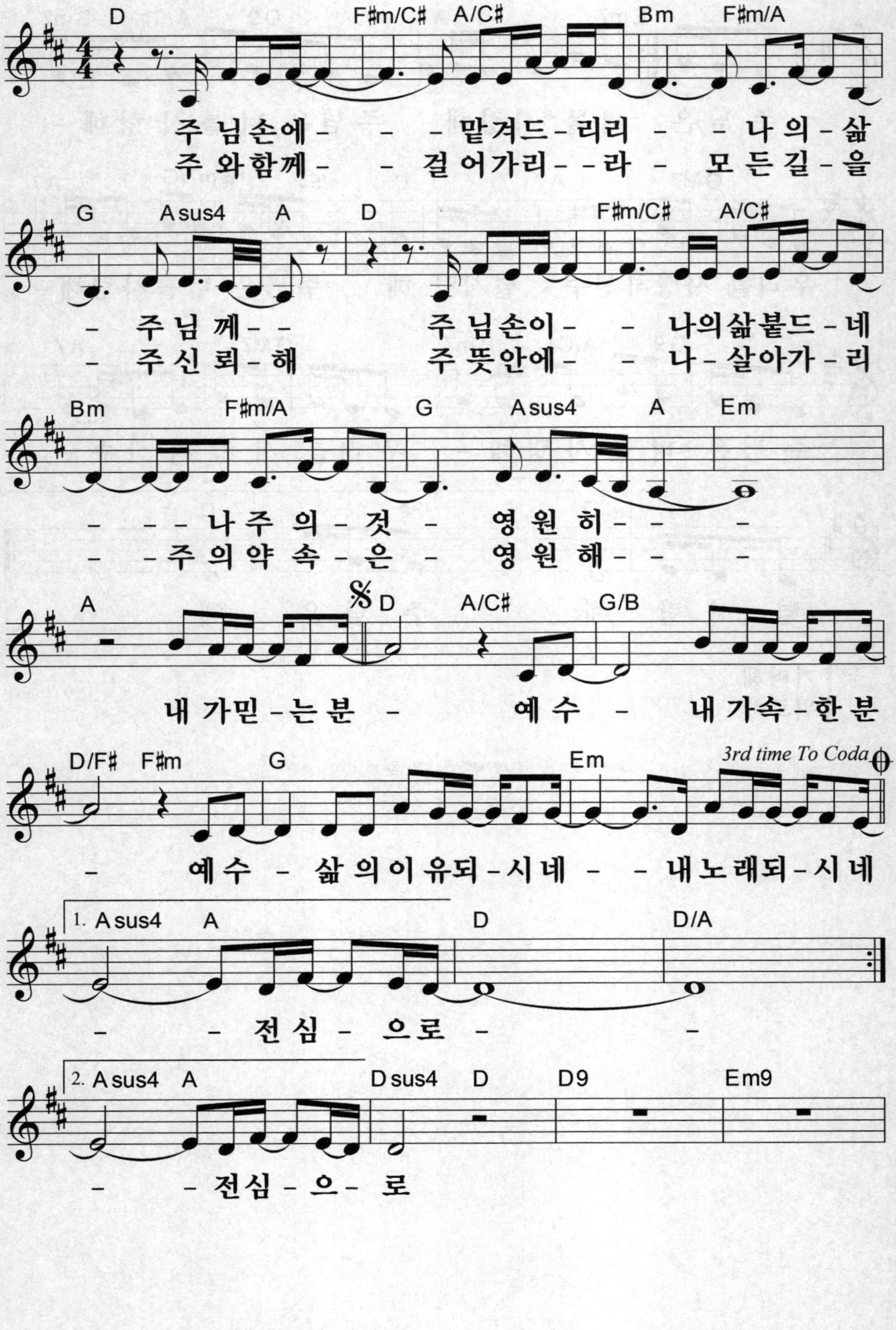

주님 손에 맡겨 드리리

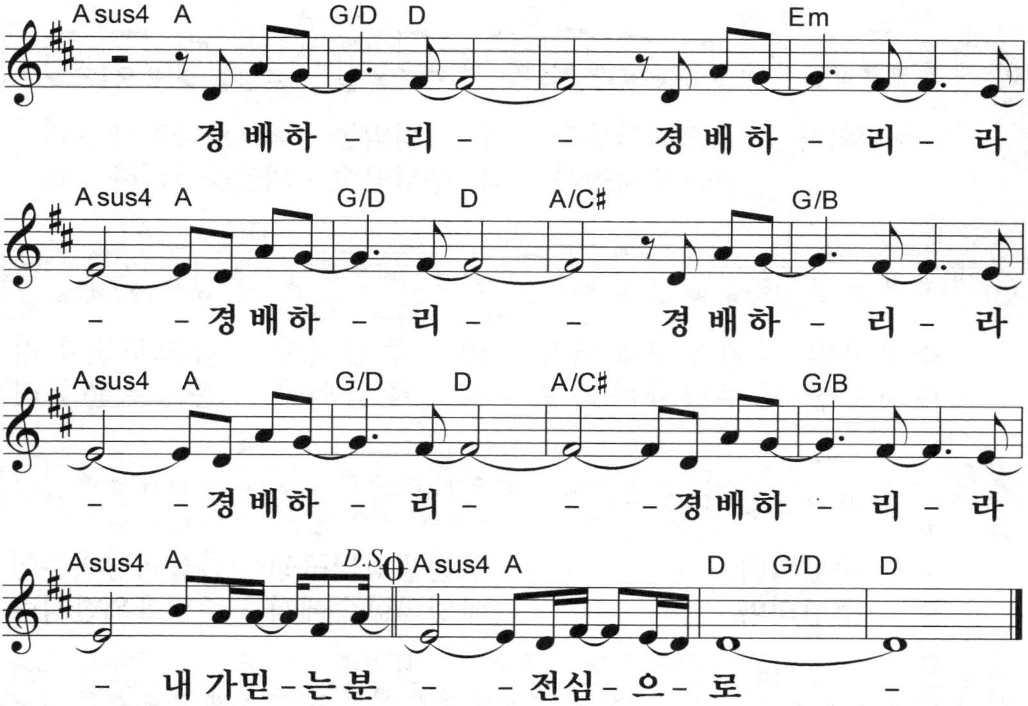

경배하 - 리 - - 경배하 - 리 - 라

- - 경배하 - 리 - - 경배하 - 리 - 라

- - 경배하 - 리 - - 경배하 - 리 - 라

- 내 가 믿 - 는 분 - - 전심 - 으 - 로 -

D

148 주님의 마음으로 나 춤추리

(주님의 춤추리 / Teach me to dance)

Steve A. Thompson & Graham Kendrick

주님의마 음으로나춤추 –리 성령의능 력으로따라가 –리
음으로사랑하 –리 주님약속 의말씀신뢰하 –리

주님의빛 가운데걸어가 –리 주님의마 음으로춤추리
다시오실 주님나바라보 –리 주님의마 음으로춤추리

– 주님의마 – 주는생명의근원 하늘과땅의주인
– 주님의마 – 매일의삶속에서 주님을위한사랑

주안에넘치는 기 –쁨 주님의아이되어 기쁨의 –춤추리
순종으로주께 드 –려 나의모든힘다해 주님께경배하리

주님의영광을 위 ––한 기 ––쁨 주님의마
나의모든것다 드 ––려 찬 ––양 주님의마

음으로춤추리 – 주님의마 음으로춤추리 –

주님의 성령 지금 이곳에

(임하소서)

송정미 & 최덕신

D

주 님 의 성 – 령   지 금 이 곳   에

임 – 하 소 서   임 하 소 서

주 님 의 성 – 령   지 금 이 곳   에

임 – 하 소 서   임 하 소 서

알 렐 루 야   알 – 렐   루 야

알 렐 – 루 – 야   알 렐 루 야

150 주 다스리네
(The Lord Reigns)

Dan Stradwick

주 다 -스리네 - 주 다 -스리네 -

주 다 -스리네 - 온땅기뻐해 - 온땅기뻐해

- 온땅기뻐해 - 만백성기뻐하 라

- 주다스리 네 - 주 네 -

주님나라임 -했네 모든적불태 -우네

악한세력은 녹네 주 님의임재앞 - 에

주님의임재앞 - 에 - 주 네 -

주의 사랑을 주의 선하심을 *151*

(Think about His love)

Walt Harrah

주의사랑을 - 주의선하 심 - 을 -

주의은혜를 생각해 보 라 -

하늘 보 다도더높으신 - 아 버지의사랑 크 고놀랍

네 - - - - 아 버지사랑 크 고놀랍 네 - *Fine*

내 어찌 - 그 사랑 - 잊 으 리 -
나 길을 - 잃고 - - 헤 맬 때 -

내 어찌주의 - 긍휼 - 잊 으 리 -
그 사 - 랑날 - 찾아 - 내 셨 네 -

내 영 혼 의 - - 모 든 소원 - -

만 족 시 킨 - - 하 나 님 - - *D.C.*

152 주의 이름 안에서

(찬양의 제사 드리며 / We bring the sacrifice of praise)

Kirk Carroll Dearman

주의 인자는 끝이 없고

(The steadfast love of the Lord)

Edith McNeill

주 의 인 자 는 - 끝 이 - 없 고
주 의 사 랑 은 - 끝 이 - 없 고
주 의 보 호 는 - 끝 이 - 없 고

그 의 자 비 는 - 무 궁 하 며 -
그 의 공 의 는 - 영 원 하 며 -
그 의 자 비 는 - 풍 성 하 며 -

아 침 마 다 새 롭 고 늘 새 로 우 니

주 의 성 실 이 큼 이 라

성 실 하 신 주 님 -

154 주의 임재 앞에 잠잠해

(Be Still)

David J. Evans

주 의 임재 앞에잠잠해 주 여 기 계 시 네
주 의 영광 앞에잠잠해 주 의빛 비 치 네
주 의 능력 앞에잠잠해 주 역 사 하 시 네

와 서 모두 굽혀경배해 신 령 과 진 리 로
거 룩 한 – 불태우시며 영 광 의관 쓰 네
죄 사 하고 치유하시는 놀 라 운주 은 혜

순 결 하 신 주 님   거 룩 한 존 전 에
그 영 광 찬 란 해   빛 되 신 우 리 왕
주 믿 는 자 에 게   능 치 못 함 없 네

주 의 임재 앞에 잠잠해 주 여 기 계 시 네
주 의 영광 앞에 잠잠해 주 의빛 비 치 네
주 의 능력 앞에 잠잠해 주 역 사 하 시 네

주의 자비가 내려와

(Mercy is falling)

David Ruis

주의자비 – 가내려 –와내려 – 와 주의자비 – 가봄 비 같이

주의자비 – 가내려 –와나 를덮 네   –

헤이 호   주의 자비하심 과 헤이 호   주의 은혜로

헤이 호   나는 영원히 춤 추 리   –

D

156 주 이름 큰 능력 있도다
(There is power in the name of Jesus)

Noel Richards

주 찬양합니다

(Ich lobe meninen Gott)

Cl. Fraysse Bergese

주 찬양합니다 내 마 음을 다해

1. 주 가 하신놀 라운 일 들을세 상에 모두전 하 리 라

2. 내 가주를 기뻐 하며찬양해 할 렐 – 루 – 야

지 극 히 높 으신 이름찬양해 할 렐 – 루 – 야

D

158 지금 우리가 주님 안에

(아름답게 하리라)

곽상엽

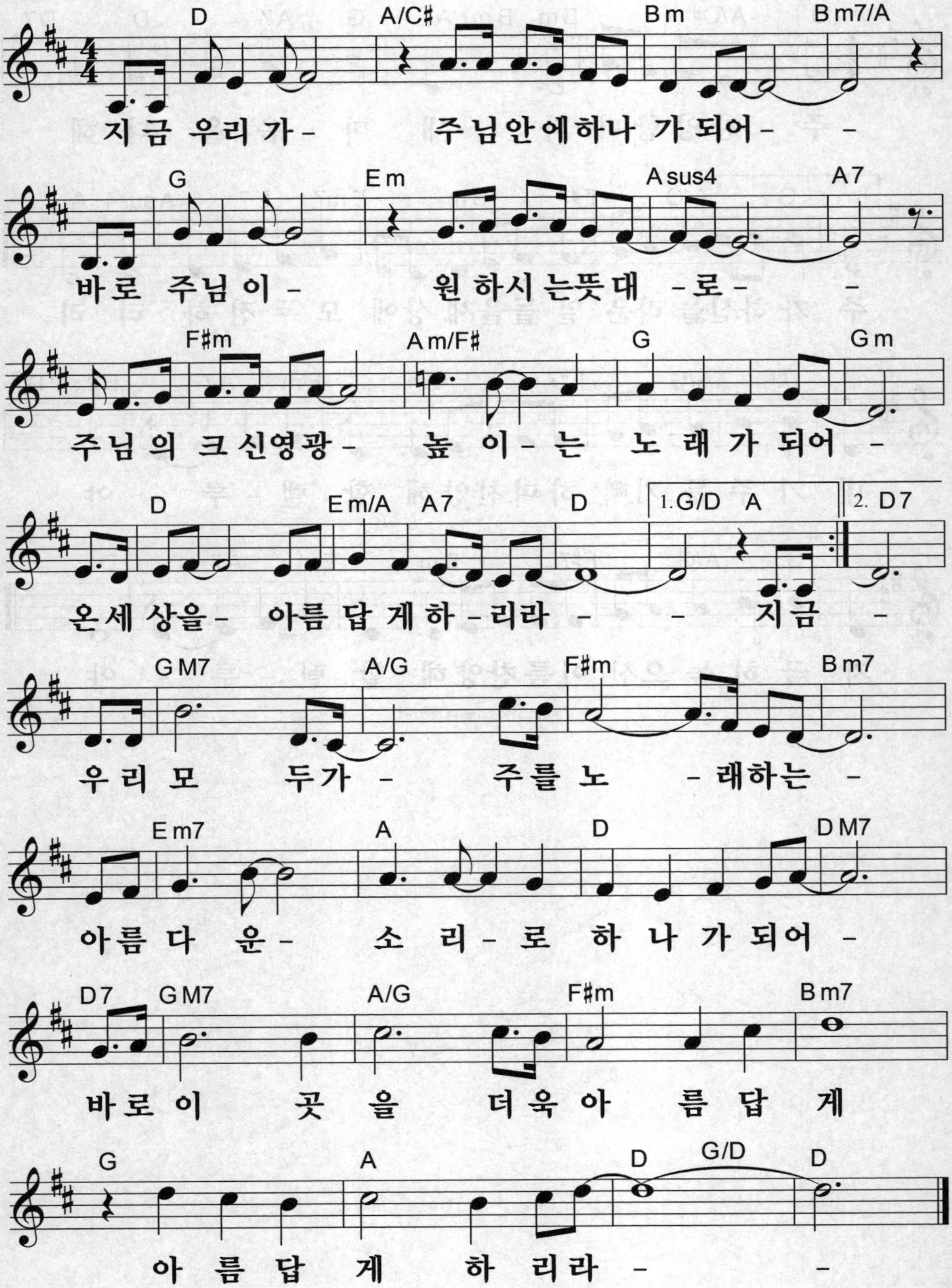

찬양의 열기 모두 끝나면 *159*

(마음의 예배 / The heart of Worship)

Matt Redman

찬양의열 기 - 모두끝나면 - 주앞에나 와 -
영원하신 왕 - 표현치못할 - 주님의존 귀 -

더욱진실 한 - 예배드리네 - 주님을향 한 -
가난할때 도 - 연약할때도 - 주내모든 것 -

노래이상의노래 - 내맘깊은곳에 주께서원하신것 -

화려한음악보다 - 뜻없는열정보다 중심을원하시죠 - -

주님께드릴맘 -의 예-배 주 님을위한 -

주 님을향한 노래 중심잃은예배내 -려놓-고

이제 나돌아와 - 주 님만예배 해 요 -

160 천사의 말을 하는 사람도

(사랑의 송가)

Tina Benitez

천 사 의말 을 하는사 람 도 사 랑 없으 면
진 리 를보 고 기뻐합 니 다 무 례 와사 심
지 금 은희 미 하게보 이 나 그 때 는주 를

소 용 이 없 고 심 오 한진 리 깨달 은 자 도
품 지않 으 며 모 든 것믿 고 바라 는 사 랑
맞 대 고 보 리 하 나 님나 를 알고 계 시 듯

울 리 는 징 과 같 네 -
모 든 것 덮 어 주 네 -
우 리 도 주 를 알 리 -

하 나 님말 씀 전 한 다 해 도 그

무 슨소 용 있 나 - 사 랑없 으 면

소 용 이 없 고 아무 것 도 아 닙 니 다 -

탕자처럼 방황할 때

(탕자처럼)

김영기

161

D

탕자처럼 방황-할 때도 애타게 기다리는 -
불순종한 요 나와 같이도 방황하던 나에게 -
음탕한저 고 멜과같이도 방황하던 나에게 -

부드런 주님의음 성 이내 맘을 녹이셨 네 -
따뜻한 주님의손 길 이내 손을 잡으셨 네 -
너그런 주님의용 서 가내 맘을 녹이셨 네 -

오주님 나 이제갑니 다 날받아 주 소-서 -

이제는 주 님만위하 여이 몸을 바 치리 다 -
이제는 주 님만위하 여이 생명 바 치리 다 -
이제는 주 님만위하 여죽 도록 충 성하 리 -

162 평안을 너에게 주노라

(My peace I give unto you)

Keith Routlege

평안을 너에게 주노라 -

세상이 줄 - 수 없 - 는 -

세상이 알수도 없는 평 - 안

평 - - 안 평 - - 안

평안을 네게 주노라 -

할 수 있다 하면 된다

(할 수 있다 해 보자)

윤용섭

할수있 다 하면된다 해 보 - 자

믿 는 자에 게 능 치못함이 없 으 리 라

나 는부족해도 나 는약해도 주님 도와 주신 다
믿 음가지고 - 꿈 을가지고 주님 바라 보아 라
기 도하면서 - 찬 양할때에 주님 함께 하신 다

의 심말 고 두 려워말라 좋 은일일어난 다
성 령님 이 도 와주신다 좋 은일일어난 다
할 렐루 야 할 렐루 - 야 기 적이일어난 다

말씀안에서 믿 음안에서 할 수있다해 보 자

164 하늘의 해와 달들아

(호흡이 있는 자마다)

김세영

하 늘의 – 해 와 달 – 들아 – –
산과 – 넓 은 푸른바다 – –

소 리 높 여 찬 양 하 – 여 라 – –
모 두 주 를 찬 양 하 – 여 라 –

나 팔 소 리 – 비 파 와 수 금 으 로 – –
호 흡 이 – – 있 는 – 자 – 마 다 – –

춤 추 – 며 찬 양 하 – 여 라 – 험 한 –
여 호 와 를 찬 양 하 – 여 라

세 상 모 든 사 람 들 아 주 를 찬 양 하 라 –

살 아 계 신 나 의 하 나 님 을 – –

세 상 모 든 사 람 들 아 주 를 찬 양 하 라 –

하늘의 해와 달들아

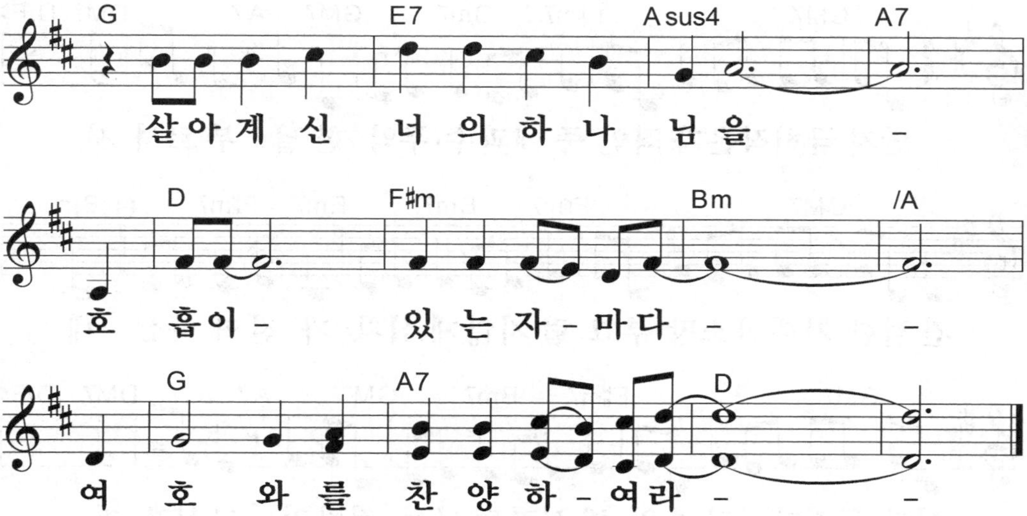

살아계신 너의하나 님을 -

호 흡이 - 있는자 - 마다 - -

여 호 와를 찬양하 - 여라 - -

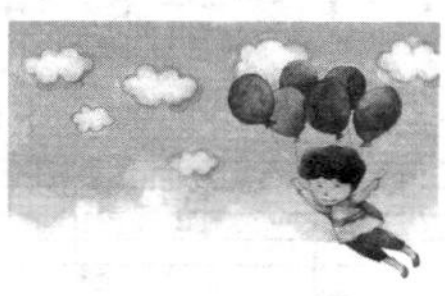

D

165 난 지극히 작은 자

(십자가의 전달자)

전영훈

난지 극히작은자 죄인 중에괴수 무익 한날 부르셔 서

간절한 기대와소망 부끄 럽지않게 십자 가 전케하셨 네

어디 든지가리라 주위 해 서라면 나는 전하리 그십자 가

내몸 에벤십자가 그보 혈 의향기 온세 상 채울때까 지

살아 도주를위해 죽어 도주를위해 사나 죽으나 난주의 것

십자 가 의능력 십자 가 의소망 내안 에주만 사시는 것

D.C. al Coda

네 내사 랑 나의 십자 가

너의 가는 길에 166

(파송의 노래)

고형원

D

너의 가는길-에주의평-강 있으리- 평강 의왕함께가-시 니   너의
가는길-에주의축-복 있으리- 영광 의주함께가-시 니   네가

걸음걸음 주 인도하-시리 주의 강한-손널이끄 -시 리   너의

밟는모든땅 - 주 님다스-리리 너는 주의-길예비케-되 리

- 주 님나라위-하 여 길떠 나는 나의형-제 여

주 께 서가라-시 니   너는 가라 주의이름으로 -

거칠 은광야위에 - 꽃 은 피어나고- 세상 은네안에서 -

주님의 영광보리라-강하고 -담대하 라 세상 이기신주늘함 -께 -

너와 동행 - 하시 며 네게 새힘 늘- 주시 리   -

167 너의 푸른 가슴 속에

고형원

너 의푸른가슴-속 에　십자가 의　-흔적있다 면
너 의뛰는가슴-속 에　하늘의 불　-타고있다 면

주 위해이제일-어 나　너의믿음 주께보-이 라
그 나라그영광-위 에　너의삶을 주께드-려 라

오 랫동안-꿈꿔왔 던　그 나 라 이제곧오-도 록

우 리주의-은혜의 강　-이땅 휩쓸며 - 흐르도 록

하 나 님의눈물을-가진자 일어나- - 주님 을 따 르라 -

너의 십자가지고-주님을 따르면- - 온세 상 주영광보-겠 네

Fine

Bridge

너 의삶을불태워 주를섬겨라 - 주의 영 광 나타나-겠 네

오 래황폐한이땅 꽃을피워라 - 주의 향 기 가득하 - 겠 네

D.C.

감사함으로 그 문에 들어가며 168
(He has made me glad)

Leona Von Brethorst

감사 함으로 그 문에 들어가 – 며 그의 궁전 에들어 가

주께 감사드리며 그 이름 – 을 송 축할 – 지 어 – 다

주님의 기쁨 내게임하네 나 항상기쁨안 에서 주 찬 양

주님의 기쁨 내게임하네 나 기쁜찬송주께드리 네

169 기뻐하며 승리의 노래 부르리
(We will rejoice)

David Fellingham

기 -뻐하며- 승리의 노래부르리

그 백성주가회복시 -키시네

그 -사랑으로 억눌렸던자모아

칭찬과명-성얻게 하시네 -

전심으로--- -기뻐하리 -

전심으로기 뻐하리- 전능의왕우리함께 -

전능의왕--- -함께하시네 -

우리의강하 신용사- 구원과승리주시네 -

기뻐하며 승리의 노래 부르리

기뻐 외치며 - 주께 두 손 들리 - -

춤을 추며 - 왕께 찬양해 - -

모든 원수를 - 멸하신 주님 - -

전능의 왕 - 함께하시네 -

E

170

나를 지으신 주님

(내 이름 아시죠 / He knows My Name)

Tommy Walker

나를- 지으 신주님-   내안- 에계셔 -
그는- 내아 - 버지-   난그 -의소유 -

처음- 부터 내삶은- 그 의 손에 - 있었죠 -
내가- 어딜 가든지- 날 떠 나지 - -않죠 -

내이 - 름아 - 시죠-   내모 - 든생 - 각도-

내흐- 르는 - 눈물- 그 가 닦아- 주셨죠 -
아바- 라부 - 를때- 그 가 들으- -시죠 -

나를 향한 주의 사랑 *171*

(산과 바다를 넘어서 / I Could Sing Of Your Love Forever)

Martin Smith

E

나를향한 -주의-사랑 -산과바다 -에넘 -치네 -내마음열때주님

나에게참자유주 -셨네 -늘진리속 -에거 -하며 -나의손을 -높이 -들고

-언제나주님의사 랑을노래하 리- 주의사랑노래 -하-리-라-

영원토록노래 -하-리-라- 주의사랑노래 -하-리-라-

영원토록노래 -하-리-라- 영원토록노래 -하-리-라-

내가춤 -을 출 때 다 비웃겠 -지만 - -

그 들도주 -알 게 되면- 함께 기뻐 -춤 -을추게 -되리-

영 원 토 록 노 래 -하 -리 -라- -

172

나의 등 뒤에서
(일어나 걸어라)

최용덕

나 의등 뒤에 서　나를 도 우시는 주
나 의등 뒤에 서　나를 도 우시는 주
나 의등 뒤에 서　나를 도 우시는 주

나 의 인생 - 길에 서　지치 고　곤하 여
평 안 히길 - 을갈 땐　보이 지　않아 도
때 때 로뒤돌아보 면　여전 히　계신 주

매 일 처럼 주저 앉고 싶을 - 때　나를 - 밀어 주시 네
지 치 고곤 하여 넘어 질때 - 면　다가 와손내 미시 네
잔 잔 한미 소로 바라 보시 - 며　나를 - 재촉 하시 네

일 어나　걸 어라　내가 새힘을주리 니
O O야! 일어 나라　주께 서새힘주리 니

일 어나 너걸 어라 내 너를 도 우 리

나의 마음을

173

(Refiner's Fire)

Brian Doerksen

나 의마 – 음을 – 정금과같 이 정결 케하소서
나 의마 – 음을 – 주님과같 이 거룩 케하소서

나 의마 – 음을 – 정금과같 이 하 소 서
나 의마 – 음을 – 주님과같 이 하 소 서

내 영혼에 – 한소망있으니 – 주님 과 같 – 이

거룩하게 – 하 – 소 – 서 – 나의삶 을 드리니

거룩하게 – 하소서 – – 오주 – 님 나를받으 – 소 서

– 나 를 받으 – 소 서 – –

174 나의 발은 춤을 추며

나의 발은춤을추며나의 손은손뻗치며나의 입은기뻐노래부르 네

나의 발은춤을추며나의 손은손뻗치 며나의 입은기뻐노래부르 네

내가 주 께 찬 양 해 내가 주 께 찬 양 해

내가주 께찬양하 며 주 사 랑 해

나의 부르심

(This is my destiny)

Scott Brenner

175

나 - 의부르심 - 　나의영원 - 한소 - 망

예수님의 - 형상 - 을　닭 - - 는것 -

나 - 의목적 - 　나의높은 - 부르 - 심

세상을뒤로 - 하고 - 주위 - 해사 - 는것 -

덮으 - 소서 - 　주 - 거 - 룩한 - 품에 - 품으 - - 소서 - 이곳

이 나속 - 한곳 - 오예 - 수　이끄 - 소서 - 　주

얼굴보 - 기위 - 해은 - 밀한 - 곳으로 - 내가나아갑 - 니다 -

176 나의 사랑하는 자의 목소리

(나의 사랑 나의 어여쁜자야)

이길로

나의 사랑하는자의목소 - - 리 - 듣기원 - 하 - 네

나 의사랑 나의 어여쁜 - 자 - 야 바위틈은밀 - 한곳에 - - 서 -

듣기원 - 하 - 네 부드 러운 주님의 - 음 성 나의

성 나의 사랑 - 나의사랑 - 나의 어여쁜 - 자 - 야

일 어 - 나함 께가 - 자 나의 사랑 - 나의사랑 - 나의

어여쁜 - 자 - 야 일 - 어나 - 함 께 가 자

나의 주 나의 하나님이여 177
(Adonai, my Lord my God)

Stephen Hah

나의 주 나의하나 님 이여　주 를경배합니 다

주 사 랑하는나의 마 음을 주께 서 아시나이 다

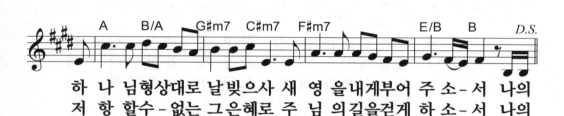

깨 뜨 릴옥합내게 없 -으며 주께 드 릴향유없지 만
고 통 속에방황하 는내마음 주- 께 로갈수없지 만

하 나 님형상대로 날빛으사 새 영 을내게부어 주 소- 서 나의
저 항 할수-없는 그은혜로 주 님 의길을걷게 하 소- 서 나의

178 날마다 숨쉬는 순간마다

(Day by day)

Arr. PD. Berg Sandell & Ahnfelt Oscar

날마 다 숨쉬는순간 마다　내앞 에 어려운일보 네
날마 다 주님내곁에 계셔　자비 로 날감싸주시 네
인생 의 어려운순간 마다　주의 약 속생각해보 네

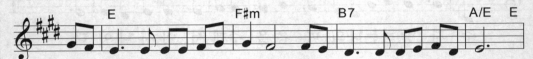

주님 앞 에이몸을맡 길 때　슬픔 없 네두려움없 네
주님 앞 에이몸을맡 길 때　힘주 시 네위로함주 네
내맘 속 에믿음잃지 않 고　말씀 속 에위로를얻 네

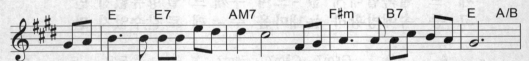

주님 의 그자비로운 손 길　항상 좋 은것주시도 다
어린 나 를품에안으 시 사　항상 평 안함주시도 다
주님 의 도우심바라 보 며　모든 어 려움이기도 다

사랑 스 레아픔과기 쁨 을　수고 와 평화와안식 을
내가 살 아숨을쉬는 동 안　살피 신 다약속하셨 네
흘러 가 는순간순간 마 다　주님 약 속새겨봅니 다

내가 어둠 속에서

문경일

내가 어둠 - 속에서 - 헤맬때에도 - 주님 은 함께계 셔
내가 은밀한곳에서 - 기도할때도 - 주님 은 함께계 셔
힘이 없고 - 연약한 - 사람들에게 - 주님 은 함께계 셔

내가 시험 - 당하여 - 괴로 - 울때도 - 주님 은 함께계 셔
내가 아무도모르게 - 선한일할때도 - 주님 은 함께계 셔
세상 모든 - 형제와 - 자매 - 들에게 - 주님 은 함께계 셔

기뻐찬양하네 할렐루 할 렐루 야 할렐 루 할렐루 야

우리모두찬양 할 렐루 할 렐 루 야 - - -

주님 나와함 께 계시 네 -

180 내 갈급함

신수경 & 윤주형

내 갈급함 - 어느 것으로 - 채울 - 수없 - 네
내 갈급함 - 부르 짖 는소 - 리들 - 으소 - 서

내갈급함 - 상한 나의심 - 령에 - 음성들 - 리네 -
내갈급함 - 주의

내 게로나 - 오 - 라 - - 영원히 - 영원히 -

목 마름전 - 혀 없으리 - 내 게로나 - 오 - 라 - -

가 까이 - 가 까이 - 생 수의근 - 원 되신주께

가 까이 - 가 까이 - 생 명 의근 - 원 되신주 - 께 -

- - - -

내 마음을 가득 채운

(Here I am again)

Tommy Walker

내마음을가득채운 주향한찬양과사랑 어떻게표현할수
수많은멜로디와 찬양들을드렸지만 다시고백하기원

있 나 수 많은찬양들로 그맘표현할길없어
하 네 주 님은나의사랑 삶의중심되시오니

다 시 고 백 합 니 다 - 주 사 랑 해 요
주 를 찬 양 합 니 다 -

온 맘 다 하 여 말 로 다 -할 수 -없 어 - 오 주

사 랑 해 요 찬 양 받 아 주 소 서 - -

last time Fine

주님사랑다시고백 하는새날주심감사 해 - -요-
주님사랑다시고백 하는찬양주심감사 해 - -요-

182 내 영이 주를 찬양합니다

정종원

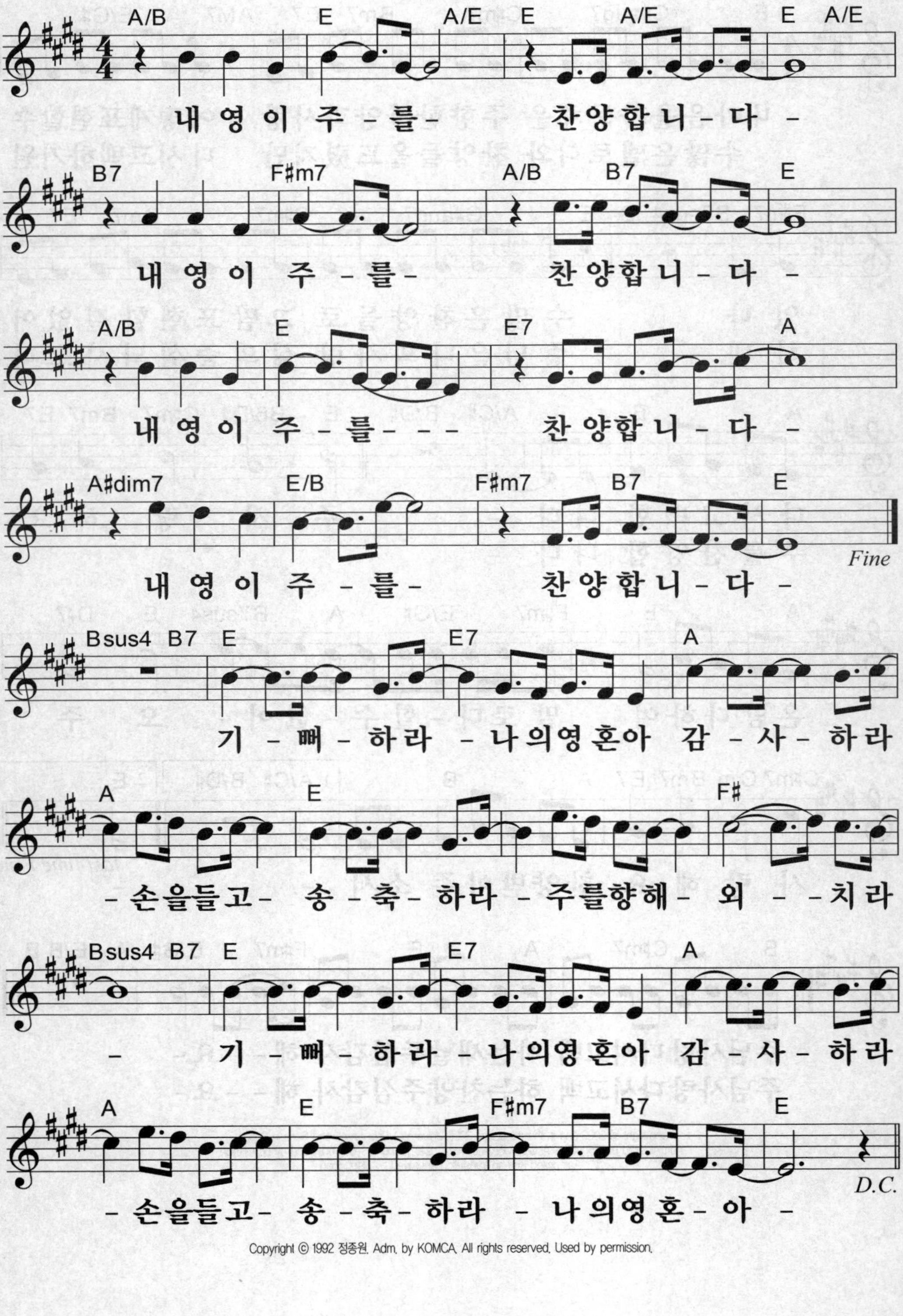

내 주 같은 분 없네

(There's no one like You)

183

Eddie Espinosa

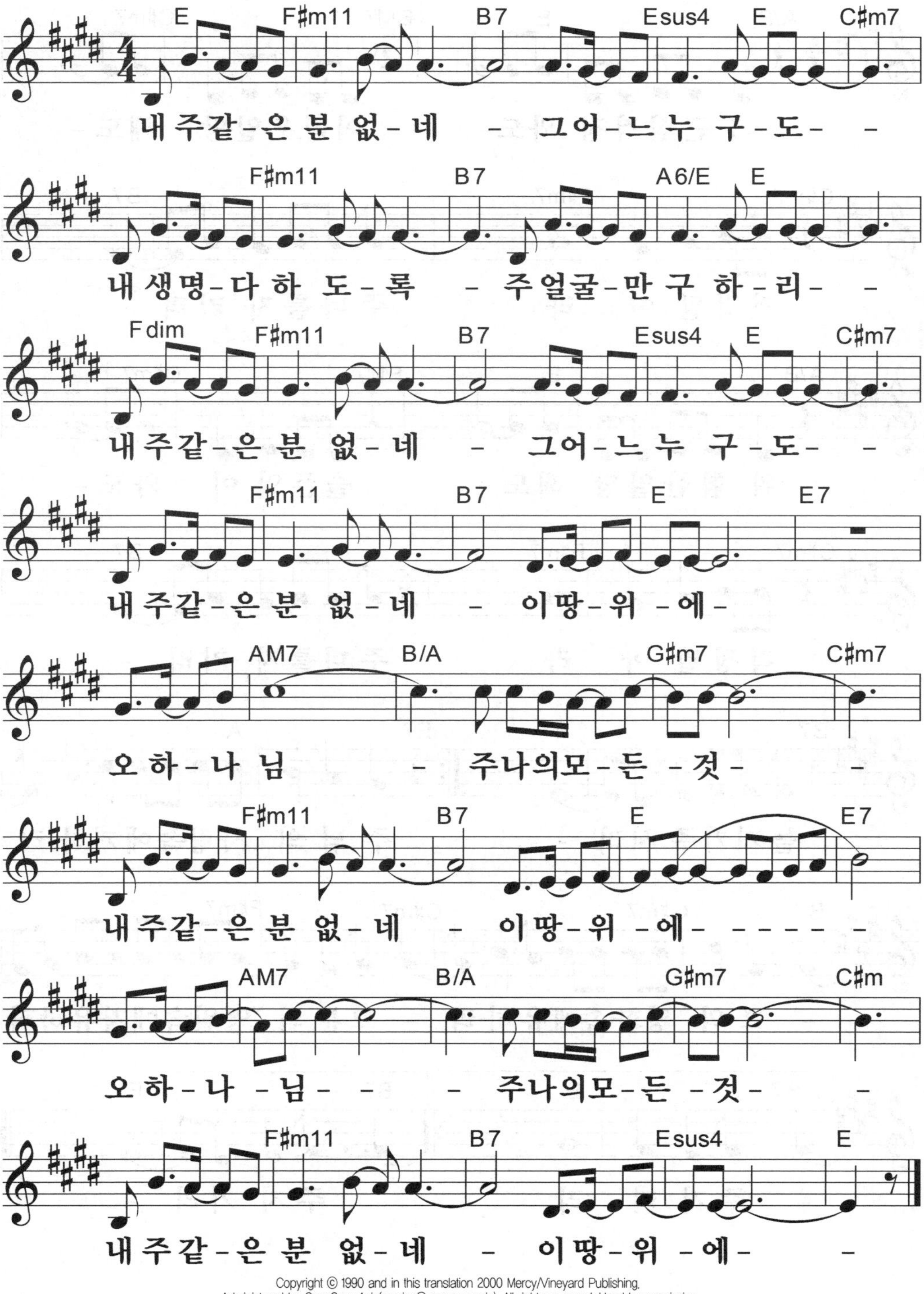

184 너 근심 걱정 와도

너 근심걱정 와도- 어려운일당 해도-
걱정말아 라 주너를지 키리 -
위험한일당 해도- 슬픈일이 와도-
걱정말아 라 주너를지 키리 -
늘지켜주 시리 - 주님의 사랑속에거하 라
- 그의 평화속에유하라 - 그분의 영원속에자유하라
1. - 주지키 리
2. - 주지키리 -

너는 시냇가에 심은

185

박윤호

너 - 는 시냇가 에 심 - 은 - 나 무 라
주 의 시 절을좇 아 구원열 매맺으 면

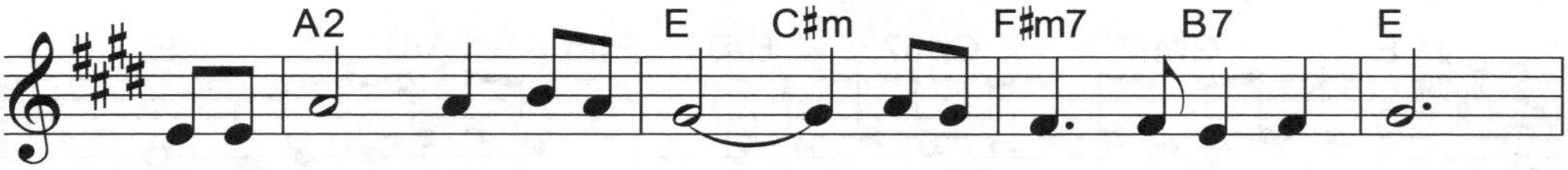

하나 님 의 사랑 안 에믿음뿌 리내리 고
주의 영 화 로운빛 - 너를보 호하리 니

주 의 뜻 대 로 주 의 뜻 대 로 항 - 상 사 세 요
주 의 뜻 대 로 주 의 뜻 대 로 항 - 상 살 리 라

E

당신은 하나님의 언약안에

186

(축복의 통로)

이민섭

당신은 - 하나님 - 의 언약 안에 - 있는축복의 - 통 로

당신을 - 통하여 - 서 열방이 - 주께 - 돌아오게되 리
주께 - 예배하게되 리

187 당신은 알고 있나요

(그사랑)

정현섭

당신은-알-고 - 있나요　　우리를위한 그사 랑
당신은-느끼고 - 있나요　　우리를위한 그사 랑

당신은-알-고 - 있 나요　　십자가의 그사 랑
당신은-느끼고 - 있 나요　　십자가의 그사 랑

그 사 랑　　당신 마음깊은곳그곳에 있 으 리

그 사 랑　　험한 세상한가운데 있나 니 -

그사 랑-깨달아 - 아 나요　　당신과나를 용서 한

그사 랑-당신의 - 마음속에　　항상함께 하리 라

두려운 마음 가진자여

188

(주 오셔서 구하시리 / He will come and save you)

Bob Fitts & Gary Sadler

두려운마음- 가 진-자여- 놀라-지말라 - - -
상한마음 - - 가 진-자여- 낙망-치말라 - - -

주 너의하나님 - 강한손 으로- - 주이름부를때 - -
주 너의하나님 - 사랑의 팔로- - 주이름부를때 - -

주님구하시리 - 주오셔서 구 하-시리 - 주오셔서

구원하 - 시리 - 약한자들 -에게 강한능력 -으로 주오셔서
눈을들어 -보라 회복의능 -력을 주오셔서

구 원하- -시리 - 주오셔서 구 원하- -시리 -

E

189 두 손 들고 찬양합니다

(I lift my hands)

Andre Kempen

두 손들고 찬양 합니다 다시 오실왕

여 호와께 오직 주만이 나 를 다스리 네 -

나주님만을 섬 기리 - 헛된마음 버 리고 -

성 령이여 내 영혼 - 충만하게 하 소서 -

주 님앞에 내생 명 드리리 라 -

매일 주와 함께

190

(Sweeter)

Israel Houghton, Meleasa Houghton &
Cindy Cruse-Ratcliff

매일주와 함께　어제보다더 새 롭 – 게 –　매일주와 함께

어제보다더 새 롭– 게 –　아침에 –주경–배하 –며 저녁에

–주높–이리 – 나매일사 –랑스런주와날 –마다더새롭게

주를더욱아는 –것 놀라워 –라 나를사 –랑하신 주
주와함께사는 –것 놀라워 –라 모든것 –을이기 네

존귀하신주님 –께 경배하 –리 자유케 –하신주를 –
합당하신주님 –께 다드리 –리 날마다 –내전부를 –

해가뜨 –는 데 – 부터– – 해가지 –는데 –까지 – 매일주와

날마다– 날 –마다더새 롭게

– 날마다 어제 –보다더새롭게 –

191 부서져야 하리

(깨끗이 씻겨야 하리)

김소엽 & 이정림

부서져야 하리 - 부서져야 하리 -

무너져야 하리 - 무너져야 하리 -

깨져야 하리 - 더 많이 깨져야하리

씻겨야 하리 - 깨끗이씻겨야하 리

다버리고 다고치고 겸손히 낮아져도

주앞에서 정결타고 자랑치못할거예요 -

부서져야 하리 - 무너져야 하리 -

깨져야 하리 - 깨끗이씻겨야하 리

빛 되신 주

192

(Here I am to Worship)

Tim Hughes

빛 되신주 어둠 가 운데비추사　내 눈보게 하소 -서-
만 유의주 높임 을 받으소 -서　영 광중에 계신 -주-

예 배하는 선한 마 음주시 -고　산 소망이 되시 -네-
겸 손하게 이땅 에 임하신 -주　높 여찬양 하리 -라-

나 주를경배 하리 엎드려절 하 며고백해주 나 의 하나님

- 오 사랑스런 주님 존귀한예 수 님 아름답고 놀 라우신주 -

Fine

다 알수 　-없네- 주의 -은혜- 내죄 -위한- 주십

1. A
-자 가 -다 알수 　-자 가 -

2. A

B7　D.S. al Fine
나 주를경배

193 빛이 없어도
(주 예수 나의 당신이여)

이인숙 & 김석균

빛이 없어도 환하게 다가오시는주예 수 나의-당신이 여
나는 없어도 당신이 곁에계시면나는 언 제나-있습니 다

음성이 없어도 똑똑히 들려주시는주예 수 나의-당신이 여
나 - 는 있어도 당신이 곁에없으면나는 언 제나-없습니 다

당신이 있음으로 나도있 고 -당신의 노래가머묾으로

나는 부를수있어요주 여 -꽃처럼 향기나는-나의 생 활이아니어 도

나는 당 신 이좋을수 밖에없어요 주예 수 나의당 신이 여

사랑해요 목소리 높여

(I Love You Lord)

194

Laurie Klein

사 랑 해요 - 목소 리 높여 -

경 배 해 요 내 영 혼 기 뻐 -

오 나 의 왕 - 나의 목 소 리 -

주 님 귀에 곱 게곱 게 울 - 리 길 -

E

195 손을 높이 들고
(Praise Him on the trumpet)

John Kennett

손을높이들고 주를찬양 - 높은곳을향해 주를찬양 - -

모 든 만물들은 주를 찬 - 양하라 -

왕의왕되신 예수 - 다스리시는 예수-

생 명 있음 을 찬 양 해 -

할렐루야 주를찬양 - 할렐루야 주를찬양 - -

생명있음 을 찬양 해 - 찬양해 - 을 찬양 해 -

아바 아버지

196

김길용

아 바 아버 - 지 - 아 바 아버 - 지

나를 안 으시 - 고 바 라 보 - 시는 아 바 아버 - 지 -

아 바아버 - 지 - 아 바아버 - 지 나를 도우시 - 고 힘주시 - 는

아 버 지 주는 내 맘 - 을 고치 - 시 고

볼수 없 는 상 - 처 만지 - 시 네 나를 아 - 시고

나를 이 해하 - 시네 - 내 영 혼 새롭게 세우 - 시 네

197 어두워진 세상 길을

(에바다)

고상은

어두워진 세상길을 주님없이 걸어가다
아무것도 알수없고 아무것도 볼수없고

나의영혼 어두워졌 네 - 어느것이 길 - 인지
아무것도 들을수없 네 - 세상에서 방황하며

어느것이 진리인지 아무것도 알수없었 네 -
이리저리 헤매일때 사랑하 는 주님만났 네

주님없이 살아가는 모 든 삶 실패와 좌절뿐이 네 -
어두웠던 나의눈이 열 리 고 막혔던 귀가열리 네 -

사랑하는 나의주님 내 영혼 눈을뜨 게 하소 서
답답했던 나의마음 열 리 고 나의영 혼 살리 네

열려라 에 바 다 열려 라 - 눈을 뜨게하소 서 -

죄악으로 어두워진 나의영혼 을 나의눈을 뜨게하소 서 -

예수 가장 귀한 그 이름 *198*

(예수 귀한 그 이름 / The Sweetest Name Of All)

Tommy Coomes

예수 가장 귀한그 – 이름　예수 언제나 기도들 – 으사
예수 찬양 하기원 – 하네　예수 처음과 나중되 – 시는
예수 왕의 왕이되 – 신주　예수 당신의 끝없는 – 사랑

오 예수 나의손 잡아주시는 가장 귀한 귀한그 – 이 름
오 예수 날위해 고통당하신 가장 귀한 귀한그 – 이 름
오 예수 목소리 높여찬양해 가장 귀한 귀한그 – 이 름

E

예수 이름 찬양 *199*

(Praise the name of Jesus)

Roy Jr. Hicks

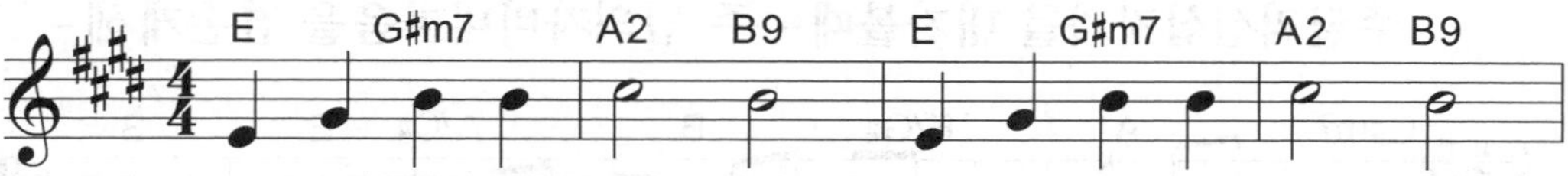

예 수 이름 찬 양　예 수 이름 찬 양

내 반 석 나의산 – 성 나 의 구원자주 의 지하리

예 수 이 름 찬 – – 양

200 예수님 그의 희생 기억할 때

(다시 한번 / Once Again)

Matt Redman

예수 님 - 그 의 희생 기억할 때　자기 몸 버 - 려 -
이제 는 - 저 높은 곳에 앉으신　하늘과 땅 - 의 -

죽으신 주 - 　나 항 상 - 생 명 주신 그 은혜를 마
왕 되신 주 - 　나 이 제 - 놀 라운 구원의 은혜 -

음에 새겨 - 봅니다 - 　마 음에 새겨 - 봅니다 -
높여 찬양 - 하리라 - 　높여 찬양 - 하리라 -

주 달리신 십자가를 내가 볼때 - 주 님의 자비 내 마음을 겸손케 해 -

주께 감사 하며　내 생명 주께 드리네 -

감사드리리　주의 십자가　나의 친구 되신 주　　주

예수님 목마릅니다 201

(성령의 불로 / Holy Spirit Fire)

Scott Brenner

1. 예 수 님 목 - 마 - 릅 - 니 - 다 - - -
   주 님 을 사 - 모 - 합 - 니 - 다 - - -
2. 불 같 은 사 - 랑 - 드 립 - 니 다 - - -
   이 세 상 어 - 느 - 것 - 보 - 다 - - -

오 시 어 기 - 름 - 부 - 으 소 서 - -
오 셔 서 채 - 워 - 주 - 소 서 - - -
나 의 간 구 - 를 - 들 - 으 소 서 - -
주 님 을 의 - 지 - 합 - 니 다 - - -

성 령 의 - 불 - 로 -   성 령 의 - 불 - 로 -
성 령 의 - 불 - 로 -   성 령 의 - 불 - 로

임 - 하 - - 소 서 -   임 - 하 - - 소 서 -
기 름 부 - 으 소 서 -   기 름 부 - 으 소 서 -

E

202 예수님이 좋은걸

이광무

예 수님이 좋 - 은 - 걸 어 떡합 - 니 까 -

예 수님이 좋 - 은 - 걸 어 떡합 - 니 - 까 -

세 상에 어 떤것 과 바 꿀수 - 없 네 -

예 수님이 좋 - 은 - 걸 어 떡합 - 니 - 까 -

왕의 지성소에 들어가 203

(왕의 궁전에 들어가 / Come Into The King's Chambers)

Daniel Gardner

왕 의 지성소에 들어가   보 좌 앞에엎드려 경 배-해

왕 의 지성소에 들어가   주의 영 광뵈오- 리

오 거 룩하신주님 앞에서   주 이 름높이 리

왕 의 지성소에 들어가   영화 롭 게변 하 리

E

204 오늘 내가 미워한 사람이 있고

(오늘 내가)

김석균

오늘 - 내 - 가미워한 사람이있고　오늘 - 나 - 와다 - 툰
오늘 - 나 - 의마음은 재물이있고　오늘 - 나 - 의생각은
오늘 - 하루의시작은 기도로하고　오늘 - 말씀의은혜로

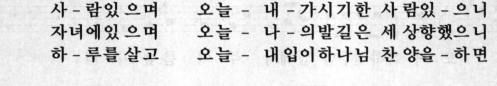

사 - 람있 으며　오늘 - 내 - 가시기한 사 람있 - 으니
자녀에있 으며　오늘 - 나 - 의발길은 세 상향했으니
하 - 루를살고　오늘 - 내입이하나님 찬 양을 - 하면

난 주님을사 랑안한사 람　나를 - 미워한사람을
난 주님을사 랑안한사 람　나의 - 생각은항 - 상
난 주님의사 랑받을사 람　나의 - 형 - 제에 - 게

용서 - 못 했고　내게 - 화 - 낸사람을 이 - 해못했고
주님 을앞 섰고　나의 - 찬양은항 - 상 빈마음이 었고
사랑을베 풀고　나의 - 이 - 웃에 - 게 복음을전 하고

나를 - 시기한사람을 싫 - 어했 - 으니　난주님을사랑 - 안한사
나 의 - 생활은언제나 감사를잊었으니　난주님을사랑 - 안한사
나 의 - 자녀를위하여 기 - 도를 - 하면　난주님의사랑 - 받을사

오늘 내가 미워한 사람이 있고

람   매 일 -   이렇게 -   살아 가 면서
람   매 일 -   이렇게 -   살아 가 면서
람   매 일 -   이렇게 -   살아 간 다면

입술론 -   주님을사 -   랑 한 다하니   난   -   참으로
입술론 -   주님을사 -   랑 한 다하니   난   -   참으로
주님의 -   신실한청지기   될 것이니   주   여 내삶을

행함이없는사람   주님을 - 사 랑   안한사 람
믿음이없는사람   주님을 - 사 랑   안한사 람
인 - 도하 - 소서   주님의 - 제 자   되렵니 다

205 우리에게 향하신

김진호

우 리 에 게 향 하 신   여 호 와 의 인 자 하 심 이
우 리 에 게 향 하 신   여 호 와 의 진 실 하 심 이
우 리 에 게 향 하 신   여 호 와 의 계 획 하 심 이

크 - 고 크 도 다 크 - - 시 도 다 - -
영 - 원 영 - 원 하 - - 시 도 다 - -
놀 랍 고 놀 랍 다 놀 라 우 시 도 다 - -

크 - 고 크 도 다 크 - - 시 도 다
영 - 원 영 - 원 하 - - 시 도 다
놀 랍 고 놀 랍 다 놀 라 우 시 도 다

우리 함께 기도해

고형원

우 리 함께기도 해 주앞에나 -와-

무릎꿇고- 긍 휼 베푸시는주 하늘을향 -해-

두손들고- 하늘문-이열리고-은 혜의빗줄기- 이

땅 가득내리 도 록 마 침내-주오셔서-의

의 빗줄기- 우 리 위에부으시도 록

E

207 우리 함께 기뻐해
(Let us rejoice and be glad)

Gary Hansen

우리함께 - 기뻐 - 해   주께영광 - 돌리 -

세   어린 양의 혼 - 인 잔 - - 치와 - 신부

가 준비 - 되었 네 - -   할렐루야 전능

하신 주 - 가 다 스 리 네   할렐루야 전능

하신 주 - 가 다 스 리 - 네   네

위대하고 강하신 주님 208

(Great and Mighty is the Lord our God)

Mariene Bigley

위대 하 - 고강하 신 주님 - 우리 주하나 님

위대 하 - 고강하 신 주님 - 우리 주하나 님

깃발 을높이들고 흔 들며 - 왕 께 찬 양 해

위대 하-고강하 신 주님 - 우리 주하나 님 - - - - -

위대 하 - 고강하 신 주님 - 우리 주하 나 님

E

209 이 날은 주가 지으신 날

(This is the Day)

Rick Shelton

이날은주 – 가지으 – 신 날 – 기뻐하고 – 즐거워 – 하세 오

이날은주 – 가지으 – 신 날 – 기뻐하고 – 즐거워 – 하세 주

를 – 기뻐 하 라 – 주 를 – 기뻐 하

라 – 우 리모 – 두 주 – 님앞에서 기

뻐 하며 – 주 를 – 찬 양 – 존 귀하 – 신 우 – 리주님을 기

뻐 하며 – 찬 양 – 하세 – 주 라 – 주 를

전심으로 주 찬양 210

(주의 찬송 세계 끝까지)

고형원

전 심으로주찬 양 주의 이름높 - 이올려드리 세

위 대하신하나 님 온땅 위에높 - 이올려드리 세

주 의영광은 - 하 늘위에높고 주의 찬송은세계 끝까 지 - -

주 의영광은 - 모 든나라위에 주의 찬 송은세계끝 - 까 지

좋으신 하나님 211

(God is good)

Graham Kendrick

좋 으신 하 나님 좋 으신 하 나님
우 리의 기 도를 응 답해 주 시는
한 없는 축 복을 우 리게 주 시는

참 좋으 신 나의 하 나 님

212 존귀 오 존귀하신 주

(Worthy is the Lord)

Mark Kinzer

존 귀 오 존-귀하-신 주 -

감사찬양과-경배-다 받으실주님-----

존 귀 오 존-귀하-신 주 -

감사찬양과-경배-다 받으실주님 -

찬양 할 렐루-야- 보 좌위어 린양께-

우 리 경 배하-며- 영 광돌리네 -

할 렐루-야- 우 리왕께영-광-

주는승리의용-사-또만유의주님 -

좋으신 하나님 인자와 자비 213
(You are good)

Israel Houghton

좋으-신하나-님 인자-와자비-영 원-히--

각나-라족속-과 백성-방언 세상-모든세-대 영원-토록주

경 배-해- 할렐루--야 할 -렐루--야주

경 배-해- 주하나-님- 주

You are - good - You are - good - All the time

- All the time - You are - good -

214 주께 두 손 모아

(사랑의 종소리)

김석균

주 께 두손모아비 나니크 신 은총베푸사
주 께 두손모아비 나니크 신 은총베푸사

밝 아 오는이 - 아 침을환 히 비춰주소 서
주 가 예비하신동 산에항 상 있게하소 서

오 - 주 우리모든 허 물을보 혈 의피로씻기 어
오 - 주 우리맘에 새 빛이어 두 움밝게하시 어

하 - 나 님사랑 안에서행 복 을-갖게하소 서
진 - 리 의말씀 안에서늘 순 종-하게하소 서

서 - 로 믿음안에서 서 - 로 소망가운 데
서 - 로 참아주면서 서 - 로 감싸주면 서

서 - 로 사랑안에서 손 잡 고가는 길
서 - 로 사랑하면서 주 께 로가는 길

오 - 주 사랑의종 소 리가 사 - 랑 의종소리 가

이 시 간우리 모 두 - 를감 싸 게하여주소 서

주는 평화
(He is our peace)

Kandela Groves

주 는 평 화 막힌 담을모두허 셨 네

주 는 평 화 우리의평 화 화

염 려다 맡 기 라 주가돌보시 니

주 는 평 화 우리의평 화 화 -

216 주께서 높은 보좌에

김국인

주께서높은 보 좌 - 에 - 앉으셨는 - 데 -

그 옷자락은 성 전 - 에 - 가득하도 - 다 -

천사들이모 여 서 - 서로창화하여 외 치니

그소리는성 전 에 - 가득하도 - 다 - -

거룩 거룩하 - - 다 만군의여호 와

그 - 영광이온 땅 - 에 충만하시 - 도 다

주님 계신 곳에 나가리 217

(주의 위엄 이곳에 / Awesome in this place)

Dave Billington

주님 계 신곳 - 에 나 - 가 - 리 찬 양드 - 리며 -

그 성 소에 - 들 어 - 가 - - - 주의 얼굴뵈 - 오리 -

그 얼굴을 뵈올 - 때 - 주님의 은혜넘 - 치네 - - -

엎드려 고백하네 - - - - 주 께 -

주 의 위 엄이 - 곳 에 - 가 득 해 -

전능 하 신하 - 나 님 - 아 바아버 - - 지 -

찬양 받 기합 - 당한 - 존 귀하신 - 주님 -

주의 위엄이 - 곳에 - 가 득 - 해 -

E

218 주님 어찌 날 생각하시는지

(나는 주의 친구 / Friend of God)

Michael Gungor & Israel Houghton

주님 어찌 날 생각하시는지

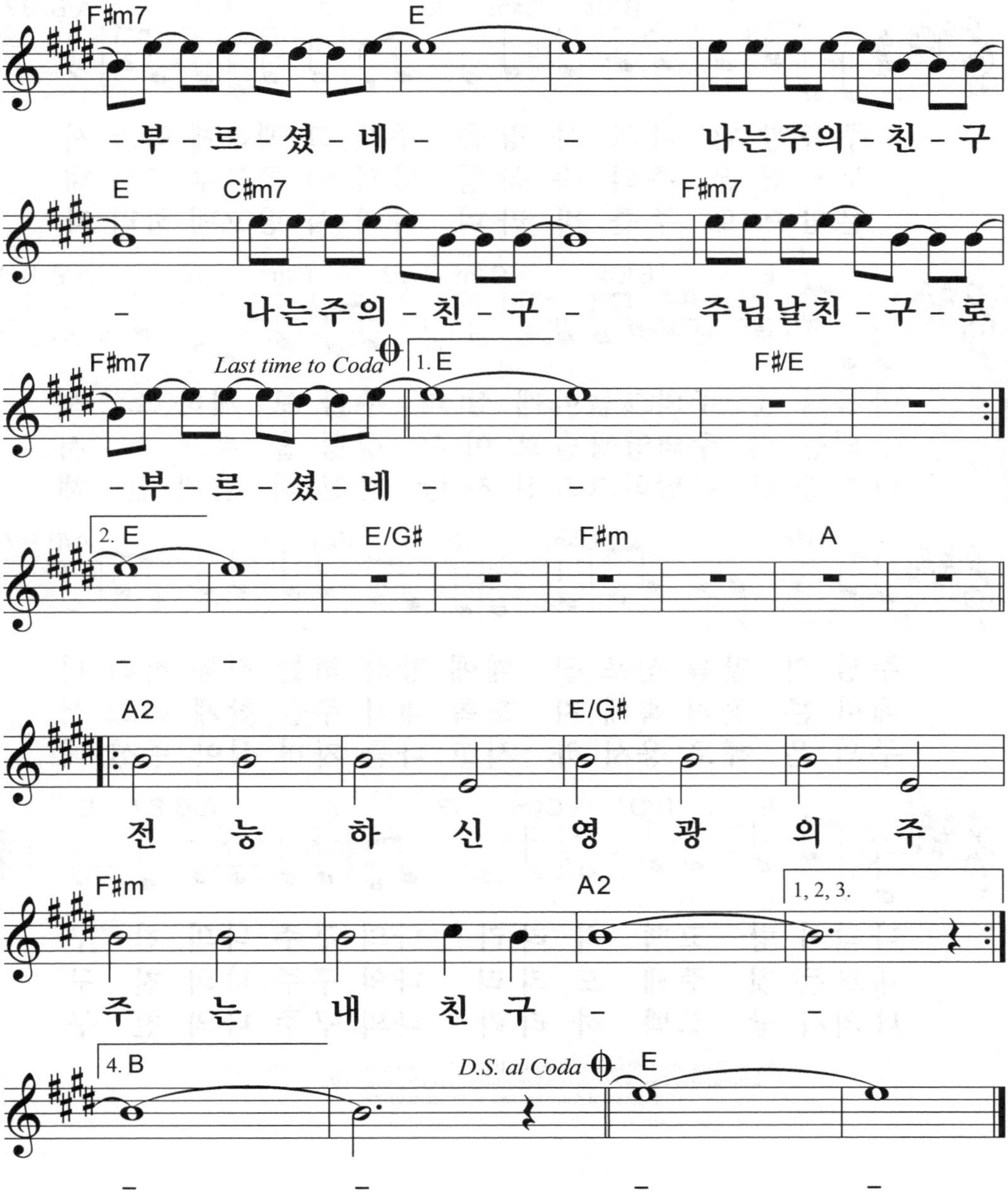

219 주를 향한 나의 사랑을

(Just let me say)

Geoff Bullock

주를향한 나의사랑을 주께고 백하게 하소서
부드러운 주의속삭임 나의이름을부르시네
온맘으로 주를바라며 나의사랑고백하리라

아름다 운 주의그늘아래 살며 주를보 게하소 서
주의능 력 주의영광을보 이사 성령을 부으소 서
나를향 한 주님의그크신 사랑 간절히 알기원 해

주님의 말씀선포될 때에 땅과하늘 진동하리 니
메마른 곳거룩해지 도록 내가주를 찾게하소 서
주의은 혜로용서하 시고 나를자녀 삼아주셨 네

나의사랑 고백 하 리라 나의구주 나의친 구
내모든것 주께 드 리리 나의구주 나의친 구
나의사랑 고백 하 리라 나의구주 나의친 구

주 앞에 엎드려

(I will bow to You)

Pete Episcopo

주 앞에엎 - 드려 경배합 - 니다 - 오직 - 주께

- 주 경배합 - 니다 다른신 - 아닌

- 오직 - 주께 - 나의모 - 든 - 우상 - 들 -

나의 - 보좌 - 모두 - 다내 - 려 - 놓고 -

주 앞에엎 - 드려 경배합 - 니다 - 오직 - 주께 -

221 찬송하라 여호와의 종들아

(Come bless the Lord)

찬 송 하 라 - - 여 호 와 의 종 들 아

주 님 집 에 - - 서 있 는 자 들 아

성 소 향 해 - 손 을 들 고 서 -

찬 송 하 라 - - 찬 송 하 라 -

축복합니다 주님의 이름으로 222

이형구 & 곽상엽

축복합니다 - 주님의이 름으로 -

축복합니다 - 주님의사 랑 - 으로 - 이곳에

모인주의거 - 룩한 자 녀에게 주님의 기쁨 과주 - 님의

사랑 - 이 충만 하게 충만 하게넘치기를 -

God   bless you   God   bless you

축복합니다 - 주님의사 랑 - 으로 -

E

223 크신 주께 영광돌리세
(Great is the Lord)

Robert Ewing

크 신 주 께 영 광 돌 리 세

하 나 님 의 성 에 서 그 의 거 룩 한 산 에 서

터 가 높 고 아 름 다 워 온 세 상 의 기 쁨

저 북 방 에 있 는 시 온 산 큰 왕 의 성 일 세

Sing 할 렐 루 야 Sing 할 렐 루 야

Sing 할 렐 루 야 큰 왕 의 성 일 세

하나님은 너를 지키시는 자 224

정성실

E   E/D#   C#m   E/B   A   E/G#   F#m   B7

하나 님은너를지키 시 는자녀의우편에 그늘 되 - 시니 -

E   E/D#   C#m   E/B   A   B7sus4 B7   E

낮의 해 와 밤의달 - 도   너를해치못하리 -

E   E/D#   C#m   E/B   A   E/G#   F#m   B7

하나 님은너를지키 시 는자 녀의 환난을면케 하 - 시니 -

E   E/D#   C#m   E/B   A   B7   E

그가 너 를 지키시리 라   너의출 입을지키시리 라

B7   E7sus4 E   B7   B7/A   E

눈을 들어 산을보아라 너의도움 어디서오나

G#/D#   C#m   A   F#m   B7   E

천지 지으신 너를만드신   여 호와께 로 - 다

225 하나님을 아버지라 부르는

(좋은 일이 있으리라)

오관석 & 한태근

하나님을 아버지-라 부-르는-자는 -
예수님을 구-주-라 부-르는-자는 -
성령님의 인-도-를 구-하는-자는 -

좋은일이 있 으리라 많이있 으리-라 -

우리서로 뜨-겁게 사랑하-면은 - - -

좋은일이 있 으리라 크게있으리-라 -

해 뜨는 데부터

(From the rising of the sun)

Paul S. Deming

226

해 뜨는데 부터 - 해 지는데 까지 - -

주 이 름 찬 양 받으 리 해 뜨는 데

랄 랄 라 할 렐 - 루 야 여 호 와 의 모든 종 들 아

주 이 름 찬 양 해 이 제 부 터 영 원 - 까 지

주 이 름 찬 송 할 지 로 다

E

227

호흡있는 모든 만물
(Let everything that has breath)

Matt Redman

호흡있 는   모든만 물   다나와 서   주찬 양하라

호흡 있 는   모든만 물   다나와 서   주찬 양하라

이 - 른아침 에 도 -   늦 - 은저녁에 도 -
높 - 은하늘 에 도 -   천 - 사들과함 께 -

난 - 언제나 주 님 찬 양해   -   기 - 쁨넘칠 때 도 -
영 - 원토록 주 님 찬 양해   -   온 - 땅위에서 도 -

슬 - 품다가와 도 -   난 - 언제나 주 님 찬 양해   -
모 - 든만물함 께 -   모 - 든민족 주 님 찬 양해   -

끊 임없 는 주 의사랑 주 의권 세 존 귀능 력

알 게되면 찬 양케되 리   -   주찬 양하라 -

흙으로 사람을

(From the dust of the earth my God created man)

E

흙으로 사람을 지으사 그코에 생기를 불어넣으
갈보리 십자가 흘리신 그피로 영생을 얻게 하 -

신 주하나님 - 우리위해 아들을 세상
신 주예수님 - 나이제 - 주위해 한평

에 보내신 사랑의 주하나님을사랑해 -
생 살아갈동 - 안 주님만사랑하리라 -

나는 하나님형상 따라지음받은몸이니 이몸을

주 께바치리 - 항상내생 활속에 주를

부 인하지않으며 내주를섬 기렵니다 -

229 넘지 못할 산이 있거든

최용덕

넘 지못 - 할산이있거든 -　　주님께맡기세 요
참 지못 - 할분노있거든 -　　주님께맡기세 요

넘 지못 - 할파도있거든 -　　주님께맡 기세 요
참 지못 - 할슬픔있거든 -　　주님께맡 기세 요

우리가야할길은 -　　멀고도 - 험하여 -
우리살아갈길은 -　　눈물의 - 골짜기 -

허덕이며　가야하는 우 리　인생인 데
내힘으론　참지못해 - 늘　흐느끼 네

이럴때우린누굴 의지하나요 -　주 님밖에없어요 -

나는 그길 갈 수없지 만　　주님이대신가 요

세상 일에 실패 했어도

(내가 너를 도우리라)

김석균

세상 일 에 실패했어 도   너는 절 망하지말아 라
환난 핍 박끊임없어 도   너는 낙 망하지말아 라

내가 너 를도 우리 라   다시 일 어서게하리 라

질병 으 로고통당해 도   너는 두 려워 말 - 라
참지 못 할슬픔있어 도   기도 하 며담 대하 라

내가 너 를도 우리 라   다시 일   어서게하리 라

나를 버린자들도- 내가 사랑하거늘- -하물며 너희를그냥-둘까보 냐
감사 눈물흘리며- 믿음 으로간구하는- -너희의 기도를내가- 외면하랴

나는 너와함께하는- 너의하나님됨이니- -의로운 오른손으로 -붙들리 라

내가 너 를굳 세게하리 라   너를 크 게사용하리 라

너로하여금 나를 증거하도 록   내가너를도 우리 라

231 낮에나 밤에나

(주님 고대가)

손양원

낮 – 에나 밤 – 에나 눈물 머금고서도
고 적하고 쓸 – 쓸한 빈들판에 떠서도
먼 – 하늘이 – 상한 구름만 붙잡고고
내 – 주님자 – 비한 손을 입고고
신 부되는 교 – 회가 흰 옷을 입고고
천 – 년을 하 루같이 기다린주님

내 – 주님 오시기만 고대합니다고해
희행 – 미한나 내불 – 주님 밝히어는가고해
면 – 여류관 벗다 어들고 찬송부리오어
기 – 름준비 당 하해놓고 다수없어서
내 – 영혼

가 – 실때다 시오마 하신예수님니맘
오 실줄만고 멀리멀리바라보는예수님요님
주 님계신그 오시마고고신예수님
도 이시간도 기다리고계신내주님

오 – 주여언 – 제나 오시렵니까
오 – 주여이 시간에 오시옵소서

갈보리 십자가의 주님을 232

김석완

갈보리 - 십자가의 주님을 - 바라볼 때
우리에 - 게믿음과 소망을 - 주-시며
우리의 - 모든간구 응답해 - 주-시며

하나님 - 크신사랑 너무나 - 고마워 라
사랑으 - 로세상을 이기게 - 하-셨네
기도의 - 은혜로써 충만케 - 채우시 네

예수님 - 의십자 가 이제는 - 나도지 고

이생명 - 다바쳐서 주님을 - 따르리 라

233

거룩하신 하나님

(Give thanks)

Henry Smith

거 룩 하신 하 나님 - 주 께 감사 드 리세 -
의 맘과 뜻 다해 - 주 를 사랑 합 니다 -

날위 해 이땅에 오신 독 생 자 예 수 나

수 내 가 약할 때 강 함주 고

가난 할때우 리 를 부요케 하 신나 의 주

감 - 사 내 사 감사 -

그때 그 무리들이

(세 개의 못)

J. Davis

F		F7		Bb		Bbm

그 때 그 무리 들 이 예 수 님 못 박 았 네
주 여 저 들 의 죄 를 용 서 하 여 주 소 서
비 웃 는 저 무 리 들 주 의 옷 벗 긴 후 에
주 여 나 의 영 혼 을 받 아 주 시 옵 소 서

F		Dm		Gm7		C

녹 슨 세 개 의 그 못 으 로 　 –
주 님 눈 물 로 기 도 했 네 　 –
주 님 몸 깊 이 찔 렀 – 네 　 –
그 때 구 원 을 이 루 셨 네 　 –

F		F7		Bb		Bbm

망 치 소 리 내 맘 을 울 리 면 서 들 렸 네
귀 중 한 저 보 배 피 나 를 위 해 흘 렸 네
귀 중 한 그 보 배 피 나 를 위 해 흘 렸 네
마 지 막 피 한 방 울 나 를 위 해 흘 렸 네

F		C7sus4	C7	F	Bb/F	F

그 피 로 내 죄 씻 었 – 네 　 –
그 피 로 내 죄 씻 었 – 네 　 –
그 피 로 내 죄 씻 었 – 네 　 –
그 피 로 내 죄 씻 었 – 네 　 –

F

235

깨어라 성도여
(일사각오)

주기철

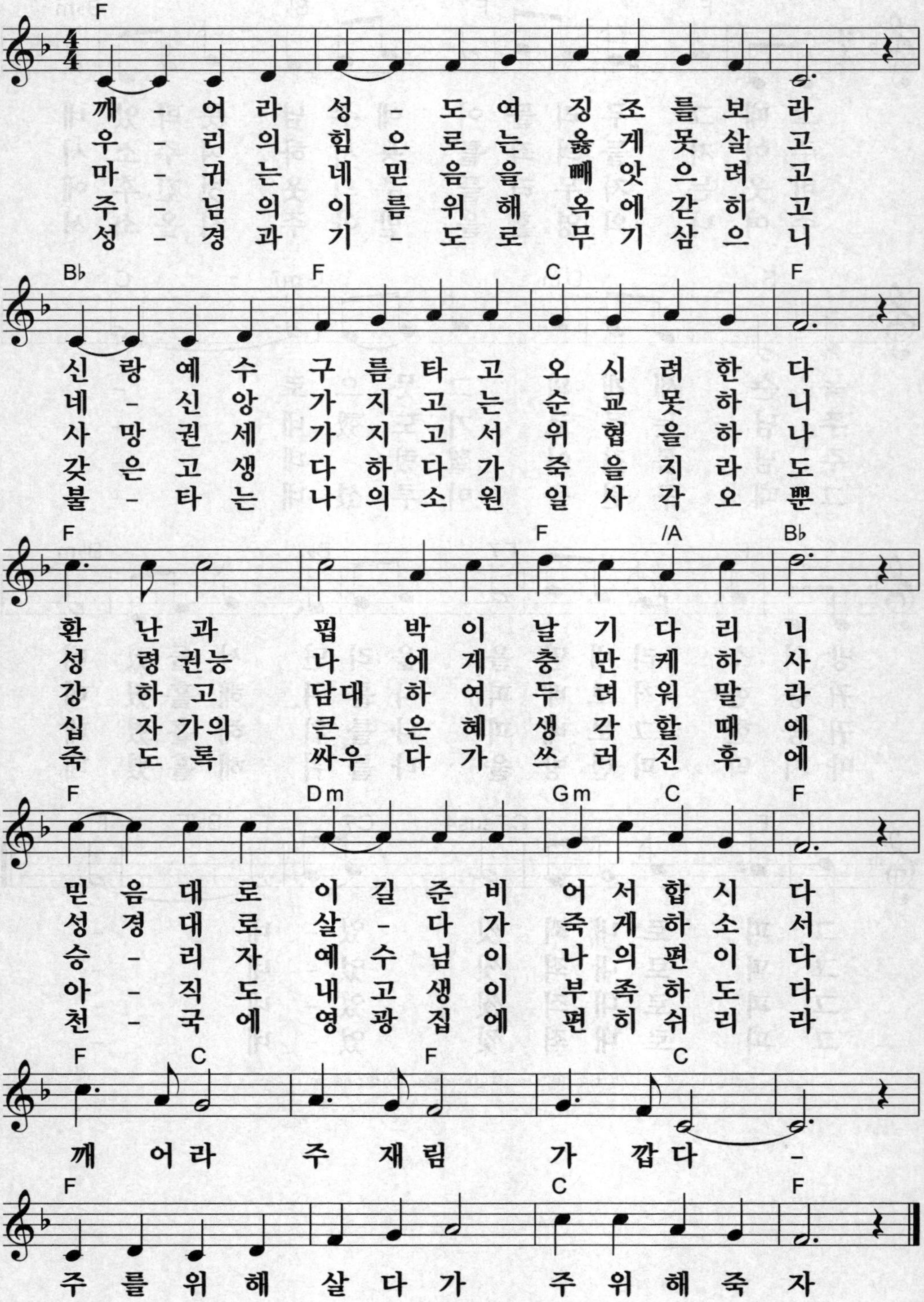

나의 모습 나의 소유

(I Offer My Life)

236

Claire Cloninger & Don Moen

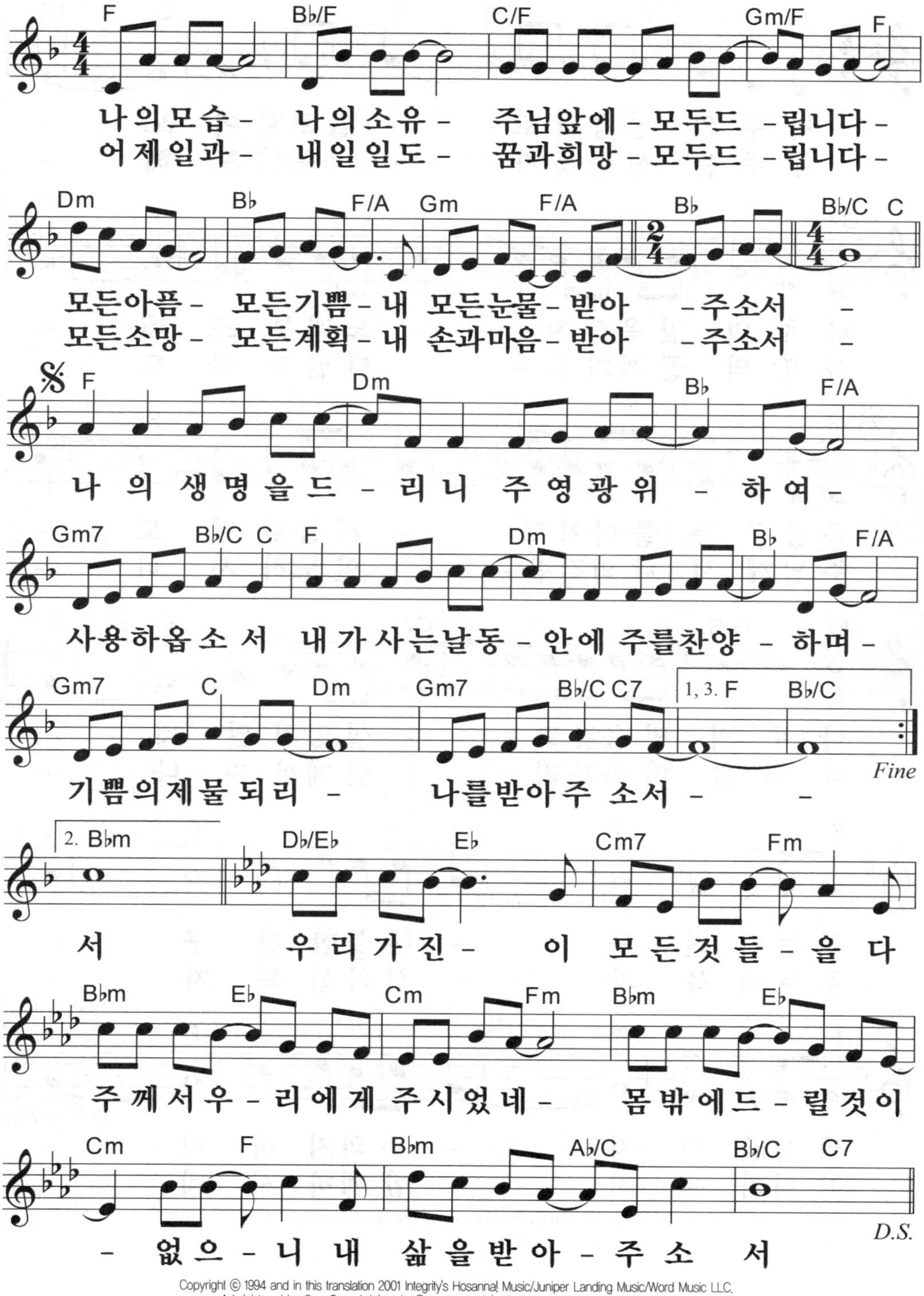

F

237 나 주의 믿음 갖고

(I just keep trusting the Lord)

John W. Peterson

나 주의 믿음갖고 - - 홀로걸어 도 -
내 주는 선한목자 - - 나를인도 해 -

나 주의 믿음갖고 - - 노래부르 네 -
사 망의 골짜기로 - - 다닐지라 도 -

폭 풍구름 몰아치고 - - 하늘덮어 도 -
주 님께서 나의길을 - - 인도하시 니 -

나 주의 믿음갖고 - - 실망치않 네 -
나 주를 따라가리 - - 언제까지 나 -

주 는내 친 구 - 진실한친 구 -
주 는내 목 자 - 선하신목 자 -

세 상끝 까 지 - 주의지하 리 -
어 디가든 지 - 함께하시 네 -

내 주의 은혜 강가로

(은혜의 강가로)

238

오성주

내 주 의은혜강가로 저 십 자가의강가로

1. 내 주 의사랑있는 곳 - 내 주의강 가 로

2. 내 주 의사랑있는 곳 - 내 주의강 가 로

갈 한나의영혼을 생수로 가득채우소 서

피곤 한내영혼위에 내 주 의은혜강가로

저 십 자가의강가로 내 주 의사랑있는 곳 -

1. 내 주의강 가 로 2. 내 주의강 가 로 -

239 내 감은 눈 안에

(전부)

최경아 & 유상렬

내 감은- 눈 안에 이미 들어와- 계신 예수님-

나 보다- 앞서 나-를- 찾 아 주시 네

내 뻗은 두손 위로 자비 하심을- 내어 주시니-

언 제 나- 먼 저 나-를- 위 로 -하시 네

내 노래- 가 운 데 함 께 즐거워 하시는-

늘- 나의- 기 쁨이 되시 네 -

수 많은- 사 람중에- 나 를 택해잡 으시고-

눈물 거 두어- 빛살 가루 채우시 니 -

内 감은 눈 안에

그 분은 - 내 자랑 나 의 기 쁨 나 의
노 래 - 나의 전 부 되 시 - 네 -

내 맘 속에 있는 참된

(오 주없인 살 수 없네)

R. C. Johns

내맘 속 에있는 참된 이평화는 누구 도 빼앗을수없 네 -
평화없 는세상 고통 과싸움뿐 사람 들 은무서워떠 네 -

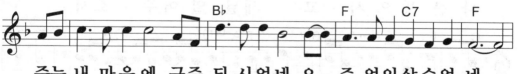

주는 내 마음 에 구주 되 시었네 오 - 주 없인살수없 네 -
평화 의 주님이 다시 올 때까지 죄와 전 쟁은끝이없 네 -

오 - 주 없인살 수없 네 - 오직 주 께만구원있 네 -

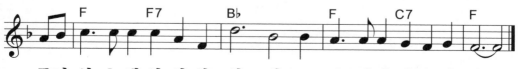

주님 없 는세상 평화 없 네 오 주 없인살수없 네 -

241 마음이 상한 자를

(He binds the broken-hearted)

Stacy Swalley

마 음 이 상 - 한 자 - 를 고 치 시 는 - 주 님 -
성 령 으 로 - 채 우 - 사 주 보 게 하 - 소 서 -

하 늘 의 - 아 버 - 지 날 주 관 하 - 소 서 - -
주 의 임 - 재 속 - 에 은 혜 알 게 하 - 소 서 - -

주 의 길 로 - 인 도 - 하 사 자 유 케 하 - 소 서 -
주 뜻 대 로 - 살 아 - 가 리 세 상 끝 날 - 까 지 -

새 일 을 행 하 - 사 부 흥 케 - 하 - 소 서 -
나 를 빚 으 시 - 고 새 날 열 어 주 - 소 서 -

의 에 주 리 고 - 목 이 마 르 니 - 성 령 의 - 기 름 - 부 으 - 소 서

의 에 주 리 고 - 목 이 마 르 니 - 내 잔 을 - 채 워 - 주 소 서

무덤 이기신 예수

(할렐루야 / Hallelujah)

Scott Brenner

무 덤이-기-신 -예- 수죽으 시고다-시-사 -셨--네
보 좌에-앉-으 -신- 주 영원 토록다-스-리 -시--네

죄 의저-주-끊 -으- 셨네 예수승 리의-주 할 렐루-야
예 수사-단-정 -복- -하 고- 사망권-세 무 너뜨렸-네

예 수-만--유 의 -주

할 렐-루야 할 렐루 -야

할 렐루 -야 영-광-의찬 양- 주께 -

주께영광 드리 -세 주께영광 드리 -세

242

F

Fine

D.S.

243 모든 만물 다스리시는

(주의 능력 보이소서 / Show Your power)

Kevin Prosch

모든-만물 다 스리-시는 예 수는주

어둠-에서 빛-을 창조-하신 예 수는주

영원-히우리-와 거하-시는 예 수는주 그

이름-부를때-능 력주-시는 예 수는주 주의

능 --력 보-이 소-서 주의

능 --력 보-이 소-서오하나님

Fine

열방-의소망-이 되시-는주 예 수는주

우릴-구원하-신 능력-의주 예 수는주

모든 만물 다스리시는

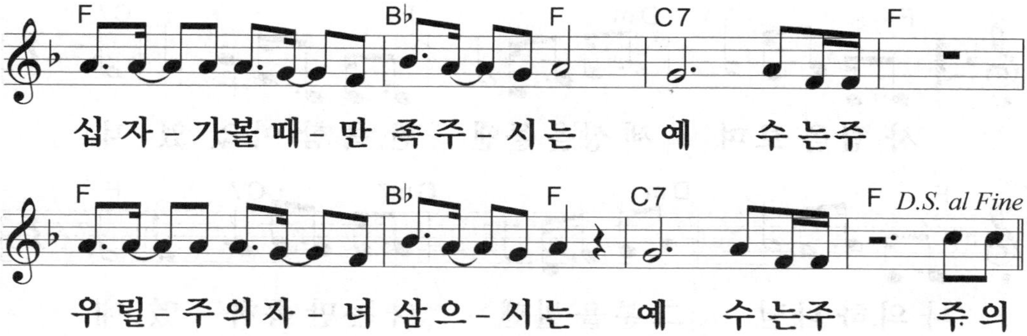

십 자 - 가 볼 때 - 만 족 주 - 시 는   예   수 는 주

D.S. al Fine

우 릴 - 주 의 자 - 녀 삼 으 - 시 는   예   수 는 주   주 의

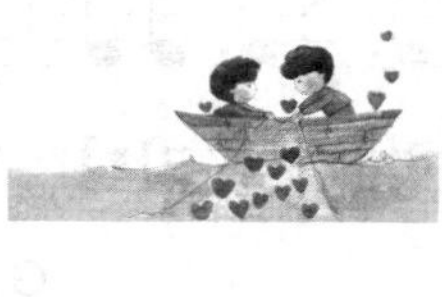

244 사람을 보며 세상을 볼땐

(만족함이 없었네)

최영택

사 람을 보며 　 세상을 볼땐 　 만 족함 이없 었 네

나 의하 나님 　 그분을 뵐땐 　 나 는만족하 　 였 네

1. 저 기빛 나는 　 태양을보라 또 저 기서있는 　 산을보아라

천 지지으신 　 우 리여 호와 　 나 를사랑하 　시 니

나 의하 나님 　 한 분만으로 　 나 는만족하 　 겠 네

2. 동 남 풍아 　 불 어 라 　 서북 풍아 　 불 어 라

가 시밭 의백 합화 　 예 수향 기날 리니 　 할 렐루야아 - 멘

가 시밭 의백 합화 　 예 수향기날 리니 　 할 렐루야아 - 멘

성령 받으라

최원순

F

성령받으라　　성령받으라　　예수내게말씀하셔서 －
평안있으라　　평안있으라　　예수내게말씀하셔서 －
구원받으라　　구원받으라　　예수내게말씀하셔서 －
축복받으라　　축복받으라　　예수내게말씀하셔서 －

성령받으라　　성령받으라　　예수내게말씀하셔서
평안있으라　　평안있으라　　예수내게말씀하셔서
구원받으라　　구원받으라　　예수내게말씀하셔서
축복받으라　　축복받으라　　예수내게말씀하셔서

할렐루야 성령받았네 나는성 － 령받았네
할렐루야 평안해졌네 나는평 － 안해졌네
할렐루야 구원받았네 나는구 － 원받았네
할렐루야 축복받았네 나는축 － 복받았네

할렐루야 성령받았네 나는성 － 령받았네
할렐루야 평안해졌네 나는평 － 안해졌네
할렐루야 구원받았네 나는구 － 원받았네
할렐루야 축복받았네 나는축 － 복받았네

246 삶의 작은 일에도

(소원)

한웅재

삶의작 - 은일 - 에도 - 그맘을알 - 기원 - 하네 - 그길 - 그

좁은길 - 로가 - 기원 - 해 나의작 - 음을 - 알고 - 그분의크 - 심을 - 알며

- 소망 - 그 깊은길 - 로가 - 기원 - 하네 -

저 높이솟 - 은산 - 이되 - 기보 - 다 여기

오름직 - 한동 - 산이 - 되길 - 내 가는길 - 만비 - 추기 - 보다

- 는 누군 가 의길 - 을비 - 춰준 - 다면 -

내가노 - 래하 - 듯이 - 또내가얘 - 기하 - 듯이 - 살길 - 난

삶의 작은 일에도

| Gm | | Bb2/C | | F | | C2/E | | Dm | | F/C | |

그렇게-죽기-원하-네　삶의한-절이-라도-그분을닮-기원-하네

| Bb2 | | F/A | | Gm | | Bb2/C | | F | |

-　사랑-그　높은길-로가-기원-하네-
좁은길-로가-길원-하네-
깊은길-로가-길원-하네-

F

아버지 사랑합니다 247

(Father, I Love You)

Scott Brenner

| F | | FM7 | | Bb | | | Gm | C | | C7 | | F | | C/E | |

아 버지 -　사랑합 니다 -　아 버지 -　경배합니다 -
예 수님 -　사랑합 니다 -　예 수님 -　경배합니다 -
성 령님 -　사랑합 니다 -　성 령님 -　경배합니다 -

| Dm7 | | /C | | Bb | | Gm | | C7sus4 | C7 | | | F | |

아 버지 -　채워주소서 -당신의 -　사랑 -으로 -
예 수님 -　채워주소서 -당신의 -　사랑 -으로 -
성 령님 -　채워주소서 -당신의 -　사 랑 -으로 -

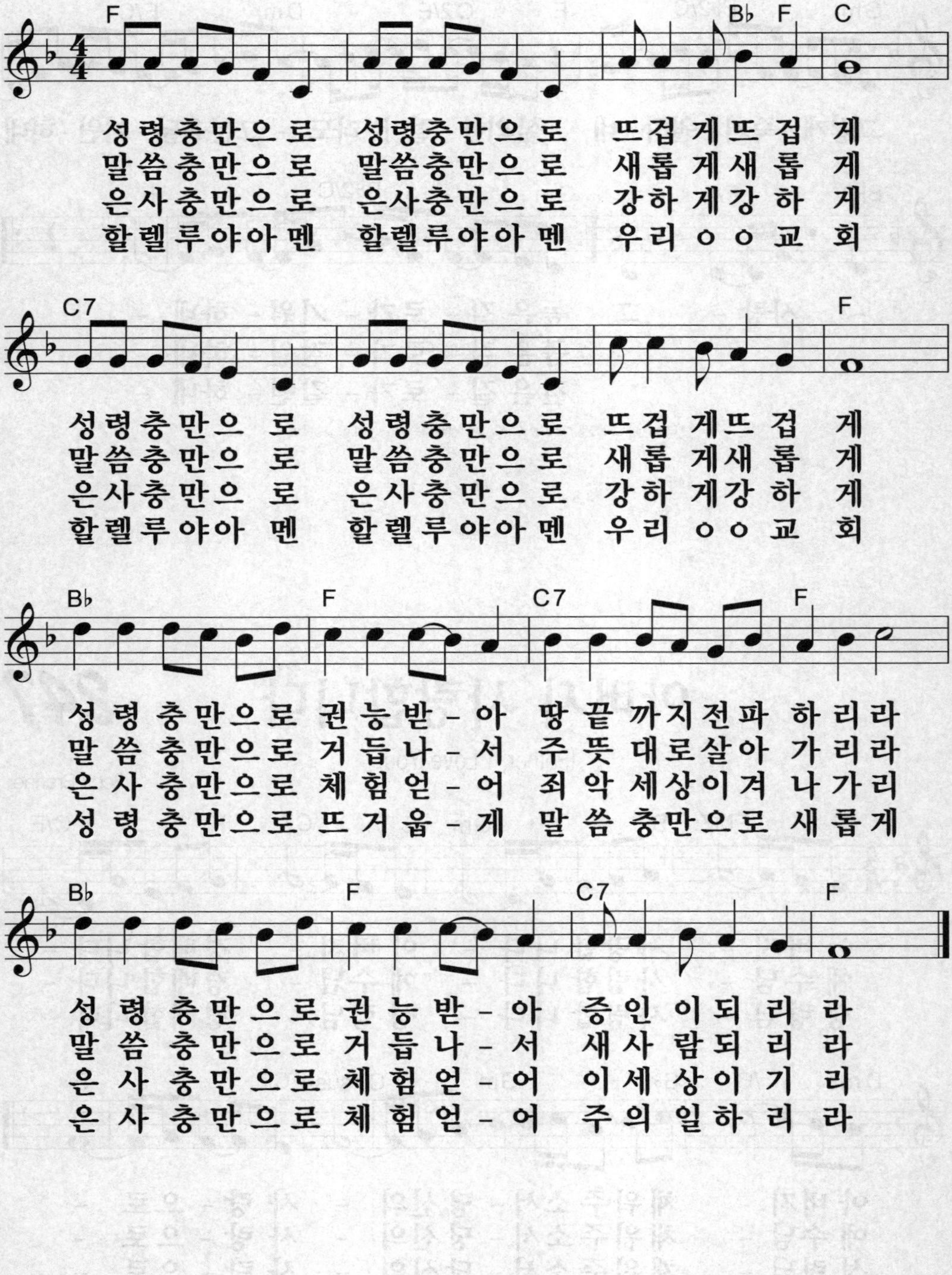

248 성령 충만으로

세상을 구원하기 위해

(밀알)

천관웅

세상을구 원하기위 - 해 　흘려야-할피가필 -요하- -다- 면 -
길잃어지 친양을찾 -아 　마음상-해이리저 -리헤-매이- 는 -

죄인을 대 신하기위 - 해 　희생의-제물- 필요하시다 면
한영혼 찾 아아파하 -는 　예수님-마음- 내게주옵소 서

내 생명- 　제단위- 에드리리 주 영-광 위해 　사용하-소
십 자가- 온 세상위- 한그희생 눈 물-로 그길 　가게하-소

서 　생 명이 또다른-생명- 낳고 주님볼-수있 - 다 면

나의삶- 과죽음도 아 낌없 - 이드리리 죽어야-다시 - 사 는

주의말-씀믿 - 으며 　한알의밀 -알 되-어 썩어지- 리니 -

예수님 - 처 럼 　살 아 가 - 게 하 　소 서

F

250 세상 흔들리고
(오직 믿음으로)

고형원

세상흔들리고 - 사람들은변하 - 여 도 나는주를섬 - 기 리
믿음흔들리고 - 사람들주를떠 - 나 도 나는주를섬 - 기 리

주님의사랑은 - 영원히변하지 - 않 네 나는주를신 뢰 해
주님의나라는 - 영원히쇠하지 - 않 네 나는주를신 뢰 해

오 직 믿 음으 로 - 믿음으로내가 살 리 라

오 직 믿 음으 로 - 믿음으로내가 살 리 라 - -

오 직 의인 은 - 믿음으로말미암아살 리 라

오 직 의인 은 - 믿음으로말미암아살 리 라 - -

슬픔 걱정 가득 차고

(갈보리 / Burdens Are Lifted At Calvary)

John M Moore

251

슬 픔 걱 정 가 득 차 고 　 내 　 맘 괴 로 와 　 도
너 의 근 심 모 든 염 려 　 주 　 께 맡 기 어 　 라
너 의 눈 물 상 한 심 령 　 주 　 가 돌 보 신 　 다

갈 보 리 십 자 가 위 에 서 　 죄 짐 이 풀 　 렸 네

놀 라 운 사 랑 의 갈 　 보 리 　 갈 보 리 　 갈 보 리

놀 라 운 사 랑 의 갈 　 보 리 　 영 원 한 갈 　 보 리

F

252 아버지 날 붙들어 주소서

(Father I want You to hold me)

Brian Doerksen

아 버지 날붙들-어 주 소서 - 주품안
아 버지 날붙들-어 주 시리 - 나주의

에 쉬게하 소 -서-
것 그분의 자 -녀-

아 버지 날깨닫-게하 소서 - 주언제
아 버지 날깨닫-게하 시리 - 주나를

나 나-를 돌-보-심을
붙 드시니 두-렴-없네

내 모든-걱-정- 주의 발앞에놓으리
내 모든-염-려- 주의 발앞에놓으리

주 거기-계-셔- 나의모 습 이 대
주 여기-계-셔-

로 - 나를사 -랑-- 하 시 네

예수 이름으로

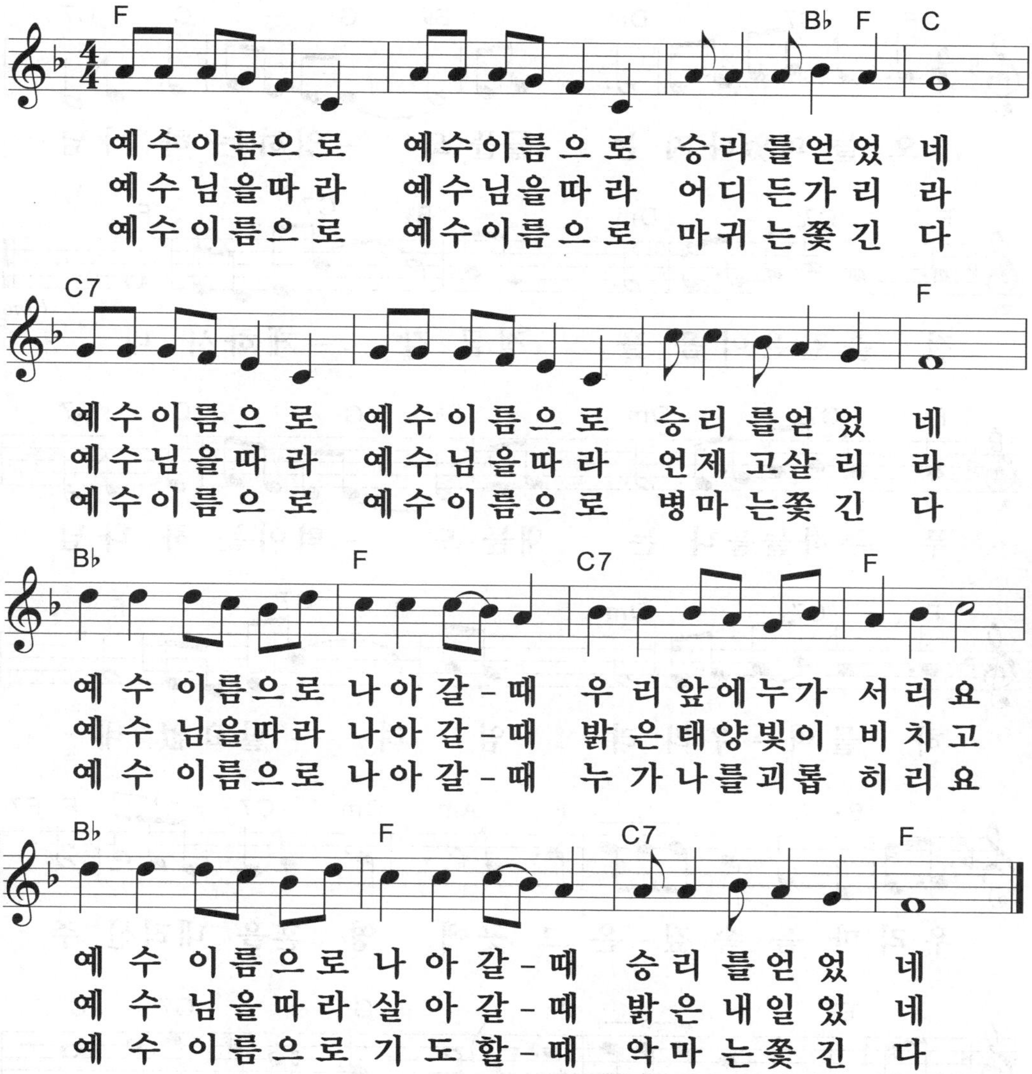

254 오늘 피었다 지는

(들풀에 깃든 사랑)

노진규

오 늘 피었다지 는 들풀 도 -입히는 하 나님

진 흙같은이몸 을 정금 같 -게하시 네

Fine

푸 른하늘을나 는 새들 도 -먹이는 하 나님

하 물며-우리 랴 염 - 려 -필요없 네

우 리마 음속깊 -은 그 곳에 영 혼을 내리신 주

죽 음 이기 신 영원한 생 명을 약 속하 시었 네

D.C.

온 맘 다해 주 사랑하라 255

(You shall love the Lord)

Jimmy Owens

온 맘 다 해주 - 사랑 - 하 - 라 -

생 명 다 해주 - 사랑 - 하 - 라 -

뜻 을 다 하여 - 사랑 - 하라 - - 온 맘 다

해 생 명 다 해 주 사 랑 해 - -

주 사 랑 해 - - 요 존 귀 하신 - 주님 -

주 사 랑 해 - 요 큰 일 행하 - 셨네 -

주 사 랑 해 - - 요 더 욱 사 랑해 -

온 맘 다 해 생 명 다 해 주 사 랑 해 -

256 완전하신 나의 주

(예배합니다 / I Will Worship You)

Rose Lee

완전-하신 나 의 주 의의-길로날-인
도 하소-서- 행 하신-모 든 일주 님의영광-
다 경배합-니 다 - 예 배합-니 다 - 찬 양합-니 다
- 주님만 - 날다스리소 서 - 예 배합 - 니 다
- 찬 양합- 니 다 - 주 님홀 -로높임받으소서 -

왕이신 나의 하나님

(Psalms 145)

Stephen Hah

왕 이 신 - 나 의 하 나 님   -

내 가 - 주 를 높 이 고   -

영 원 히 - 주 의 이 름 을   -

송 축 하 리 이 다   -

257

F

258 왕이신 하나님 높임을 받으소서

(He is exalted(The King Is Exalted))

Twila Paris

왕이신 하나님 높임을 받으소 - 서

찬양 하 리라 영원히 높임을 받으실 그 이름

찬 양 하 리 라 -

그 리 스 도 진리로 다스리네 -

기 뻐하 라 - 온 땅이여 찬양하 라 -

거 - 룩하 - 신 그 이름 높이리 라 -

요한의 아들 시몬아

권희석

요한의아들시몬아 - 네가다른사람들보 다
내게오는많은양떼 - 네게맡겨둘 - 테니 -

나를더 사랑 하 느냐 - 하고주님이물으셨 네
사랑하 는 내 친 구여 - 많은양떼를부탁한 다

그 때   나는주께 대 답 했네 내가 주 를사랑하는 지

주 님 께서 - 아십니 다 - 주님 께서 내마음아시 리

F

260 우리는 주의 백성이오니

(We Are Your People)

David Fellingham

우리는 주의 백성이-오니 -

주의그 큰 이름 선포합-니다 -

이곳어두운 세 상에 빛으로부르셨 네

주의얼굴 구 할때 역사하 소 서

교 회를 세우 시고 - 이 땅

고 쳐주소 서 - 주 님나 라

임 -하시고 주 뜻이뤄지 이 다

이 날은 이 날은
(This is the Day)

Les Garret

261

이 날 - 은 이 날 - 은 주의 지 으 신 주의 날 일 세
이 날 - 은 이 날 - 은 나의 모 든 죄 사 함 받 은 날
이 날 - 은 이 날 - 은 우 리 주 님 이 부 활 하 신 날
이 날 - 은 이 날 - 은 성 령 님 께 서 임 하 시 는 날

기 뻐 하 고 기 뻐 하 며 즐 거 워 하 세 즐 거 워 하 세

이 날 은 주 의 날 일 - 세 기 뻐 하 고 즐 거 워 하 - 세

이 날 - 은 이 날 - 은 주 의 날 일 세

F

262 이 땅에 오직 주 밖에 없네

정종원

이땅에 - 오직 - 주밖에 - 없네 - 그무엇도

- 나를 - 채울수 - 없네 - 주님의 - 평안 - 내안에

- 있네 - 그누구도 - 빼앗을수없네 - 이땅에 -

세상은변 - 해가 - 고 소망은힘 - 을잃 - 어도 - 변
폭풍이몰 - 려와 - 도 두려움물 - 러가 - - 네 - 우
이세상어 - 디에 - 서 평안을찾을수있 - - 나 - 목
우리가바 - 라왔 - 고 꿈꾸어왔 - 던미 - 래가 - 그

함없이 - 붙드 - 시는 - 그 구원의 - 손길 -
릴위해 - 싸우 - 시는 - 그
숨까지 - 내어 - 주신 - 그 깊은사 - 랑을 -
한없는 - 사랑 - 안에 - 서

손을의지해 - 열리고있네 - 이땅에

오직 – 주밖에 – 없네 – 그 무엇 도
나를 – 채울 수 – 없네 – 주님의 – 평안 – 내안에
있네 – 그 누구 도 – 빼앗 을 수 없 네 –

F

주 여호와 능력의 주
(I Am The God That Healeth Thee)

263

Don Moen

주 여호와 – 능력의 – 주 – 내 영혼의 – 치 료 자
말씀으로 날 고 치시 – 네 주님 나의 – 치 료 자

264 저 하늘에는 눈물이 없네

Joyce Lee

저 하늘에는 눈물이없네 거기는슬픔도없네
저 하늘에는 눈물이없네 거기는기쁨넘치네
저 하늘에는 눈물이없네 거기는즐거움있네

저 하늘에는 눈물이없네 거기는승-리만있네
저 하늘에는 눈물이없네 거기는찬-송넘치네
저 하늘에는 눈물이없네 거기는사-랑넘치네

고통은모두다 사라져버리고 영광만가득하겠네
세상의근심은 사라져버리고 영광만가득하겠네
인간의욕심은 사라져버리고 영광만가득하겠네

우리의주님과 나함께있을때 영원한기-쁨넘치네

죄악된 세상을 방황하다가　265

(불 속에라도 들어가서)

최수동 & 김민식

죄 악된 세상을　　방 황하다 가
탕 자를 살려준　　주 님말씀에
골 고다 언덕길　　오 르신 예 수

천국 과　지옥 도　나 - 는　몰랐 네
죄인 의　두다 리　묻 - 어　두었 네
추수 할　일꾼 들　찾 - 아　부르 네

고 집대　로 영죽을　　험 한세 상 이
아 들이　여 일어나　　내 손을 잡 고
거 친바　다 험한산　　피 가맷 혀 도

왜 그리　- 더러운 지　　이 제야 아 네
남은 몸　- 모든영 혼　　바 치라 하 네
십자 가　- 내가지 고　　끝 내이 기 리

불속 에라도 들어 가서 - 불속에라도 들어 가서-

세상 에　널리 전 하리　주 의사 랑 을

F

266 주께서 내 길 예비하시네

조일상

주께서 내 길 예비하 시 네 －
나 이제 주 를 따라 가 려 네 －
나 이제 겸 손 하게 살 리 라 －
나 이제 기 도 하며 살 리 라 －
나 이제 진 실 하게 살 리 라 －

주께서 내 길 예비하 시 네 －
나 이제 주 를 따라 가 려 네 －
나 이제 겸 손 하게 살 리 라 －
나 이제 기 도 하며 살 리 라 －
나 이제 진 실 하게 살 리 라 －

이제 하 루 하루를 주를 위 해 살 리 라
세 상 죄 길 버리고 생 명 길 을 찾 았 네
나 의 하 루 하루를 주를 따 라 가 리 라
이 제 하 루 하루를 주를 위 해 살 리 라
나 의 하 루 하루를 주를 따 라 가 리 라

주께서 내 길 예비하 시 네 －
나 이제 주 를 따라 가 려 네 －
나 이제 겸 손 하게 살 리 라 －
나 이제 기 도 하며 살 리 라 －
나 이제 진 실 하게 살 리 라 －

주님과 함께 하는

(온 맘 다해 / With all my heart)

Babbie Mason

267

F

주 님과함께하는 이 고요한－시－간 주 님의보좌앞에
나 염려하잖아도 내 쓸것아－시－니 나 오직주의얼굴

내 마음을－쏟－네 모든것아시는주님 께 감출것없네
구 하게하－소－서 다 이해할수없을때라 도 감사하며

내 맘과정성다해 주 바라나－이－ 다
날 마다순종하며 주 따르오－리－ 다

온맘다 해 사랑합 니다－ 온맘 다 해 주알기 원하네

내모든 삶 당신것 이니－ 주만섬 기－리 온맘다 해

268 주님만 주님만 주님만

(주님만 사랑하리 / It is You)

Pete Sanchez Jr.

주님만 주님만 주님만 사랑하리

나의왕 나의 주님 주님을 더욱 알기원해

나 주님께 오직주 께경배하네

거룩 거룩 존 귀존귀 하신주

사 랑 합 니 다 -

주님의 사랑이 이곳에

(주님 사랑 온누리에)

채한성

주 님의사랑이 – 이 곳에가득하기를 – 기도합 – 니 다
님의은총이 – 이 곳에가득하기를 – 기도합 – 니 다

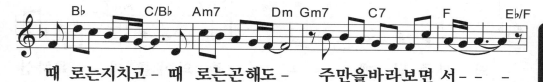

주 님의평화가 – 우 리들가운데 –에 있기를원합니 다 주 다
주 님의기쁨이 – 우 리들가운데 –에 있기를원합니

때 로는지치고 – 때 로는곤해도 – 주만을바라보면 서 – – –

세 상의고통이 – 내게닥쳐와도– 주만을사랑하리라 – –

주 님의축복이 – 이 곳에넘쳐나기를 – 원합 – 니 다

주 님의사랑이 – 이 곳에가득하기를 – 기도합니 다 –

270 주를 찬양하며

(I just want to praise You)

Arthur Tannous

주 - 를찬양하 - 며 나 - 이제고백 하는 말
손 - 을높이들 - 고 나 - 이제고백 하는 말

주 - 를사랑 합니다 나의 - 모든것
주 - 를사랑 합니다 오 거 - 룩하신

되 신주님 께 - 주 의이름 거 - 룩하신

주 의이름 주 - 의이름 높 이올 리 세 -

주의 사랑으로 사랑합니다 271

(I love you with the love of the Lord)

Jame M. Gilbert

주의 사랑으로사랑합니 다   주의 사랑으로사랑합니 다

형제 안 에-서 주의 영광을보네 주의 사랑으로사랑합니 다
자매 안 에-서 주의 영광을보네 주의 사랑으로사랑합니 다

F

형제의 모습 속에 보이는 272

박정관

형제의모습속에 보 이는   하나님형상아름 다 워-라
우리의모임중에 임 하신   하나님영광아름 다 워-라

존 귀 한 주 의 자 녀 됐 으니 사랑 하며 섬 기 리
존 귀 한 왕 이 여 기 계 시니 사랑 하며 섬 기 리

273

참참참 피 흘리신

(성령의 불길)

김용기

참 참 참　피 - 흘리신　예 수 의 사 랑 안 에 서
참 참 참　들 - 려 오는　구 원 의 큰 종 소 리 에

주 님 의　십 자 가 따 라　생 명 을 바 치 겠 느 냐
복 음 을　전 파 하 려 면　희 생 을 각 오 하 느 냐

복 음 의　불 길 오 른 다　다 같 이 일 어 나 거 라
구 원 은　성 도 들 의 것　진 리 로 거 두 리 로 다

영 광 의 주 님 의 나 라　다 같 이 참 여 하 여 라
우 리 는 천 국 에 가 서　영 생 의 꽃 이 되 리 라

성령의성령의불길 성령불이야　성령의성령의불길 성령불이야

온 천하 세계만방에　퍼치자성령의불 길　퍼치자성령의불 길

하나님은 너를 만드신 분 274

(그의 생각*요엘에게)

조준모

하나-님은- 너를 만드신--분- 너를 가장많--이-
하나-님은- 너를 원하시-는분- 이- 세상그-무엇-

알고 계시며- 하나-님은- 너를 만드신--분-
그누 구보다- 하나-님은- 너를 원하시-는분-

너를 가장깊--이- 이해하 신단다- 하나-님은-
너와 같이있--고- 싶어하 신단다- 하나-님은-

너를 지키시-는분- 너를 절대포--기- 하지 않으며-
너를 인도하-는분- 광- 야-에-서도- 폭풍 중에도-

하나- 님은-너를 지키시-는분- 너를 쉬-지-않고- 지켜보 신단다-
하나- 님은-너를 인도하-는분- 푸른 초-장-으로- 인도하 신단다-

그의 생각 - 셀수 없고- 그의 자비 - 무궁하 며

그의 성실 - 날마다 새 롭고- 그의 사랑 끝이 없단 다

Word and Music by 조준모
© BEE COMPANY(www.beecompany.co.kr), All rights reserved, Used by permission,

275 반드시 내가 너를

박이순

반 드시내가너를 축복하리라　반 드시내가너를 들어쓰리라

천 지는변 해도 나의약속은　영 원히변치않으 리
세 상의소 망이 사라졌어도　온 전히나를믿으 라

두려 워말 라 강하고 담대하 라　낙심 하며 실망치말라
두려 워말 라 강하고 담대하 라　인내 하며 부르짖으라

낙심 하며 실망치말라 실 망 치 말 라 －
인내 하며 부르짖으라 부 르 짖 으 라 －

네 소원이루는날 속히오리니　내 게 영광돌리 리
영 광의그 － 날이 속히오리니　내 게 찬양하리 라

네 소원이루는날 속히오리니　내 게 영광돌리 리
영 광의그 － 날이 속히오리니　내 게 찬양하리 라

사막에 샘이 넘쳐 흐르리라 276

히브리민요

사막에 샘이넘쳐 흐르리라 사막에 꽃이피어 향내내리라
사막에 숲이우거 지리 – 라 사막에 예쁜새들 노래하리라

주님이 다스리는 그나라가되면은 사막이 꽃동산되 리
주님이 다스리는 그나라가되면은 사막이 낙원되리 라

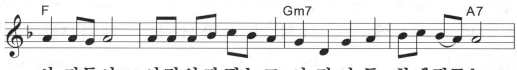

사 자들이 어린양과뛰놀고 어린이들 함께뒹구는
독 사굴에 어린이가손넣고 장 난쳐도 물지않 – 는

F

참 사랑과 기쁨의그나라가 이제 속히오리 라
참 사랑과 기쁨의그나라가 이제 속히오리 라

277 이것을 너희에게
(담대하라)

문찬호

이것 을 너희에게 이름은 너희로 내안에서

평안 을 영원토록 누리 게 하려 함이 라 이것

라 세상에서 너희가 환난을 당하나

담 대하 라 세 상 을 이기 었 노라하시니 라

이것 을 너 희 에게 이름은 너희 로 내안에 서

축복 을 영원토 록 누리 게 하려 함이 라

저 성벽을 향해

(Blow the trumpet in Zion)

Craig Terndrup

저 성벽을향해 전진하라 주님이우리 대장되신다 저

대장되신다 주 가 명령하 네 강 한 군 사들 아

주 가 명령하 네 강 한 군 사들 아

나 팔소 리 시 온 성에 크 게울 려 거룩 한성 에

나 팔소 리 시 온 성에 울 - 려 라 라

F

279 주께서 전진해 온다
(For the Lord is marching on)

Bonnie Low

주께서 전진해 온다 - 그의 강한

승리의 군대 - 그의 영 광찬란 하게비치 - 네

찬양하세 승리의 노래 - 주찬 양

승리의 찬양 - 누가당 할손 가주님의군 - 대

우리 대장되신구 주 예수 나 주님의 뒤따 르면

누가당 할손 가주님의군 대 우리 대

주님과 담대히 나아가

(The victory song)

280

Dale Garratt

주 님 과   담대히 나 아가 – 원수 를   완전히

밟 아이 – 겨승리 를   외치며 찬양하세 –   그리스도   나의

왕   승 리   –를주신 하 나님 – 백 성   구원했 네

말 씀   –으로무 찌르니 –   온 세 상일어나 보 리주님

왕   그리스도 나의왕   그리스도 나의왕

281 갈급한 내 맘

(주 사랑해요 / I'll Always Love You)

Tim Hughes

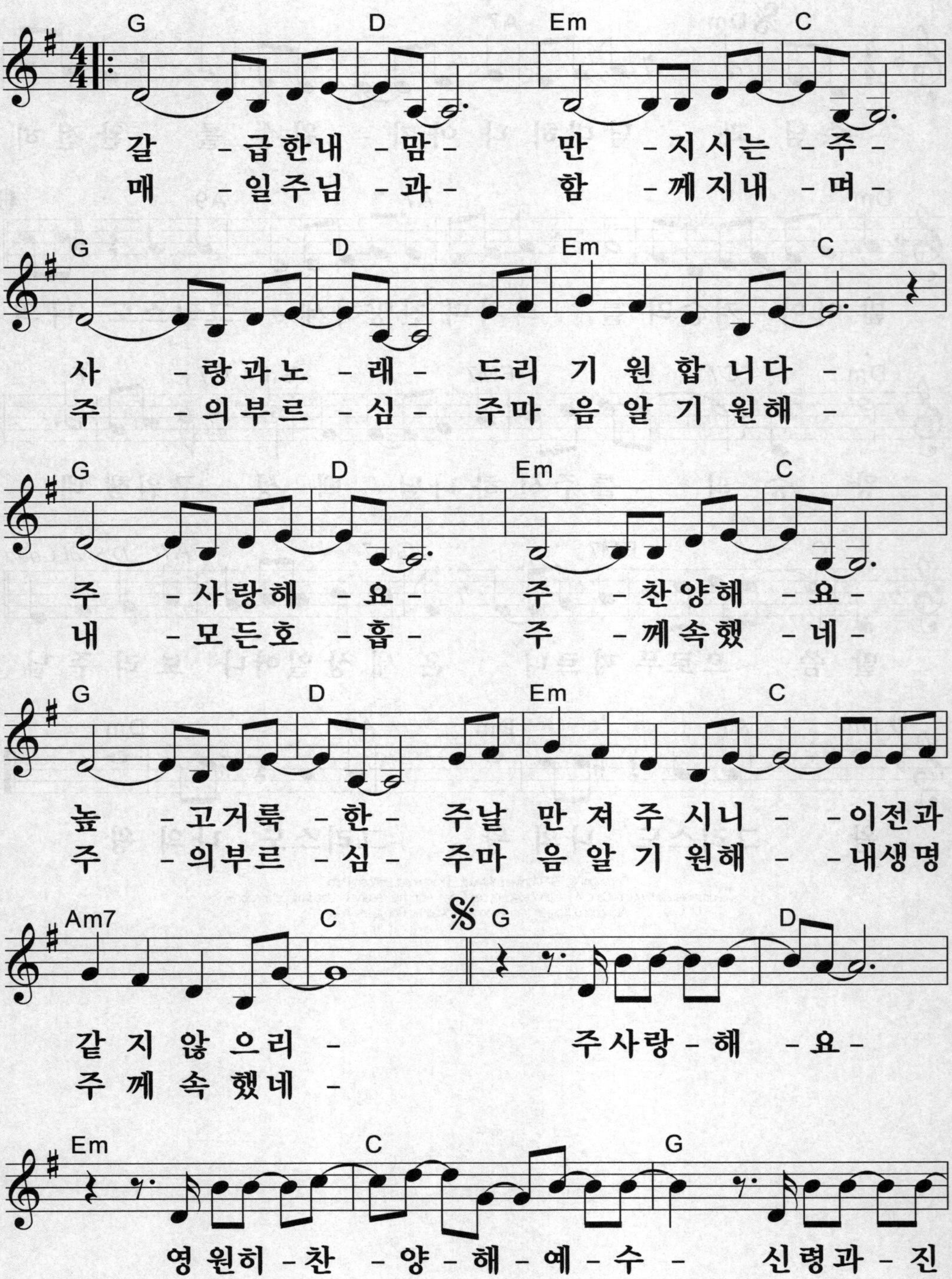

갈급한 내 맘

-정 -으 -로 -경 -배 -드 -려 -요 -

주 사랑 -해 -요- 영 원히 -찬 -양 -해 -예 -수

- 신 령과 -진 -정 -으 -로 -경 -배 -드 -려 -요

Last Time
to Coda

1. -

2. -

예수이름 - 높이올려 -드리 -세 한목소리로

G

소 리높여 - 모두외치 -세-

D. S.
al Coda

282 감사해 시험이 닥쳐올 때에

(감사해 / Thank You Lord)

Dan Burgess

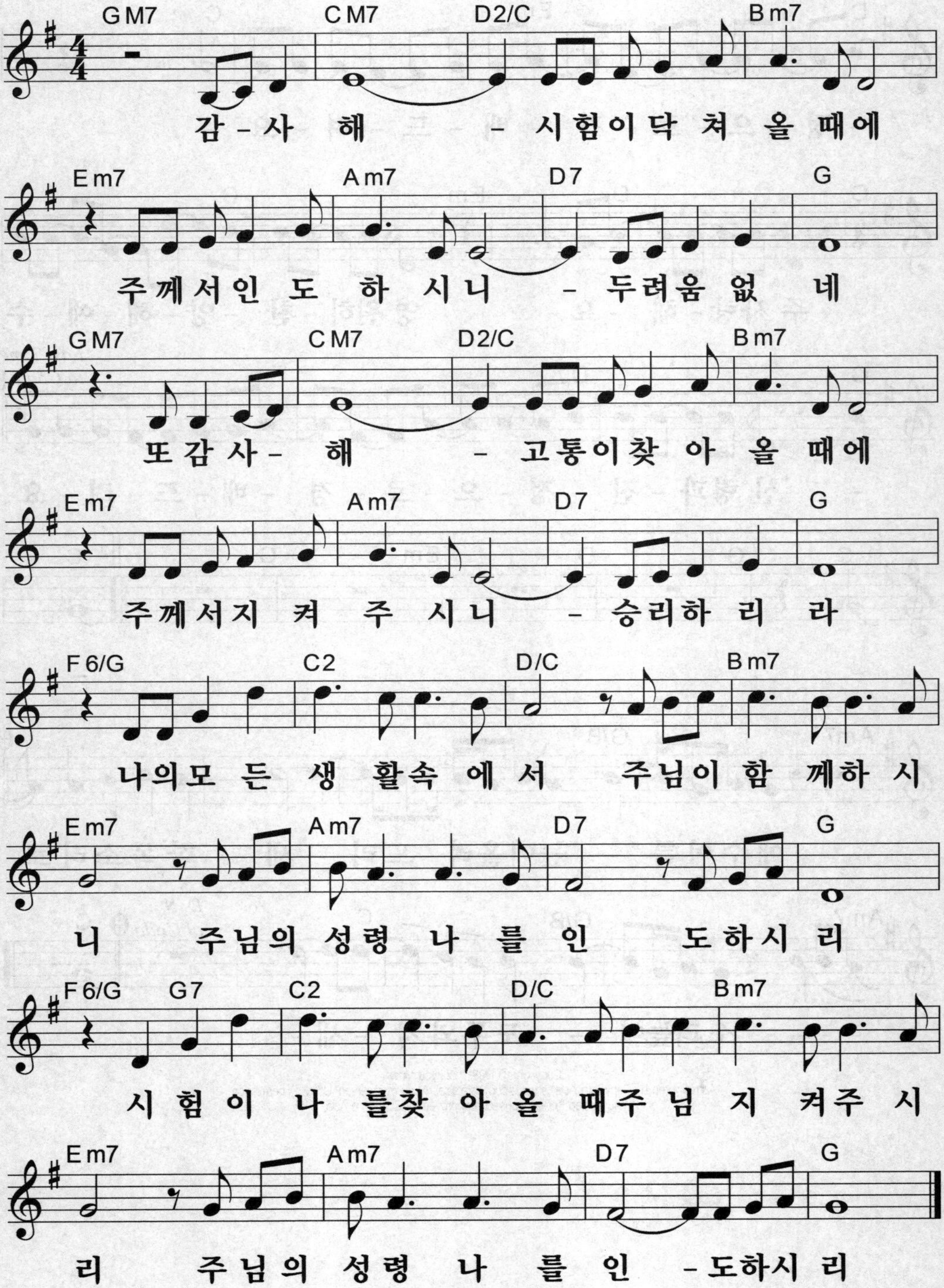

겟세마네 동산에서

283

조용기 & 김주영

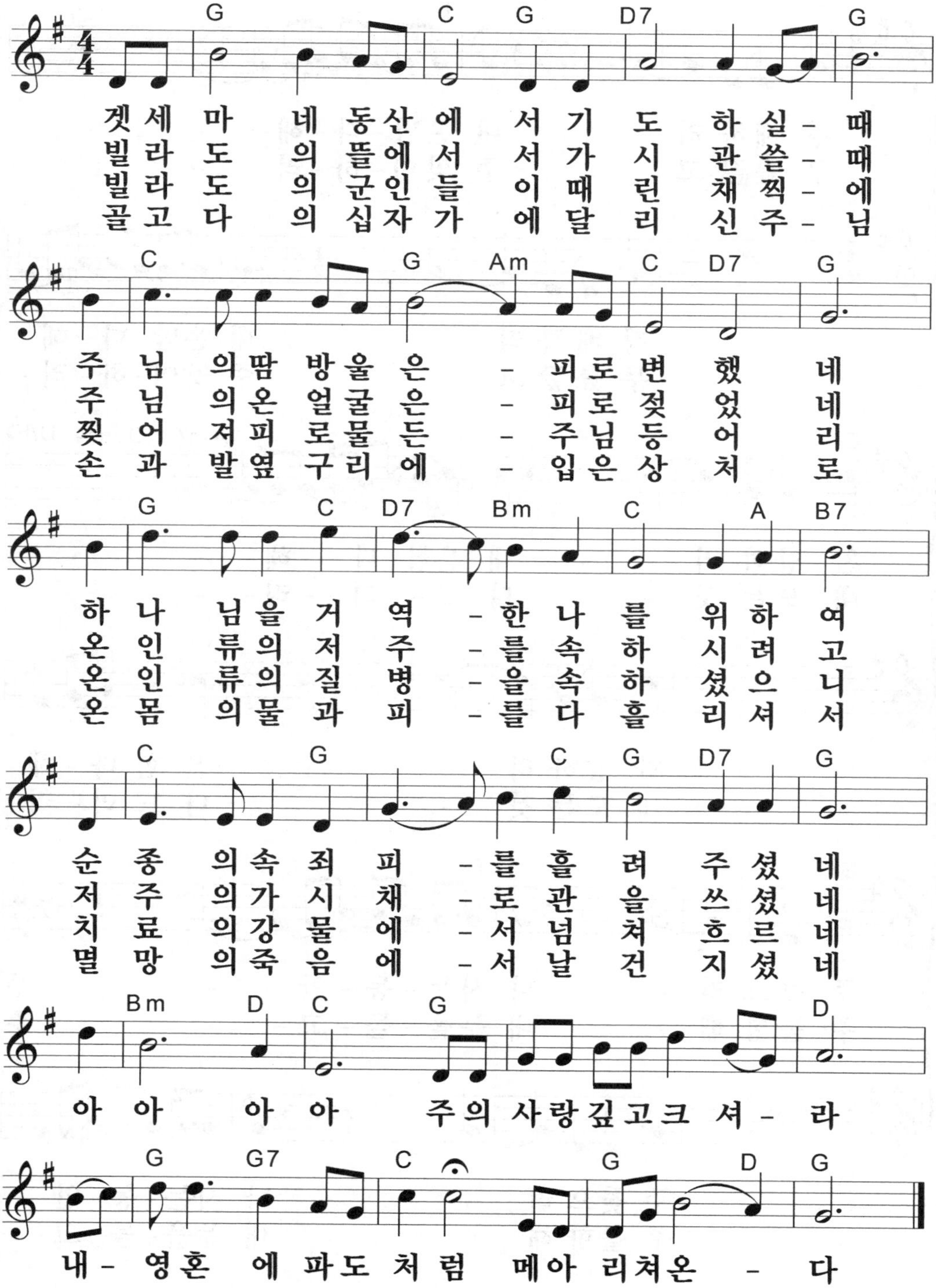

284 경배하리 내 온 맘 다해

(You're Worthy of My Praise)

David Ruis

경 배 하 리 - 내 온 맘 - 다 - 해 - -
무 릎 꿇 고 - 주 맞 이 - 하 - 리 - -

경 배 하 리 - 내 온 맘 - 다 - 해 - -
무 릎 꿇 고 - 주 맞 이 - 하 - 리 - -

찬 양 하 리 - 내 온 힘 - 다 - - 해 - -
내 모 든 것 - 다 드 - - 리 - - 리 - -

찬 양 하 리 - 온 힘 다 - 해
내 모 든 것 - 다 드 리 - 리

주 찾 으 리 - 나 사 는 - 동 - 안 - - 주
주 를 향 해 - 내 눈 을 - 들 - 고 - - 주

주 찾 으 리 - 나 사 는 - 동 - 안 -
주 를 향 해 - 내 눈 을 - 들 - 고 -

경배하리 내 온 맘 다해

님 의길을 — 나 따라 – 가 – –리 – –
의 지하 리 — 주만 의지 – 하 – –리 – –

주 님 의길을 — 따라가 –리 –
주 의 지하 리 — 의지하 –리 –

주님만 – 을 경 배 – 하 – 리 주 님만 – 을

찬 양 – 하 – 리 – 찬 양받 – 기 합당 – 하 – 신

존 귀하 – 신 주 만 높 – 이 – –리 –

G

285 경배하리 주 하나님

(I Worship You Almighty God)

Sondra Corbett-Wood

경 배 하 리 주 하 나 님   전 능 하 신 주

경 배 하 리 평 화 의 - 왕 - 주 를 사 랑 합 니 다

찬 양 하 세 - 누 가 주 와 같 으 리 -

경 배 하 리 주 하 나 - 님   전 능 하 신 주

그리 아니하실지라도

286

안성진

그리 - 아니하실지라 도   감 사 해 요
그리 - 아니하실지라 도   사 랑 해 요

주 님 뜻 을   믿 기 때 문 이 죠 -
합 력 해 서   선 을 이 루 어 요 -

언 제 나   나 를 향 - 한   신 실 한 사 랑 -

우 리 를 향 한   그 크 신 사 랑 -

우 리 가   함 께 높 이 며   주 를 찬 양 해 -

할 렐 루 야 하 나 님 께 영 광 -

G

287 기도하자 우리 마음 합하여

Maori Tune

기 도하 자우 리 마 음합 하여 - -
찬 송하 자우 리 모두 주님께 - -
걸 어가 자하 늘 영광 저문을 - -
바 라보 자주 님 계신 저문을 - -

기 도하 자우 리마음 합 하 여 - -
찬 송하 자우 리모두 주 님 께 - -
걸 어가 자하 늘영광 저 문 을 - -
바 라보 자주 님계신 저 문 을 - -

할 렐루야 아 -멘- 할렐루야 아 -멘-

기 도하 자우 리 마 음합 하여 - -
찬 송하 자우 리 모두 주님께 - -
걸 어가 자하 늘 영광 저문을 - -
바 라보 자주 님 계신 저문을 - -

기도할 수 있는데

288

고광삼

기 도 할 수있 는 데 왜- 걱 정 하십니 까
할 수있 는 데 왜- 실 망 하십니 까

기 도 하 면서 왜 염 려 하십니 까 기 도 까
기 도 하 면서 왜 방 황 하십니

주 님 앞 에 무 릎 꿇 고 간 구 해 보세 요

마 음 을 정 결 하 게 뜻 을 다 하 여

기 도 할 수있 는 데 왜- 걱 정 하십니 까

기 도 하 면서 왜 염 려 하십니 까

G

289

기뻐하며 왕께
(Shout for joy and sing)

David Fellingham

기뻐하며 왕께 노래부르리 -

소리 높여 할렐 루야부르리 -

주님 앞에 나와 찬양드리며 -

우리 주님과함 - 께 기뻐하리라 -

나의창조 - 자 나의구원 - 자 -

가장귀한 나의예수님 - 찬양합니 - 다 -

나의치료 - 자 - 나의선한 목자되 -신 주 -

예수나 의 주 찬양하리 -

나 기뻐하리

(I Will Rejoice)

290

Brent Chambers

나 기뻐하리 - 나 기뻐하리 -

나 기뻐하리 - 나주안 - 에 - 서 - 기뻐하 - 리 - 라 -

- 기뻐하 - 리 - 라 -

1. 원 수가나를 - 무너뜨
2. 환 경에지배 - 를받지

- 리려고 - 내 마음에속 - 삭 - 였 - 네 내
- 않 - 고 - 내 팔의힘과 목 - 소 - 리 느

영 이 깨어 - 넘 어 지 지 않 고 나 의
끼 는 감 정 - 과 상 관 없 이 - 내 마

믿음의고 - 백이 원수를 - 묶 네 -
음기뻐하 - 기로 결심을 - 했 네 -

D.C.

291 나는 주님을 찬양하리라

(I Will Celebrate)

Rita Baloche

나 는 주님을- 찬 양 하 리라-

새 -노래로- 주 찬 -양 - - - -

나 는 주님을- 찬 양 하 리라-

새 -노래로- 주 찬 양 -

Fine

- 온 맘 과 - 뜻 다 하 - 여서 -

주 님 을 - 기 뻐 - 하 - 리

두 손 을 - 높 이 - 들 고 서

D.C.

주 님 을 - 경 배 - 하 - 리

나는 주만 높이리

292

(Only A God Like You)

Tommy Walker

G

나는 주 만높 – 이 리 –　결코 내 맘변 – 치 않 – 네 –

세상 모 든 권 – 세 모 – 든영 – 광 십 – 자 가 앞에 다 버 – 리 고 –

나의 충 성과 – 내 헌 – 신 – 내 모든 소 망 오 – 직 예 – 수

나무 에 달려 – 죽 으 – 신 그 – 분 께 –

오직 우리 주 – – 께 – 내 믿음 – 소 망 찬양 받기 – 합당한 분 또

오직 만 왕 – 의 왕 께 – 엎 드 려 – 경 배하며 모 – 두 드리리

– 두 드 리 리 나 를 지으 시 – 고아 버 – 지 되 시 – 며 나 를 구원하 – 사

하늘 – 의 상 주 – 실 오 직 우 리 주 – 님 께 – 나 찬양하리 – –

오직 우리 주 – 께　오직 우리 주 – 께　오직 우리 주 – 께 –

293

나 약해있을 때에도

(주님 만이)

조효성

G   G7   C   E7   Am   A7

나 약해있을때 에 도   주 님은함께계 시
시험당할때 에 도   주 님이지켜주 시

D7   G   G7   C   E7

고 나 소 망있을때 에 도   주
고 나 실 망당할때 에 도   주

1. Am   A7   D7   2. Am   D7   G

님은내게오 시 네 나 님이위로하 시 네

G   Am   D7   G   B7

주 님 만 - 이   내 힘 이 시 며

Em   Am   D7   G

오 주 님 만 - 이   날 도 우 시 네

G   Am   D7   G   B7

오 나 의 주 - 님   내 아 버 지 여

Em   Am   D7   G

오 나 의 주 - 님   내 사 랑 이 여

나의 가는 길

(주님 내 길을 / God will make a way)

Don Moen

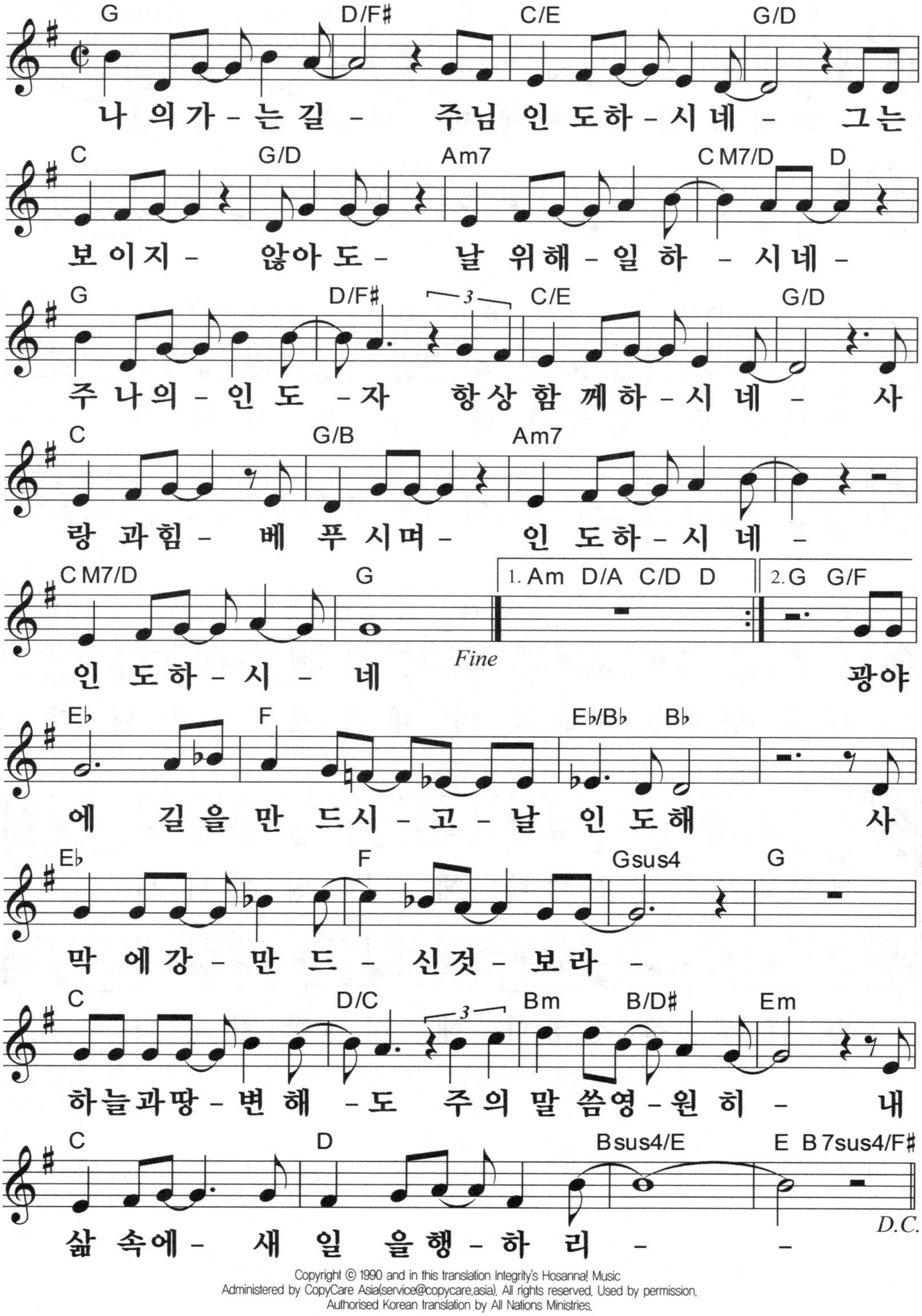

295 나의 사랑 나의 생명

(나의 예수님)

최대성

나의사랑 나의생명 나의예 수 님 -

영원토록 정성다해 사 랑 합 니 다 -

나의 힘 되신 여호와 여 내가사 - 랑합니다

영원토록 정성다 해 사 랑 합 니 다 -

영 원토 -록정성다- 해 사 -랑합니다 -

나 주님의 기쁨되기 원하네 296

(To be pleasing You)

Teresa Muller

나주님 - 의기쁨되 - 기 원하네 - 내 마음을 - 새롭게하 - 소 -
겸손히 - 내마음드 - 립 니 - 다 - 나의모 - 든것받으 - 소 -

서 - - 새부대 - 가되 - 게하 - 여 - 주 - 사 - 주
서 - - 나의맘 - 깨끗 - 케씻 - 어 - 주 - 사 - 주

님 의빛 - 비추게하 - 소 - 서 - - 내가 원 - - 하는 -
의길로 - 행하게하 - 소 - 서 - -

한 - - 가지 - 주님의 - 기쁨이 되 는것 - 내 가

원 - - 하는 - 한가 - 지 - - - 주님의 - 기 - 쁨이되는것 - - -

G

297 나의 하나님 그 크신 사랑

유상렬

나 의 하나님- 그 크-신사랑 - 나의 마음속에 - 언제나

- 슬픈 눈물지을때 - 나의 힘이되시는 - 나의

영원하신 - 하나님 - 나의 구원의반석 - 나의

생명의주인 - 나의 사 -랑의- 노 -래 - 실패

하여지칠때 - 나의 위로되시는 - 나의 하나님을 - 찬양해

- 세월 이 지나도 변치않으리- 내 가 -주를- 사랑하는

마 --음 즐 거운날이나- 때론 슬픈날이나- 모두
외 로운밤이나- 험한 골짜기라도- 나의

하 나 님 - 을 사 랑 합 - 시 다   세 월 이 지 나 도 - 비 -
하 나 님 - 은 동 행 하 - 시 니   내 영 혼 언 제 나 - 하 나

바 람 불 어 도 - 모 두 하 나 님 - 을 사 랑 합 - 시 다
님 을 바 라 며 - 세 상 끝 날 까 - 지 사 랑 하 - 리 라

내가 할 수 있는 것은

(All That I Can Do)

298

Ted Sanquist

내 가 할 수 있 는 것 은   오 직 감 사 와 기 도

두 손 을 높 이 들 고 주 께 찬 양 하 네

299 날 사랑하신

박철순

날사랑하신 - 주님 의 그 큰 사 랑 으로 -

내 안에 계신 - 예수 님의 그 사 랑 으로 -

당신 을 사 랑합 니 다 - - - - - -

당신 을 축복합 니 다 -

나 의 힘 으로 - 당신을 사 랑할 - 수 없 - 네 -

나 의 가진 모 - 든 것 -으로 당신을축복할 -수 없 -지만

주님 이주 -신- 크고도 놀 라우 신- 그 사 랑 으로

1.D 당신을 사랑합 니 다 -

2.D 축복합 니 다 -

낮엔 해처럼 밤엔 달처럼 300

최용덕

낮 엔해처럼 밤 엔달처럼 그렇게 살 순없을 까 -
예 수님처럼 바 -울처럼 그렇게 살 순없을 까 -

욕 심도없 이 어둔 세 상비추 어온전 히 남을 위해살듯 이 -
남 을위하 여 당신 들 의온몸 을온전 히 버리 셨던것처 럼 -

나 의일생 에 꿈 이있다 면 이땅 에빛과 소금되 어 -
주 의사랑 은 베 푸는사 랑 값없 이 거저 주는사 랑 -

가 난한영 혼 지 친영혼 을 주님 께 인도 하고픈 데 -
그 러나나 는 주 는것보 다 받는 것 더욱 좋아하 니 -

나 의욕심 이 나의 못 난자아 가언제 나 -커 다 란짐되 어 -
나 의입술 은 주님 닮 은듯하 나 내맘은 -아 직 도추하 여 -

나 를짓눌 러 맘을 곤 고케하 니 예수 여 나를 도 와주소 서 -
받 을사랑 만 계수 하 고있으 니 예수 여 나를 도 와주소 서 -

G

301 내가 먼저 손 내밀지 못하고

(오늘 나는)

최용덕

내가먼저손내밀지 못 하고 - 내가먼저용서하지 못 - 하고 -
내가먼저섬겨주지 못 하고 - 내가먼저이해하지 못 - 하고 -

내가먼저웃음주지 못 하고 - 이렇게 머뭇거리고있 네
내가먼저높여주지 못 하고 - 이렇게 고집부리고있 네

그가먼저손내밀기 원 했고 - 그가먼저용서하길 원 - 했고 -
그가먼저섬겨주길 원 했고 - 그가먼저이해하길 원 - 했고 -

그가먼저웃음주길 원 했네 - 나 는 어찌된사람인 가
그가먼저높여주길 원 했네 - 나 는 어찌된사람인 가

오 - 간교한 나의입술이여 - 오 - 옹졸한 나의마음이여 -
오 - 추악한 나의욕심이여 - 오 - 서글픈 나의자존심이여

왜 나의입은 - 사랑을말하면서 - 왜 나의맘은 - 화해를말하면서 -

왜 내가먼저 - 져줄수없는가 - 왜 내가먼저 - 손해볼수없는가 -

내가 먼저 손 내밀지 못하고

오 - 늘 나 는 오 늘 나 - 는

주님앞에서 - 몸 둘 바모르 - 고 이렇게 흐느끼며서있 네

어찌 할 수없는이맘을 - 주님 께 - 맡긴채 로

G

302 내가 주를 위하여
(주의 영광 위하여)

이희수

내가 주 를위하 여 주의영 광위-하-여
나는주 님때문-에 주의사 랑인-하-여
주께모 두드리-리 주의사 업위-하-여

내가주 를위하-여 주의영 광위하-여
나는주 님때문-에 주의사 랑인하-여
주께모 두드리-리 주의사 업위하-여

이몸주 께드리-리 나의일 생다-가도록
오직주 만따르-리 나의생 명다-하도록
내것모 두드리-리 당신내 게주신것이니

내가주 를위-하-여 주의영 광위하-여
나는주 님때-문-에 주의사 랑인하-여
주께모 두드-리-리 주의사 업위하-여

내가 주인 삼은

303

전승연

내가 주인삼은 - 모든것 내려놓고 - 내 주 되신

주 앞 에 나가 - 내가 사랑했던 - 모든것 내려놓고 -

주 님 만 사 랑해 - 내가 - 주 사 랑

거친 풍랑에도 - 깊은 바다처럼 - 나를 잠잠케해 - 주 사 랑

내 영 혼 의 반석 - 그 사랑 위에 - 서 리 -

304 내가 천사의 말 한다해도

(사랑 없으면 / Without love we have nothing)

James Micheal Steven & Joseph M. Martin

내가 천 사의말 한다 해-도- 내맘에 사랑 없- 으-면-

내가 참 지식과 믿음 있어도- 아무소 용 없- 으-니-

산을 옮 길믿음이있 어-도 나있는 모 든것줄 지라 도

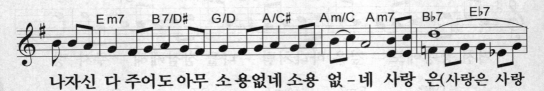

나자신 다 주어도아무 소용없네 소용 없-네 사랑 은(사랑은 사랑

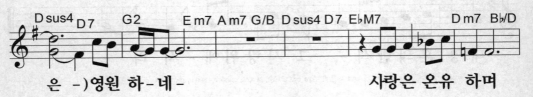

은 -)영원 하-네- 사랑은 온유 하며

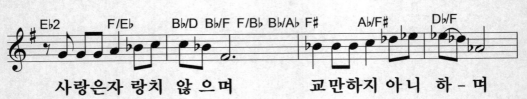

사랑은자 랑치 않 으며 교만하지 아니 하- 며

불의 기 뻐하 지 아니 -하 니

내가 천사의 말 한다해도

내 가   천 사의말한다 해-도-   내맘에 사랑 없- 으-면-

내가 참 지식과 믿음 있어도-   아무소 용   없- 으-니-

산을 옮 길믿음이있 어-도   나있는 모든것줄 지라 도

나자신 다 주어도아무 소 용없네소용 없- 네 사랑 은(사랑은 사랑

은 -)영원 하-네- 영원하-네-   영원   영원 히 -

G

305 내게 강 같은 평화

(Peace Like A River)

Tranditional

내게 강 – 같 은 평화 내게 강 – 같 은 평화
내게 바 다같 은 사랑 내게 바 다같 은 사랑
내게 샘 – 솟 는 기쁨 내게 샘 – 솟 는 기쁨
내게 믿 음소 망 사랑 내게 믿 음소 망 사랑

내게 강 – 같 은 평화 넘 치 네 –
내게 바 다같 은 사랑 넘 치 네 –
내게 샘 – 솟 는 기쁨 넘 치 네 –
내게 믿 음소 망 사랑 넘 치 네 –

내게 강 – 같 은 평화 내게 강 – 같 은 평화
내게 바 다같 은 사랑 내게 바 다같 은 사랑
내게 샘 – 솟 는 기쁨 내게 샘 – 솟 는 기쁨
내게 믿 음소 망 사랑 내게 믿 음소 망 사랑

내게 강 – 같 은 평화 넘 – 치 네 –
내게 바 다같 은 사랑 넘 – 치 네 –
내게 샘 – 솟 는 기쁨 넘 – 치 네 –
내게 믿 음소 망 사랑 넘 – 치 네 –

내 모든 삶의 행동 주 안에 306

(Every move I make)

David Ruis

내모든삶의행동주안 에 주님안 – 에있네 나의숨쉬는순간들 도

내모든삶의걸음주안 에 – 내길도 – 주안에 나의숨쉬는순간들 도

라라라라 – 라라 라라라라 – 라라 자비와은혜의물결

어디서나주 – 얼굴 – 보네 – 주사랑날붙드네

오놀라운주 – 님의사랑 –

G

307 내 눈 주의 영광을 보네

(모든 열방 주 볼 때까지)

고형원

내 눈 주의 영광을 보네 우리가운데 - 계신주 님

그빛난영광 온하늘덮고 그찬송온땅가 - 득 해 내

눈 주의 영광을 보네 찬송가운데 - 서신주 님 주

님의얼굴은 온 세상향하네 권능의팔을드 - 셨 네 주의

영광 이곳에 - 가득 해 우린 서네 주님과 함 께 - - -

찬양하 며 우리는 전진 하 - 리 - 모든열 - 방주볼때까 지

하늘 아버지 - 우릴 새롭게 하사 열방 중에서 - 주를

섬기게 하소서 -   모든 나라일어나 -   찬송부르며 -

영광의 주님을 -   보게하 - 소   서   주의

내 손을 주께 높이 듭니다 *308*

(찬송의 옷을 주셨네)

박미래 & 이정승

내 손을주께높 이 듭 니 다 내 찬양받으실 주 님

내 맘을주께활 짝 엽 니 다 내 찬양받으실 주 님

슬 픔 대신희락 을 - 재 대신화 관 을

근 심 대신찬송 을 - 찬 송 의 옷을주셨 네   내

309 내 인생 여정 끝내어

(예수인도하셨네 / Jesus led me all the way)

John W. Peterson

내 인 생 여정끝내 어 강 건 너언덕이를 때
이 가 시밭길인생 을 허 덕 이면서갈때 에
내 밟 은발걸음마 다 주 예 수보살피시 사

하 늘 문향해말하 리 예 수인도하셨 네
시 험 과환난많으 나 예 수인도하셨 네
승 리 의개가부르 며 주 를찬송하리 라

매 일 발걸음마 다 예 수 인도하셨 네

나의 무거운죄짐을모두 벗고하는말 예 수 인도하셨 네

다 와서 찬양해

(Come on and celebrate)

Trish Morgan & Dave Bankhead

310

다 와서 찬 양해 - 사랑 을주 신주 찬 양해 -

사랑 의우 리주 -님 - 생명주셨 네 -

소 리 쳐 찬 양해 - 기쁨 을주 시는 우 리왕 -

찬 양 의제 사 드 리며 - 주 님께경 배 해

다 와서 찬양해 - 찬 양해 - 찬 양해 -주 님

1. 찬 양해 주 님 우 리 왕 -

2. 찬 양해 주 님 우 리 왕 - -

G

311 다 표현 못해도
(그 사랑 얼마나)

설경욱

다　표현못해도 - 나 표현하리라 - 다 고백못해도-

나 - 고백하리라 - 다 알수없어도 - 나 알아가리라 -

다 닮지못해도- 나- 닮아가리라 - 다　닮아가리라

- 그사 랑 얼마나- 아름 다운지- 그사 랑 얼마나- 날

부요케하는지 - 그사 랑 얼마나 - 크고 놀라운지를 -

그사 랑 얼마나 - 나를 감격 하게 하 는 지

당신은 영광의 왕

(You are the King of glory)

Mavis Ford

당 신은영 광 의 – 왕　　당 신은평 강의 왕

당 신은하 늘 과 땅의주　　당 신은정의의아 들

천 사가무 릎 꿇 – 고　　예 배 하 며 경 배 하 네

영 원한생 명 말 – 씀　　당 신은예수 그리스도주

호 산나다윗의 – 자 손 – 께　　호 산나불러왕 중의 왕

높은하늘엔　　영광 – 을 –　　예수주메시 아 – 네

G

313 당신이 지쳐서

(누군가 널 위해 기도하네 / Someone is praying for you)

Lanny Wolfe

당신이 지쳐서 -기도 할수 없 고 눈물이 빗물 처럼-
당신이 외로이 -홀로 남았 을 때 당신은 누구 에게-

흘 러내릴때 주님은 우리연약 함을 아시 고
위 로를얻나 주님은 우리상한 맘을 아시 고

사랑으로 인 도하시 네 - 누군가
사랑으로 인 도하시 네 -

널 -위하 여 - 누군 가 기-도하 네

- 네가홀 로 외로워 서- 마음 이 무너질 때

누군가 널위- 해 기 도 하 네 -

때로는 너의 앞에
(축복송)

송정미

때 - 로 는 너 의 앞 에 어려 움과 아픔있지 만
너 는택 한 족 속이 요 왕같 은 - 제사장이 며

담대하 게 - 주를바 라 보는 너 의 영혼 -
거룩한 나 라 하나님 의 소유 된 백 - 성 -

너 의 영 혼 우 리 볼 때 얼 마 나 아름다 운 - 지
너 의 영 혼 우 리 볼 때 얼 마 나 사 랑 스 러 운 지

너 의 영 혼 통 해 큰 영 광 받 으 실

하 나 님 을 찬 양 오 할 렐 루 야

G

315 마지막 날에

이천

마 지 막 날 에 내 가

나의 영 으로 모 든 백성

에 게 부 어 주 리 라

자녀들은 예 언할 것이요 청년들은 환 상 을보고

아비들은 꿈을꾸 리라 주의영이임하 면 면

성 령 이 여 임 하소서

성 령 이 여 우리에게 임하소서

모든 민족에게

316

(모든 영혼 깨어 일어날 때 / Great awakening)

Ray Goudie, Dave Bankhead & Steve Bassett

모 든민 족 에게 - -주 성 령부어주소 서 - - -
모 든열 방 에게 - -주 성 령부어주소 서 - - -

하 나님 의 백 성 - - 주 의말씀주시고 -
영 광중 에 오 사 - -주 경 외하게하시고 -

꿈 과환 상 주 사 -주 의 비밀알리소서 - - -
크 신능 력 으 로 -땅 과 하늘흔드소서 - - -

우 리믿 사 오 니 - 하 늘이주의날선포 -케하소서 -
주 를기 다 리 니 - 만 물이주의날을보 -게하소서 -

그 날엔주 - 의영이 임 하 여 - 큰부흥이 -땅위에일

-어나리 라 모든영혼 - 깨어일 어날 때 -

주 예 수를 - 부 르 는자는 -구 원되 리 - - -

G

317 모든 영광을 하나님께

(Heavenly Father I appreciate You)

Anonymous

모든 영광을 - 하나님 께 -
예수님 - 찬양받으소서 -
위로의 - 성령님이시여

모든 영광을 - 하나님 께 -
예수님 - 찬양받으소 서 -
위로의 - 성령님이시 여 -

온 맘 - 과 뜻 다 - 해 주 사 모 합 니 다
죄 사했네 우 리위해 성 령 - 주 셨 네
우 리안에 계 셔 - 서 늘 인 도 하 셨 네

모든 영 광 을 - 하 나 님 께 -
예수님 - 찬양받으소 서 -
위로의 - 성령님이시 여 -

모든 지각에 뛰어나신

(아무것도 염려치 말고)

방영섭

모든지각에 - 뛰 - 어나신 - 하나님의평강 이

예수안에서 - 너의마음과 - 너의생각을 지키 리

아무 것 도 너는 염려치말고 - 오 직 기도와간구 로

하나 님 께 너의구할것 -을- 감 사 함으로아뢰라 -

318

G

319 문들아 머리 들어라

문 들 아머리들－어 라　들릴 지 어다영원한문 들 아

영광 의 왕들어가 시 도 록 영광 의 왕들어가－신 다

영 광의왕 뉘 시 뇨　강 하 고능 하신 주로다－

전 쟁에능 하신 주 시 라　다 찬 양 위대하－신 왕

왕 께 만 세　왕 께 만－세－

당 신은영 광의 왕 이 라　다 찬 양 위대하－신 왕

보라 너희는 두려워 말고 320

이연수

보 라 너희는 두려워말고- 보 라 너희를 인도한나를-

보 라 너희는 지치지말고- 보 라 너 희를 구원한나를-

너 희를 치던 적은 어디있느냐- 너희 를억누르던- 원수는

어디있느냐- 보 라 하 나님 구원을- 보 라

하 나님 능력을- 너희를 위 해서 싸 우시는-

주의 손 을보라 보 손 을보라

321 보라 새 일을

이길로

G / D / Em / F

보라새일을 - 행하시리니 -

C / D / G / Am7 / C/D

이 제 - 곧 나 - 타 내 리 라 - -

G / Am6/F♯ / B7 / Em / F

주 를 위 하 여 - 지 으 신 백 성 -

C / D / G

주 의 - 찬 송 - 부 르 게 되 - 리 - -

Fine

C / D / G

광 야 의 물 솟 - 아 나 리 라 - -

C / D / G

사 막 에 꽃 피 - 어 나 리 - - -

C / D / Bsus4 / B7 / Em7

이 전 일 들 을 - 너 희 는 기 억 지 말 며 -

C / Am7 / Dsus4 / D7

옛 적 일 들 을 - 생 각 지 도 말 - 라 - -

D.C.

보혈을 지나

322

김도훈

보 혈을지–나– 하 나님품으로– 보 혈을지–나–

아버 –지 품으로– 보 혈을지–나– 하 나님품으로–

한걸 음씩 나– 가네– 보 – 존귀 한

주보 혈이– 내영 을 새롭게–하 시–네 존귀 한

주보 혈이– 내영 을 새 롭게– 하네 –

G

323 보소서 주님 나의 마음을

(주님 마음 내게 주소서)

Ana Paula Valadao

보 - - 소서 - 주님 - - 나의마음을 - - 선 - 한것하
- 나 없습니다 - 그 러나내 - 모든 - 것 - 주
께 드립니-다 - 사 랑으로- 안으시고 - 날새롭- 게
하소서 - 보 - -소서 하소서 - 주님마 - 음내 - 게주 - 소서
- 내아 - 버지 - 주님마 - 음내 - 게주 - 소서 - 나를향하신 - 주님
의 뜻이 - 이 루어지 - 도록 - 주님마 - 음내 - 게주 - 소서
- 내 게 사랑 - 을가 - 르치 - 소서 -

보소서 주님 나의 마음을

당신 의 마음 - 으로 - 용서 하게하 - 소서 -

주의성 - 령내 - 게채 - 우사 주의길 - 가게 - 하소 - 서

- 주 님 당신마음 주소서 - 주소서 -

주님마 - 음내 - 게주 - 소서 - 내아 - 버지 -

주님마 - 음내 - 게주 - 소서 - 나를향하신 - 주님 의 뜻이 -

이 루어지 - 도록 - 주님마 - 음내 - 게주 - 소서 -

G

324

부흥 있으리라
(There's gonna be a revival)

Renee Morris

부 흥 - 있 - 으리 - 라 - 이 땅에 - - -

부 흥 - 있 - 으리 - 라 - 이 땅에 - - - 동쪽과

- (동쪽) 서 쪽 - (서쪽)남 쪽 - (남쪽)북 쪽에 -

부 흥 - 있 - 으리 - 라 - 이 - 땅에 - -

- - - - - - - 이 땅에

사랑합니다 나의 예수님 325

김성수 & 박재윤

사랑합니 다 나의예수 님 사랑합니 다 아주많이 요

사랑합니 다 나의예수 님 사랑합니 다 그것뿐예 요

사 랑한다아들 아 내 가너를 잘 아노라 –

사 랑한다내딸 아 네 게축복더 하노라 –

G

사모합니다 326
(Father I Adore You)

Terrye Coelho

사 모합– 니 다 몸과마음을 다 해 나 의 하나님
사 모합– 니 다 몸과마음을 다 해 나 의 예수님
사 모합– 니 다 몸과마음을 다 해 나 의 성령님

327 생명 주께 있네

(My life is in You Lord)

Daniel Gardner

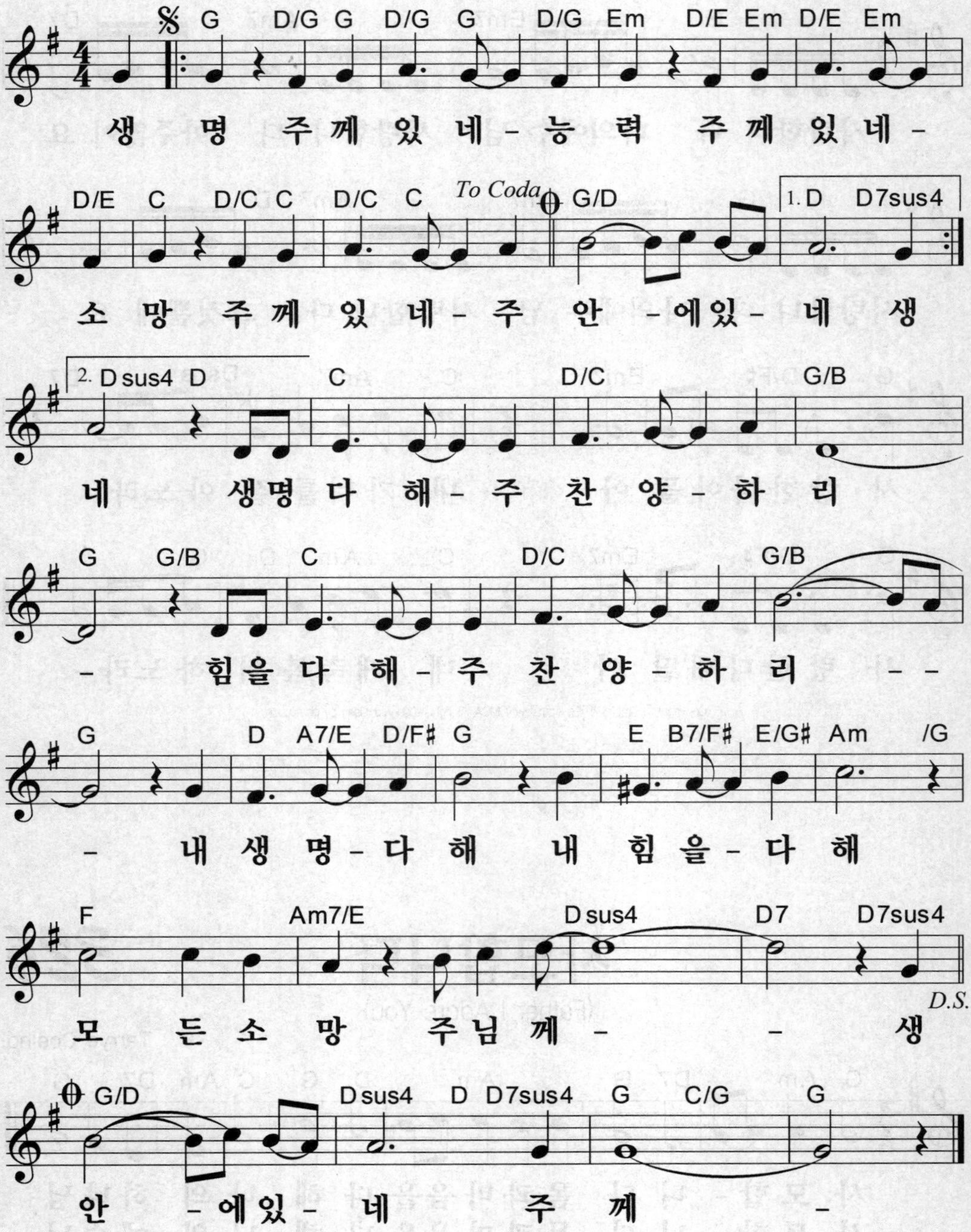

선한데는 지혜롭고

(로마서 16:19 / Romans 16:19)

Dale Garratt, John mark Childers,Ramon Pink & Graham Burt

Romans sixteen Nineteen says Romans sixteen Nineteen says

선 한데는- 지 혜롭고- 악 한데는- 미 련하라-

선 한데는- 지 혜롭고- 악 한데는- 미 련하라-

평강의 주님 속 히 사단을 너희 발 아래에 상하게-하리

평강의 주님 속 히 사단을 너희 발 아래에 상하게-하리

G

329 성령님이 임하시면

(성령의 불타는 교회 / Church on Fire)

Russell Fragar

성령 님이임하시면능력 이나타 나 - 모 - 든것이일어날수

있게되죠 - 참 - 선한것이 선한 것이여기일어나 - 네 -

어두움 - 을 - 물리치는 빛이있 네 - 능 - 력힘입어 난두

렵지않네 - 참 - 선한것이 선한 것이여기일어나 - 네 -

성령의 불 타 는교 -회- 성령의 불 꽃임- 하네 - 온마음

다 하 여 -서 주이름 높 이세 - 우 리 의마 -음 불 -타네-

그 빛 을전 -하 기 -위해 - 사랑 의 불꽃- 전하 -세-

주를위한 - 성령의불 -타는교 -회- -회-

세상의 유혹 시험이

(주를 찬양)

최덕신

330

세 상의유혹시험이 - 내게 몰려올때 - 에 나 의힘으론그것들 -
거 짓과속임수로 - - 가득 찬세상에 - 서 어 디로갈지몰라 - -
주 위를둘러보면 - - 아 - 무도없는 - 듯 믿 음의눈을들면 - -

모두 이길수없네 - 거 대한폭풍가운데 - 위축 된나의영혼 -
머뭇 거리고있네 - 공 중의권세잡은자 - 지금 도우리들을 -
보이 는분계시네 - 지 금도내안에서 - - 역사 하고계시는 -

어 찌할바를몰라 - 헤매 이고있을때 -
실 패와절망으로 - 넘어 뜨리려하네 -
사 망과어둠의권세물리 치신예수님 -

주를찬 양손 을들고찬 - 양 전 쟁은나에게속 - 한것아니니 -

주를 찬 양손 을들고찬 - 양전 쟁은하나님께 - 속한 - 것 이 니

G

331 세상 모든 민족이

(물이 바다 덮음 같이)

고형원

G   D/F#   C/E   G/D

세상 모든 민족이 - 구원 을 얻기 까지 -

C   G/B   Am   G   D/F#

쉬지 않으시는 - 하 나님 - 주의 심장 가지고 -

Em   Bm   C ⌐3⌐ D7   G   C/G

우리 이제 일어나 - 주 따르게 하소서

G   D/F#   C/E   G/D

세상 모든 육체가 - 주의 영광 보도록 -

C   G/B   Am   D7   G   D/F#

우릴 부르시는 - 하 나님 - 주의 손과 발 되어 -

Em   Bm   C ⌐3⌐ D7   Gsus4   G

세상 을 치유하며 - 주 섬기게 하소서

§ G2   Bm   Am   Am/G   F   Am7 D7

물이 바다 덮음 같이 - 여호 와의 영광을 - 인정하는 것이

G2   Bm7   C   D7

온 세상 가득하리라 - 물이 바다 덮음 같이

세상 모든 민족이

물이 바다덮음같이 물이바 다 덮음같이 -

보리라 그날에 주의 영광 가득한 - 세 상

우리 는 - 듣게되 리 온세 상가득한승리의 - 함 성

Fine

D.S.

332 세상이 당신을 모른다하여도

윤주형

세상이 - 당신 을 모른 - 다하여도 - 주 님은 그이름 -

마 음에새겨졌네   세상이 - 주이 름모른 - 다하기에 -

오 늘도 그이름 열 방에새기 리

땅 의모 든끝 - 이 주께 -   돌아오게되 - 리

- 잃어 버린영 - 혼들향한 - 아 버지 - 의꿈 - - -

당신 의삶을 - 통해 - 이뤄 - 지 리 -

손에 있는 부귀보다

(주를 사랑하는가)

333

김석균

손에 있 는 부귀보 다 주를 더 사랑 하는 가
큰물결 이뛰놀아 도 주를 더 찬양 하는 가
언제 다 시주오실 지 아는 이 가있 는 - 가

이슬 같 은 목숨보 다 주를 더 사랑 하는 가
큰환 난 이닥쳐와 도 주를 더 찬양 하는 가
신랑 으 로오실주 님 맞을 준 비되 었는 가

사 랑 의 빛 잃어 가 면 주님 만 날수 없 - - 어
깊 은 잠 에 빠진 영 혼 주님 만 날수 없 - - 어
기 름 없 는 등불 들 면 주님 만 날수 없 - - 어

헛 된 영 화 바라 보 면 사랑 할 수 도 없 - - 어
근 심 걱 정 많은 자 는 찬양 할 수 도 없 - - 어
재 림 나 팔 소리 나 면 예비 할 수 도 없 - - 어

잠 시 머 물 이세 상 은 헛된 것 - 들뿐이 니

주를 사 랑 하는 마 음 금보 다 도귀 하 다
주를 찬 양 하는 마 음 금보 다 도귀 하 다
주를 맞 을 준비 함 이 금보 다 도귀 하 다

G

334 수 많은 무리들 줄지어

(예수 이름 높이세)

최덕신

수 많은무리들 - - 줄지어 - 그 분을보기위 - 해따르네 -
나 의 - 계획이 - 실패하고 - 나 의 - 소망이 - 끊어질때 -

평 범한목수이신그 분 앞에 - 모든 무릎이 - 꿇어경배 - 하 - 네
삶 의주관자되신그 분 앞에 - 나의 무릎을 - 꿇어경배 - 하 - 네

모 든 문제들 - 하나하나 - 죽 음 까지도 - 힘을잃고 -
나의삶을그분 - 께맡길때 - 비 로소나의마 - 음평안해 -

생 명의근원되신예 수이름앞 - 에 모든 권세들 - 굴복 - 하 - 네 -
구 원의반석되신예 수의이름 - 을 소리 높여 - - 찬송 - 하 - 네 -

예수 이름높 - 이세 능 력의그 - 이름 예수 이름높 - 이세

구 원의그 - 이름 예수 이름을부 - 르는 자 예수 이름을믿 - 는자

- 예수 이름앞에 - 나오는 - 자 복이있 - 도 다 - - -

승리는 내 것일세
(There is victory for me)

Harry Dixon Loes

*승 리 는 내 것 일 세   승 리 는 내 것 일 세

구 세 주 의 보 혈 로 써   승 리 는 내 것 일 세

내 것 일 세   승 리 만 은

구 세 주 의 보 혈 로 써 항 상 이 기 네

* 믿음
소망
사랑
구원
응답
축복

G

336

승리하였네
(We have overcome)

Daniel Gardner

승리하였네 - 어린 양의보 혈로 -

우린 보 혈의 - 능 력으로서 - 리라 -

승리하였네 - 어린 양의보 혈로 -

주 내게승리 주 - 셨 네 -

십자가 그 사랑
(The love of the cross)

Stephen Hah

337

십자가 그사랑　　멀리떠 – 나 서
지나간 일들 을　　기억하지 않 고

무너진 나의 삶 속에　　잊 혀진주 은 혜
이전에 행한 모 든일　　생 각지않 으 리

돌같은 내마음　　어루만 – 지 사
사막에 강물 과　　길을내시 는 주

다시일 으켜세 우신주 를　　사랑합니 다
내안에 새일행 하실주 만　　바라보리 라

주　너를보호하 시고　넌　　붙드시 리

너 는 보 – 배 롭고존 귀 한

1. 주님의자 녀 라 2. 주 – 의자녀 라

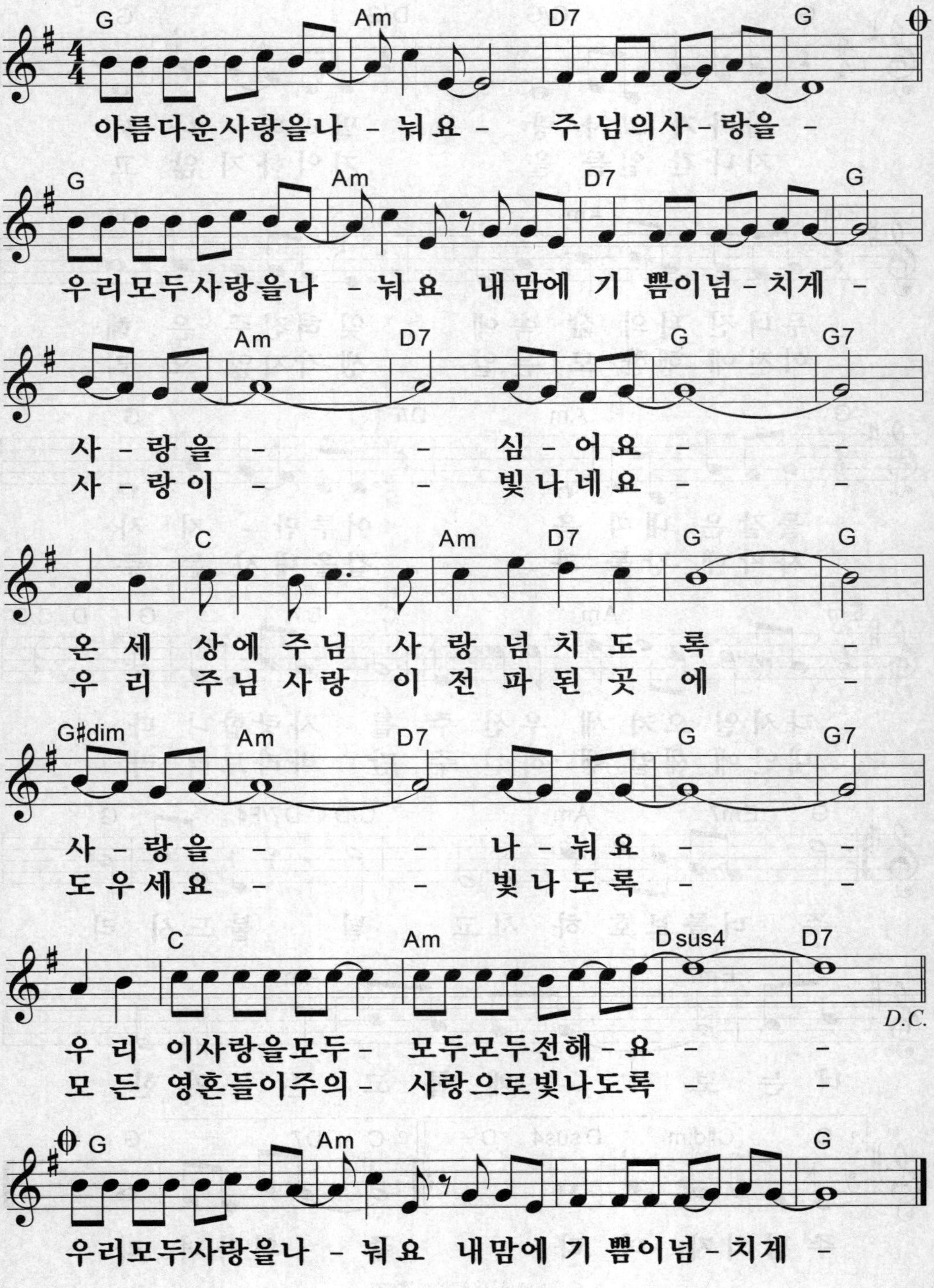

아름다운 이야기가 있네 *339*

(주님의 사랑 놀랍네)

John W. Peterson

아 름 다 운 이 야 기 가 있 네　구 세 주 의 사 랑 이 야 기
넓 고 넓 은 우 주 속 에 있 는　많 고 많 은 사 람 들 중 에
사 람 들 은 이 해 할 수 없 네　주 를 보 낸 하 나 님 사 랑

영 광 스 런 천 국 떠 난 사 람　나 와 같 은 죄 인 구 하 려
구 원 받 고 보 호 받 은 이 몸　주 의 사 랑 받 고 산 다 네
이 사 랑 이 나 를 살 게 하 네　갈 보 리 의 구 속 의 사 랑

주 님 의 그 사 랑 은 정 말 놀 랍 네　놀 랍 네　놀 랍 네

오 주 님 의 그 사 랑 은 정 말 놀 랍 네　나 를 위 한 그 사 랑

G

340 아버지 사랑 내가 노래해
(그 사랑)

박희정

아버지사랑내가노래 해   아버지은혜내가노래 해
상한갈대꺾지않으시 는   꺼져가는등불끄지않 는

그사 랑 변함없으 신 거짓없으 신 성실하신그 – 사

랑 랑 사 랑 –그사랑 –날위해

죽으신 –날 –위해다 시사신 –예수그리스도 –

다시오실그사랑 –죽음 도 –생명도 천사도 –하늘의어떤

권세도 –끊을수없 는 – 영원한 – 그사랑 –예 수

아침에 주의 인자하심을 341

(시편 92편)

이유정

아침에 주의인자 하심 – 을 – 나 – 타 – 내시 – 며 –

밤마다 주의성실 하 심 – 을 – 베푸심이좋으나이 – 다 –

여 – 호 와께 감사 하 – 며 – 주의이름을찬 양

여 – 호 와께 감사 하 – 며 – 주의이름을찬 양

여 호 와 여 주의 행사가 – 어찌그리크신지 요

주의 생각이 – 심히깊으 시나이 다 –

아침에 주의인자 하 심을 나 – 타 – 내시 – 며 –

밤마다 주의성실 하 심 – 을 – 베푸심이좋으나이 다 –

342 약할 때 강함 되시네

(주 나의 모든 것 / You are my all in all)

Dennis Jernigan

약할때 강함되시 네 나의보배가되신 주 주나의모든 것 ----
십자가 죄사하셨 네 주님의이름찬양 해 주나의모든 것 ----

주안에있는보물 을 나는포기할수없 네 주나의모든 것
쓰러진나를세우 고 나의빈잔을채우 네 주나의모든 것

예 수 어 린 양 존 귀 한 이 름 ---- 름

어린 양 찬양

(Praise the Lamb)

Bruce Clewett

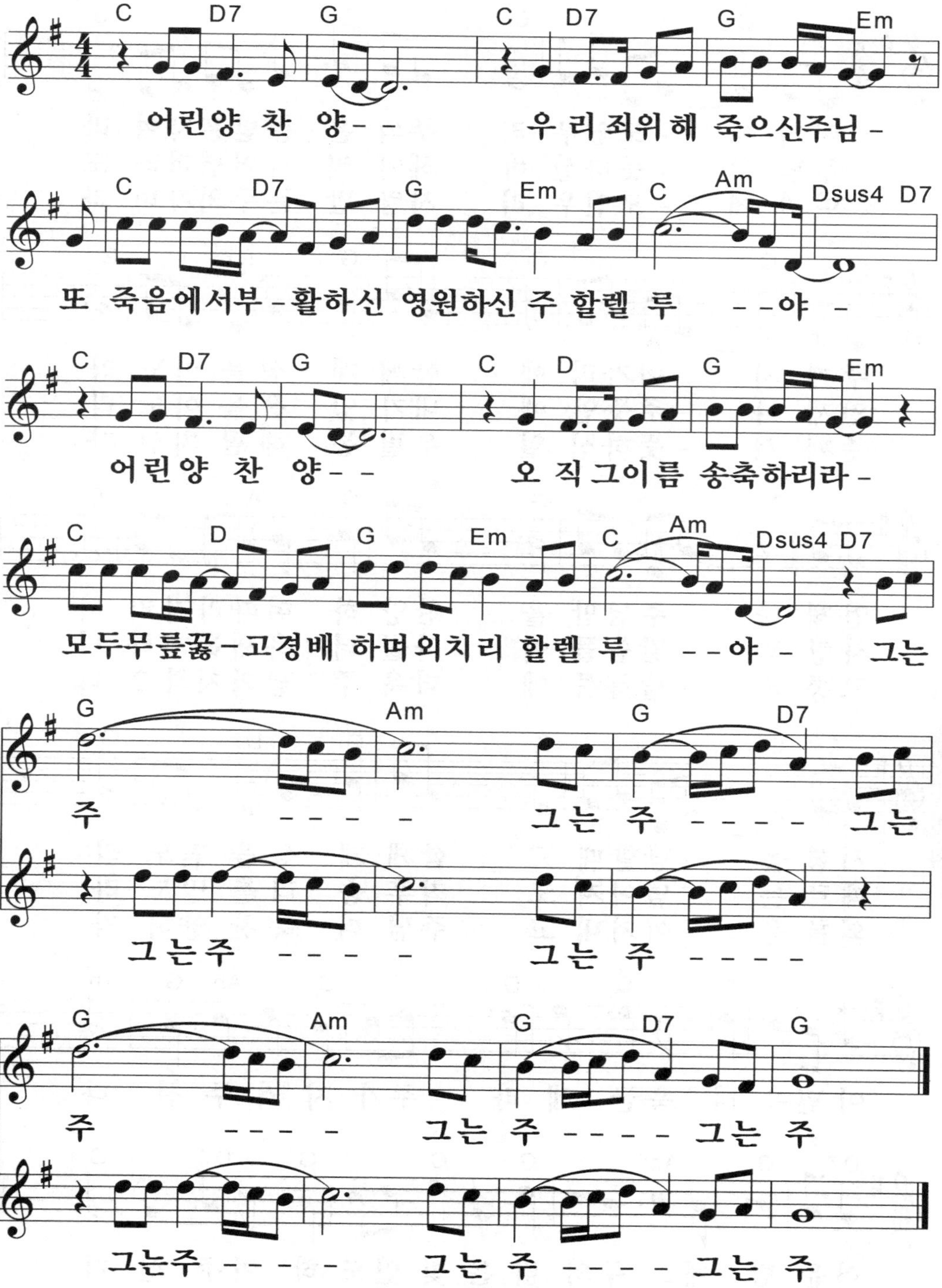

344

여기에 모인 우리
(이 믿음 더욱 굳세라 / We will keep our faith)

Don Besig & Nancy Price

여기에 - 모인우리 주의 은 총받은자여 라
주님의 - 뜻하신 바 헤아리 기어렵더라 도
여기에 - 모인우리 사랑 받 는주의자녀 라

주께 서 - 이자리 에 함께 계 심을 아노 라
언제 나 - 주뜻안 에 내가 있 음을 아노 라
주께 서 - 뜻하신 일 우릴 통 해펼치신 다

언제 나 - 주님만 을 찬양 하 며따라가리 니
사랑과 - 말씀들 이 나를 더 욱새롭게하 니
고통과 - 슬픔중 에 더욱 주 님의지하오 니

시험을 - 당할때 도 함께 계 심을 믿노 라
때로 는 - 넘어져 도 최후 승 리를 믿노 라
외롬을 - 이겨내 고 주님 더 욱찬 양하 라

이믿음 더 욱굳 세 라 주가 지 켜주신 다

어둔 밤 에도 주의 밝 은빛 인도 하 여주 신 다

여호와 나의 목자

345

김영기

여호와 나의목 자 내게부 족 없 네
내영혼 소생하 며 자기이 름 위 해
주님의 지팡이 가 안위하 네 나 를
기름을 머리위 에 바르시 는 주 님

푸르른 초장위 에 나의몸 누 이 시 네
의의길 인도하 니 골짜기 두 렴없 네
주께서 원수앞 에 상으로 베 푸시 네
평생에 선하심 과 인자함 따 르 리 니

선 한 목 - 자 오나의 목 - 자 여

생 수 가 넘치는 곳 날인 도 하 - 시 네

G

346 여호와의 영광을 인정하는 것이

정종원

여 호 와의영광 – 을인정하는것이 세 상에가득하리 –라–

여 호 와의영광 – 을인정하는것이 세 상에가득하리 –라–

물이 – 바다를 덮음같이 – 가득 – 인정되 리라–

물이 – 바다를 덮음같이 – 가득 – 인정되 리라–

Copyright © 1994 정종원. Adm. by KOMCA. All rights reserved. Used by permission.

영광 높이 계신 주께 347

(Glory, glory in the highest)

Danny Daniels

영광 - 높이계신주께 영광 - 전능의구주
어린양께영 - 광을 - 내 살아계신주 - 님께
- 어 린양 께 영 광
주께 - 영 광 - (영 광 -) 영 광 -
(영 광 - --) 영 광 - 영광어린 - 양 -
주께 영 - 광 어 - 린양 - -

G

348 영광을 돌리세
(주님의 영광)

고형원

영 광을돌 – 리세 – 우 리하나 – 님께 – 존 귀와위 – 엄과 –

능력 과아름다움 만 – 방의모든신은 헛 된우상 – 이니 –

오직 하늘 의 하나 님 – 그 영광찬양해 – 주님의

영 광 모 든나라위에 – 주님의 영 광

온세계 위에 – 하늘 에 계신 – 우리 아버지 영광찬양해 –

우리 주님나라영원하리라 – 우리 주님뜻은이뤄지리라 –

예수는 왕 예수는 주

(He is the King)

349

Tom Ewig, Don Moen & John Stocker

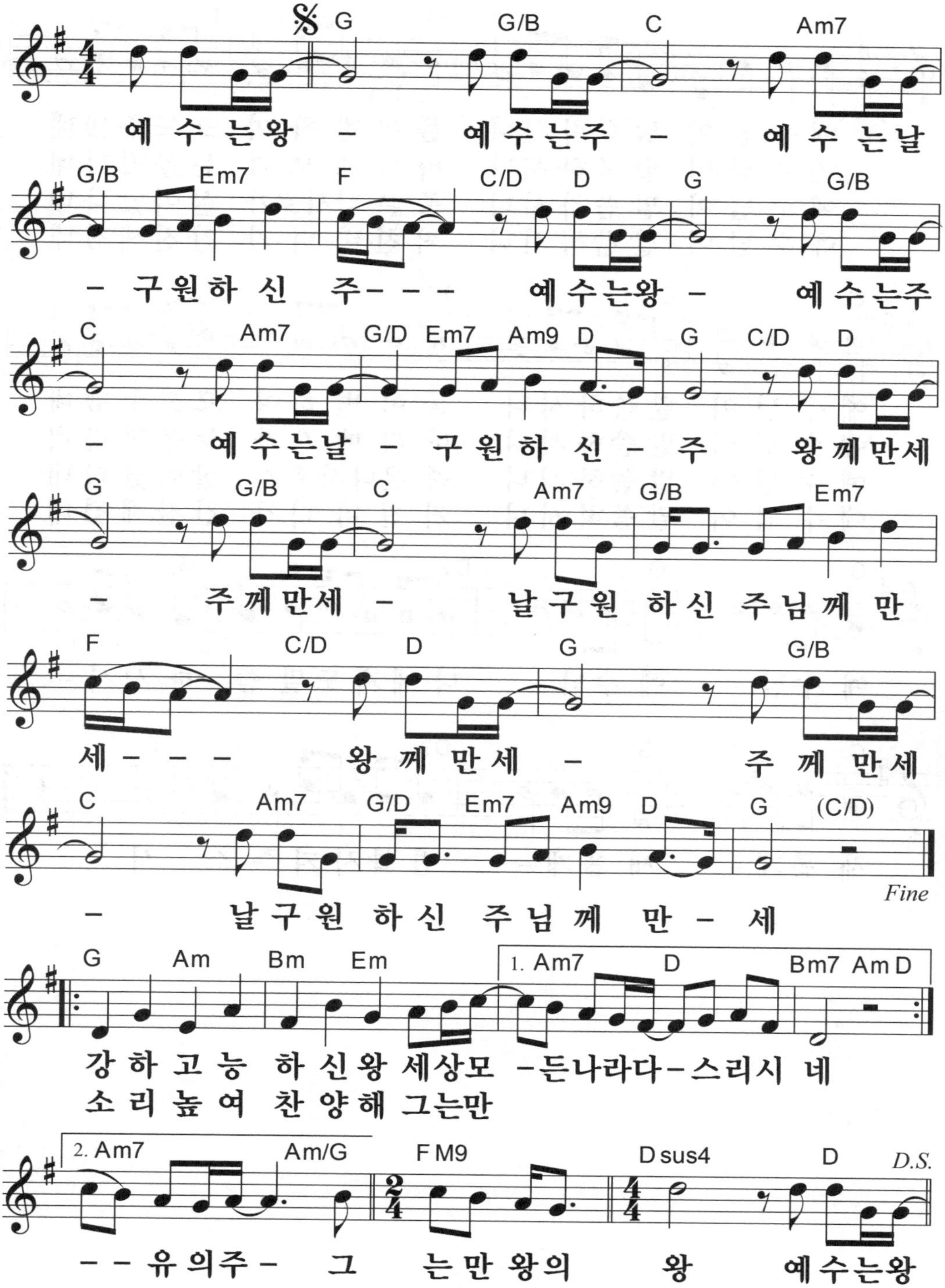

350 예수님이 말씀하시니

예수님이 말씀하시니 물이 변하여 포도주됐네
예수님이 말씀하시니 바디메오가 눈을떴다네
예수님이 말씀하시니 죽은 나사로가 살아났다네
예수님이 말씀하시니 거친 바다가 잔잔해졌네

예수님이 말씀하시니 물이 변하여 포도주됐네
예수님이 말씀하시니 바디메오가 눈을떴다네
예수님이 말씀하시니 죽은나사로가 살아났다네
예수님이 말씀하시니 거친 바다가 잔잔해졌네

예수님- 예수님- 나에게도말씀 하셔서-

새롭게- 새롭게- 변화시켜주소 서

예수 안에서

예 수 안 에 서 - 우 리 화 목 됐 네

예 수 안 에 서 - 우 리 화 목 됐 네 -

하 나 님 의 영 광 함 께 누 릴 소 망 있 네 -

예 수 안 에 서 - 우 리 화 목 됐 네

* | 사랑하네
  | 용서하네
  | 기뻐하네
  | 찬양하네

352 예수 안에 있는 나에게

구명회 & 박윤호

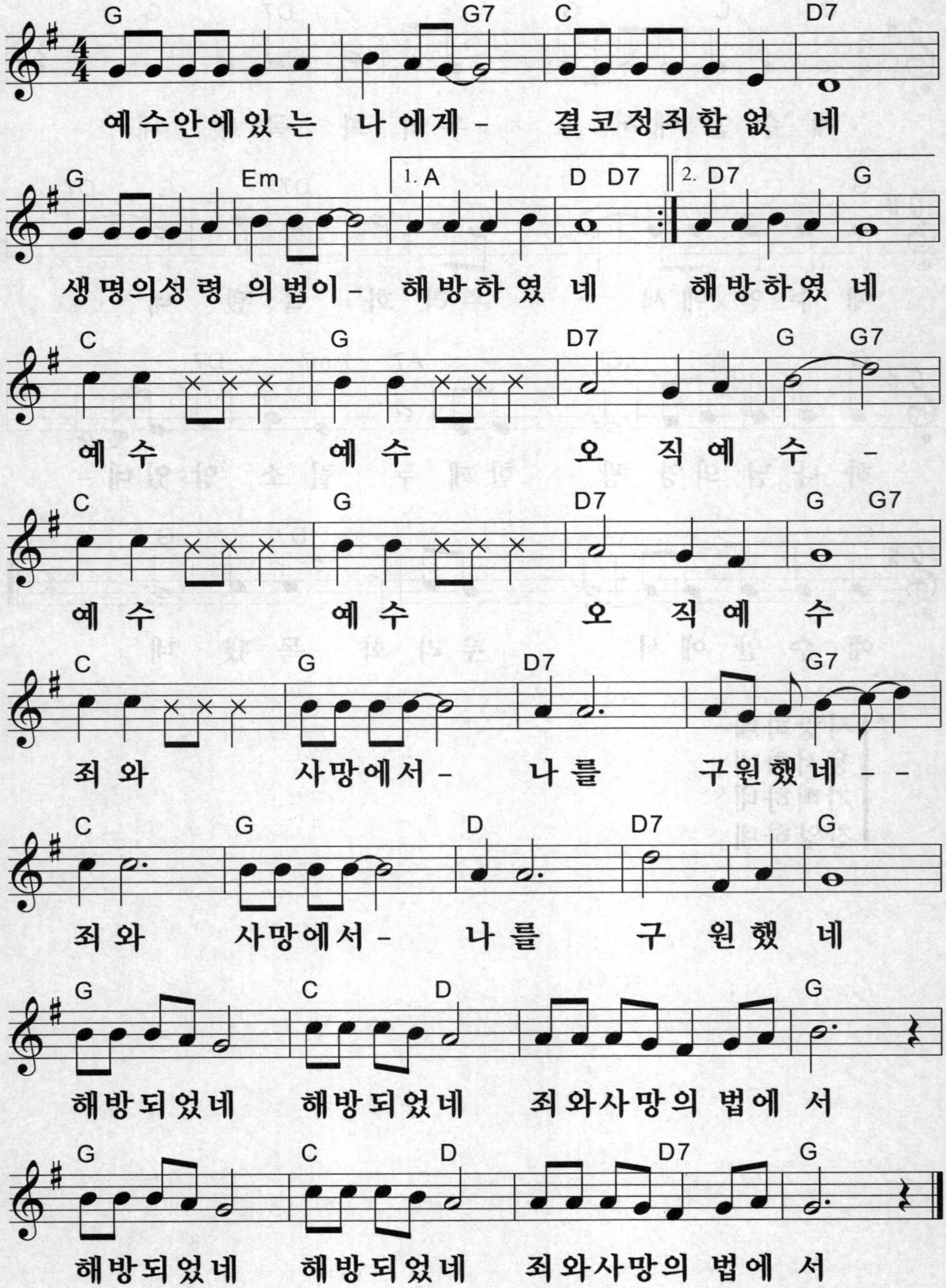

예수의 이름으로

(I will stand)

Chris Bowater

353

예수의 이름으 로 나는일 어서리 라

주가 주 신능력 으로 - 나는일 어서리 라

원수가 날향해 와도 쓰러지 지않으 리

주가 주 신능력 으로 주가 주 신능력 으로

주가 주 신능력 으로 일 어서 리 -

G

354 예수 주 승리하심 찬양해

(Jesus we celebrate Your victory)

John Gibson

오 예수님 내가 옵니다 355

고형원

오 예 수 님 　 내가옵 니 다
그 큰 사 랑 　 눈물에 겨 워

못박 히 신 　 십자가 앞 에 　 돌아옵 니 다
울며울 며

주 님손 과발 못박 혔고 - - 머 리엔 가시관박히셨 네

내 모든죄 - 와허물 위해 - 말없 이 피흘려주셨 네

오 예 수 님 　 나의손 잡 고

이제 부터 - 영원까 지 　 내구 주가 - 되옵소 서

이제 부터 - 영원까 지 　 내구 주가 - 되옵소 서

356 오 이 기쁨

오 - 이 기쁨 - 　주님 - 주신 것 -
앞 뒤 동 산 에 - 　꽃 은 - 피 었 고 -
높 은 하 늘 에 - 　종 달 새 우 짖 고 -
오 친 - 구 여 - 　즐 겁 게 노 래 해 -
손 뼉 치 면 서 - 　즐 겁 게 찬 양 해 -

오 - 이 기 쁨 - 　주 님 - 주 신 것 -
내 - 맘 속 에 - 　웃 음 꽃 피 었 네 -
내 - 맘 속 에 - 　기 쁜 - 노 래 있 네 -
오 - 친 구 여 - 　즐 겁 게 노 래 해 -
손 뼉 치 면 서 - 　즐 겁 게 찬 양 해 -

오 이 기 쁨 - 　주 님 주 신 것 - 주 께

영 광 할 렐 루 - 야 - 　주 만 찬 양 해 -

오 주여 나의 마음이

(시편 57편 / My heart is steadfast)

오 주여 나의 마 - 음 이 주께로 정 해졌 - 으 니

나 - 는 주 찬 양 하 리 라 -

깨어라 나의영 - 혼 아 비파와 수 금들 - 어 라

이 새 벽 에 내 가 - 찬 양 하 리 라 -

멜 - 로 디 - 멜 - 로 디 - 예수님 은
예 - - 수 - 예 - - 수 - 예수님 은

1. D7 G
나 의 노 래 -

2. D7 G
나 의 노 래 -

G

358

오직 주님만

(Only You(No One But You Lord))

Andy Park

오직 - 주 님만 - 나 의맘의 - 갈급 - 함채 - 우네 -

오직 - 주 께만 - 더 가까이 - 가기를원 - 하 네

주님 만 내갈급함 - 채우 - 네 - 주만 내 게새생명 - 주네 -

주 만 기 쁨내맘에 - 주시 - 네 - 나의기 도응답하 - 시 네

왕의 왕 주의 주

359

(Lord of lords, king of kings)

Jessy Dixon, Randy Scruggs & John W.Thompson

왕 의왕 – 주 의주 – 하늘과땅 – 과 모든것지으 신
의 로우신 하 나님 – 거룩한주 – 의 이름높여찬 양

주 – – – – 영광돌리 – – – – 네
하 – –며 – 영광돌리 – – – – 네

주 여호 – 와 하 나님 – 귀하신 평강의왕 – 전능 의
주 하나 – 님 통 치자 – 주님의 크신위엄 – 선포 하

주 – – – – 영광돌리 – – – – 네
며 – 영광돌리 – – – – 네

주 – 께 영광 – 주 – 께 영광 –

주 – 께 영광 – 전 능 하 신

주 께 영 – – 광 –

G

360 왜 슬퍼하느냐

(왜)

최택헌

왜 슬퍼하느 냐 왜 걱정하느 냐

무 얼 두려워하느 냐 아무 염려— 말아 라

큰 어려움에 도 큰 아픔있어 도

이 젠 아무걱정하지 마 내 가 널붙들어주 리

내가 너와 항상 함께 하리—라 내가 너를 지키 리 라

실망치말고— 나를 보 아 라 나는 너의하나님 이 라

우리 함께 모여

(We're togather again)

Gordon Jensen & Wayne Hilton

우리함께모여 – 주의이름찬 양

우리함께모여 – 주를부르세 – – – – – –

위 대 한 일행하 셨 네 우 리 소 망충만 해 –

우 리함께모 여 – 주의이 름 찬 양

G

362 원컨대 주께서 내게

(야베스의 기도 / The Prayer of Jabez)

이은수

원 컨 대 주께서내게 – 복 – 에 복을더하사 –

나의 지경을 – 넓 히 시 고 – 주 – 의 손으로 –

나 – 를 도우사 – 나로환난 벗어나 – 근심없 – 게 하소서 –

성 령 의 충 만 을 – 가 득 히 부 어 주 소 서

– 오 늘 내 삶 속 에 – 능 력 의 주 님 손 길 로

– 나 의 사 는 날 – 그 모 든 순 간 을

– 주 님 의 – – 힘 으 로 – 채 우 소 서 원 컨 대

D.S.

인생길 험하고

(예수님 품으로)

363

조용기 & 김보훈

인생길 험 하고 마음지 쳐　　살아갈 용 기 없어질 때
평생의 모 든꿈 허물어 져　　세상의 친 구 다떠날 때
어둔밤 지 나면 새날오 고　　겨울이 가 면 봄이오 듯

너홀로 앉 아서 낙심치말 고　　예수님 품 으로 나 - 오시 오
어둠에 앉 아서 울지만말 고　　예수님 품 으로 나 - 오시 오
이세상 슬 픔이 지나고나 면　　광명한 새 날이 다 - 가오 네

예 수님은　　나 의생명　　믿 음소망　　사 랑되시니

십 자 가 보　　혈 자 비의손길 로

상 처입은너　 - 를 고 - 치 시 리

G

364

이 땅 위에 오신
(Hail to the King)

Larry Hampton

이 땅 위에 - 오신 - 하나님의 - 본체 -
우리 고대 - 하네 - 주님 오실 - 그날 -

십 자가 - 에달 - 리사 우리죄 사하 - 셨네 -
다 시 사신 - 왕의 - 영광 이 땅을비 - 추네 -

하 나님이 - 그를 - 지 극히 - 높여 -
사 단 의권 - 세는 - 주앞 에무 - 너져 -

모 든 이름 - 위에 - 뛰어 - 난 이 름을 - 주사 -
생 명 과진 - 리의 - 주권 - 세 가 장높 - 도다 -

우리 예수 이 름 앞 에절 하 고

모 든 입 이 주 를 시 인 - 해

영 광 중 에 오 실 주 를 보 리 라

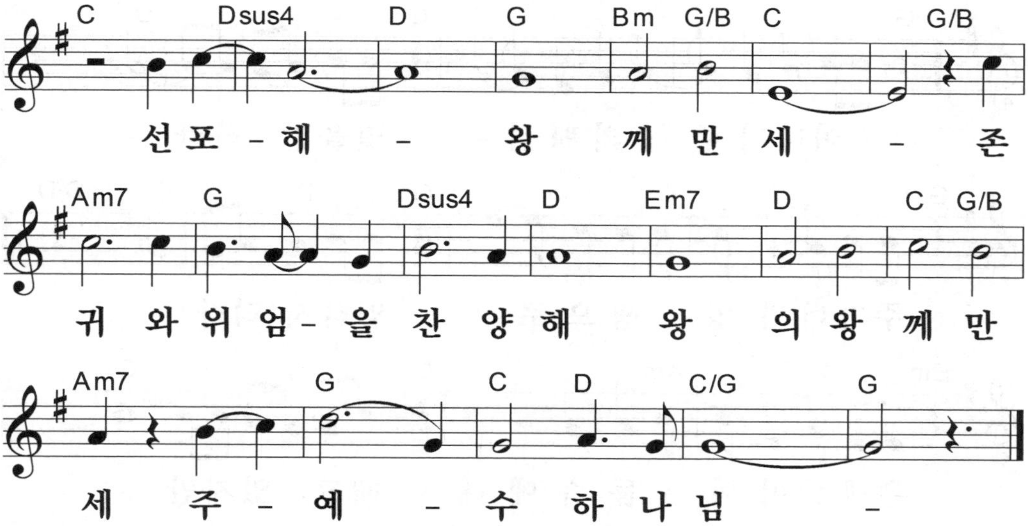

이 땅 위에 오신

선포 - 해 - 왕 께 만 세 - 존
귀 와 위 엄 - 을 찬 양 해 왕 의 왕 께 만
세 주 - 예 - 수 하 나 님 -

G

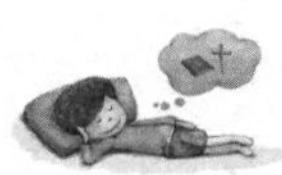

365 일어나라 주의 백성

이천

일어나라주 -의백성- 빛을발-하라 -

주가너의영 -광으로- 임하시 리라 -

온세상이어 -둠속에헤 - 매고-있지만 -

주가너와함 -께계셔회 -복을명하리라 -

일어나라 - 빛을 발하라-

만백성이 - 너의빛 -을보-고- 사방에서나아오네

- 일어나라 - 빛을 발하라-

만백성이 - 자유함 -을얻 -어- 기뻐하는도다 -

일어나라 찬양을 드리라 366

(일어나 찬양 / Arise and sing)

Mel Ray

일 어 나라 찬 양 을 드리라 우릴 구 원하신 주 께

일 어 나라 찬 양 을 드리라 우릴 구 원하신 주 께

마음열고 주 님앞 에 기 뻐해 마음열고 주 님앞 에 기 뻐해

마음열고 주 님앞 에 기 뻐해 주님 은 우 리 왕

G

367 저 멀리뵈는 나의 시온성

(순례자의 노래)

저 멀 리뵈는나 의 시 온 성 오 거 룩한곳
아 득 한나의갈 길 다 가고 저 동 산에서

아 버 지 집 — 내 사 모 하는집 에
편 히 쉴 때 — 내 고 생 하는모 든

가 고 자 한 밤 을 새 웠 네 —
일 들 을 주 께 서 아 시 리 —

저 망 망 한 바 다 위 에 이 몸 이상
빈 들 이 나 사 막 에 서 이 몸 이곤

할 지 라 도 — 오 늘 은이곳 내 일 은
할 지 라 도 — 오 내 주예수 날 사 랑

저 — 곳 주 복 음 전 하 리 —
하 — 사 날 지 켜 주 시 리 —

저 바다보다도 더 넓고 368

(내게 강 같은 평화)

이혁진 편곡 & Negro Spirilual

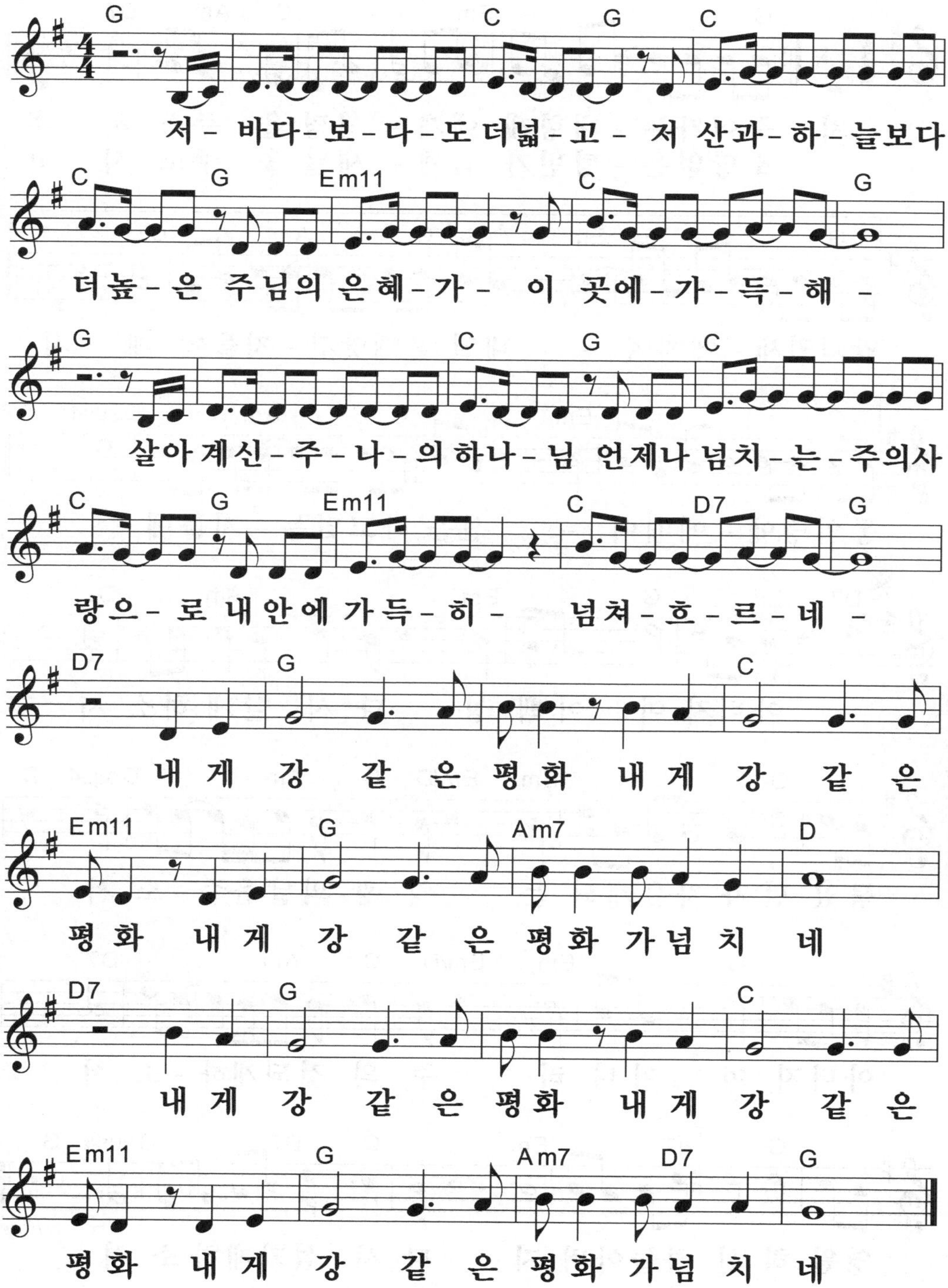

G

369 저 죽어가는 내 형제에게

(메마른 뼈들에 생기를)

고형원

저 죽어가는 - 내형제 에게 - 생명을 주소 서 혹
소망없는 - 텅빈가 슴에 - 새날을 주소 서 고

암의권세 - 에매여 - 내일 을빼앗긴 - 저들에 게 저

통의명에 - 에매여 - 신음 하고있는 - 저들에

- 아버지 여 이백 성 다 시 살게 하소 서

묶었 던자 자유케되 는 영광 의날을주 - 소 서

아버지 여 이나 라 주 의 것되게하 - 소 서

영원 하신 하늘아버 지 다 시 섬기게하소 서

Fine

저 죽어가는 내 형제에게

메 마른뼈들에 – 생 기를 부어주소서 –아버지 의긍휼 –

주의군대로 –서게하 소서 성령의바람 –이제불어 와

주님 사랑해요 370

이정림

G

주님 – *사 랑해 요 – 주님 – *사 랑해 요 –

말 하지 않아도 표 현다 못해도 주님 – *사 랑해 요 –

* 찬양
감사

371 정결한 마음 주시옵소서

(Create in me a clean heart)

Keith Green

정 결한맘주시옵소서 - 오 - -주님 -

정직한영을 새 롭게하소 서 - 정 -

나를 주님앞 - 에 서 멀리 하지 마시 고

주의성 령을 거 두지마옵소 서 -

그 구 원의 기쁨 - 다시회 복시키시-고

변치않는맘 내 안에주소 서 -

죄 많은 이 세상은

(이 세상은 내 집 아니네)

372

죄 많은이세상 은 내집아니요 내 모든보화는
저 천국에서모 두 날기다리네 내 주예수피로
저 영광의땅에 나 길이살겠네 손 잡고승리를

저 하늘에있네 저 천국문을열 고 나를부르네
죄 씻음받았네 나 비록약하나 주 님날지키리
외 치는성도들 이 기쁜찬송하 늘 울려퍼지네

나 는 이 세상에 정 들 수 없도 다

오 주 님같 은 친구없도다 저 천국없으면

난 어 떻게하나 저 천국문을열 고 나를부르네

나 는 이 세상에 정 들 수 없도 다

G

373 죄악에 썩은 내 육신을

(주님의 빚진 자)

김석균

죄악에썩은 내-육신을 주님이 쓰시려했네 - -
먹물로칠한 내-육신을 주님이 희게하셨네 - -
평생갚아도 빚진자되어 주님의 빚진자되어 - -

죽음의덫에 걸려있는몸 주님이 쓰시려했 네
십자가보혈 증거하라고 주님이 살리-셨 네
주님가신길 택하였지만 눈물만 솟구-치 네

속죄하는손 치유하시고 속죄하는발 치유하셨네
기도할때에 음성주시고 찬송할때에 기쁨되시네
생명주신이 주님이시라 능력주신이 주님이시라

새생명얻은 이몸다바쳐 주님께 영광돌리 리
내작은입이 내작은몸이 주님의 붙들린자 라
말씀전하여 복음전하여 주님의 빚을갚으 리

주 계신곳 나 찾으리

(날 새롭게 하소서)

정장철

주 계 신곳 - 나 찾 으리- -

주 님 앞에 - 나가 - 주 뵈 오리 -

날 새롭게하 - 소서 - 날 새롭게하 - 소서 -

날 새롭게하 - 소서 - 주님 - 이 시간 -

내 모 든것 - 맡 기 리라 -

나의연약한모 습 주-님 고 치리- 이 시-간-

날 새롭게하 - 소서 - 날 새롭게하 - 소서 -

날 새롭게하 - 소서 - 주님 - 이 시간 -

G

375 주 날 구원했으니

(멈출 수 없네)

심형진

주 날 구원했 -으니- 어찌 잠잠하 -리 -
주 내 죄 사했 -으니- 어찌 잠잠하 -리 -

기쁨의 - 찬송 드 -리리
기쁨의 - 경배 드 -리리

주 를 향 -한 - 나 의 사 -랑 -

멈 출 수 없 -네 - 멈 출 수 없 -네 -

나 - 기쁨의 춤 추 리 - - 내

1. 모든 슬 -픔 바 꾸 셨네 - -

2. 모든 삶 -주 안 -에 -있네

주님 가신 길

376

김영기 & 최형섭

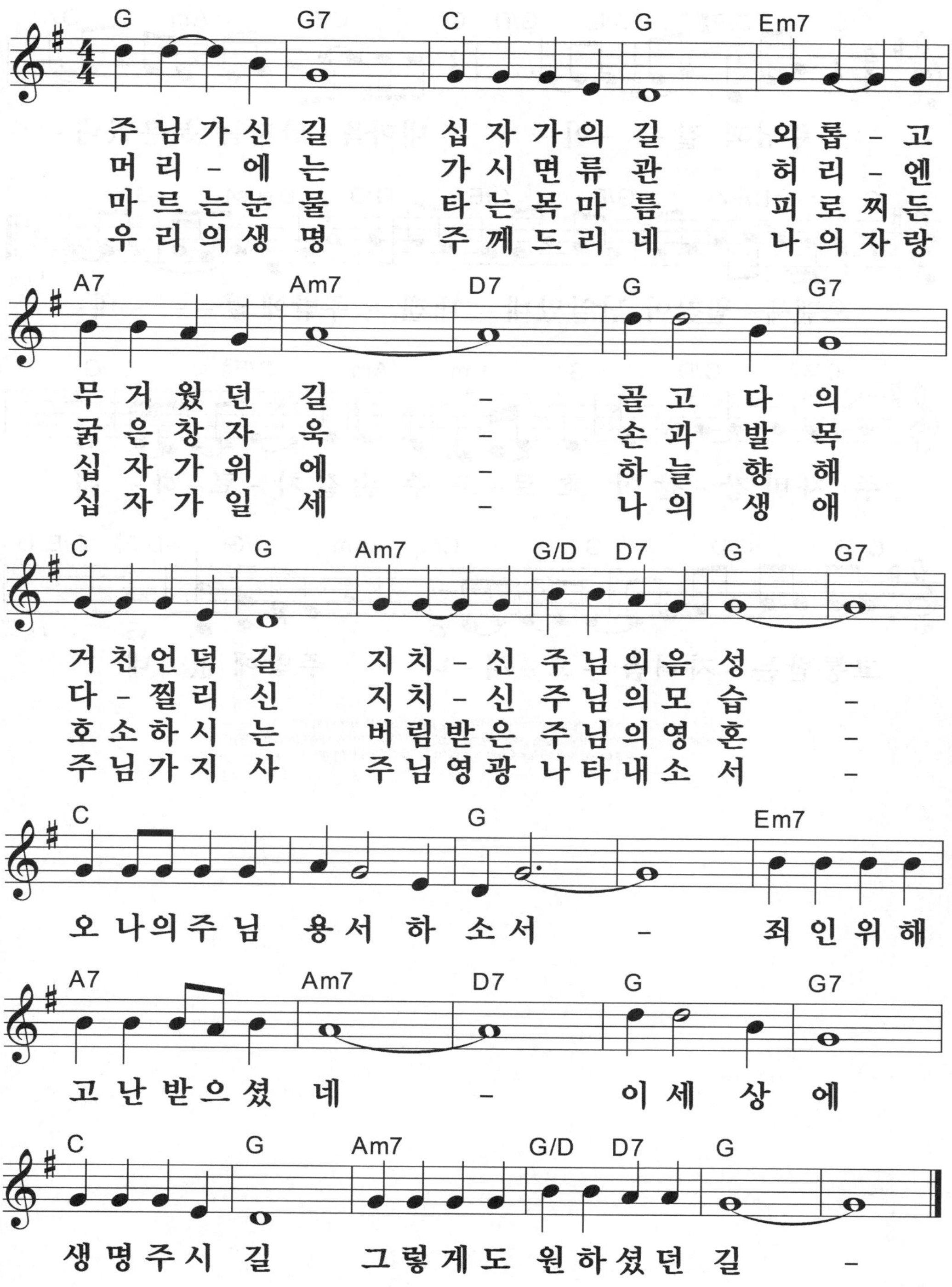

377

주님과 같이
(There is none like You)

Lenny LeBlanc

주님과 같- -이- 내마음-만지는 분은없네-

오랜세-월찾아 난알았네- 내겐- 주밖에 없- - -네-

주 자비강-같이 흐르-고 주 손길치-료-하- 네

고통받는- 자녀품 -으-시-니 주밖에 없 네

주님께 찬양하는

378

현윤식

주님께 - 찬양하는 우리의 마음 얼마나
서로를 - 사랑하는 우리의 마음 얼마나
복음을 - 전파하는 우리의 마음 얼마나

아름다운지 - 주님께 - 찬양하는
아름다운지 - 서로를 - 사랑하는
아름다운지 - 복음을 - 전파하는

모 - 든순간 내마음 천국일세 -

찬 양 찬 - - - - 양 주님께 찬양 드려요 -
사 랑 사 - - - - 랑 서로를 사랑 해 - 요 -
복 음 복 - - - - 음 복음을 전파 해 - 요 -

두 손을 - 높이들고 마음을 모 아

주님께 찬양 드려요 -
서로를 사랑 해 - 요 -
복음을 전파 해 - 요 -

G

379 주님 내 길 예비하시니

(여호와 이레)

홍정표

주 님 내 길 예비하시니 나 기뻐합 니 다
주 님 내게 평화주시니 나 기도합 니 다
주 님 내게 승리주시니 나 찬송합 니 다
주 님 나 를 치료하시니 참 감사합 니 다
주 님 나 를 사랑하셨네 날 구원하 셨 네

주 님 내 길 예비하시니 나 기뻐합 니 다
주 님 내게 평화주시니 나 기도합 니 다
주 님 내게 승리주시니 나 찬송합 니 다
주 님 나 를 치료하시니 참 감사합 니 다
주 님 나 를 사랑하셨네 날 구원하 셨 네

여 - 호 와 이 레 여 - 호 와 이 레
여 - 호 와 샬 롬 여 - 호 와 샬 롬
여 - 호 와 닛 시 여 - 호 와 닛 시
여 - 호 와 라 파 여 - 호 와 라 파
할 렐루야 아 멘 할 렐루야 아 멘

주 님 내 길 예비하시니 여 - 호 와 이 레
주 님 내게 평화주시니 여 - 호 와 샬 롬
주 님 내게 승리주시니 여 - 호 와 닛 시
주 님 나 를 치료하시니 여 - 호 와 라 파
주 님 나 를 사랑하셨네 할 렐루야 아 멘

주님여 이 손을

380

Anonymous

주님여 이손을 꼭잡고 가소서 -
인생이 힘들고 고난이 겹칠때 -

약하고 피곤한 이몸을 -
주님여 날도와 주소서 -

폭풍우 흑암속 헤치사 빛으로 -
외치는 이소리 귀기울 이시사 -

손잡고 - 날인도 - 하소서 -

G

381

주님은 신실하고

(Sweeter Than The Air)

Scott Brenner & Andre Ashby

주님-은 - 신실하고 - 항상거기 - 계-시 네

- 주사랑을뭐 -라할까 - 주사랑 -이내생

명보다귀 -하 - 고 - 주사랑 -이파도 보다더강 -해 -요

- 세월이 - 가고꽃 은시들어도 - 주사랑 -영원해 - 주님

1. C2 사랑 - 신실해 -요 2. C2 사랑 -신실해 -요 -

주님 한 분 만으로

382

박철순

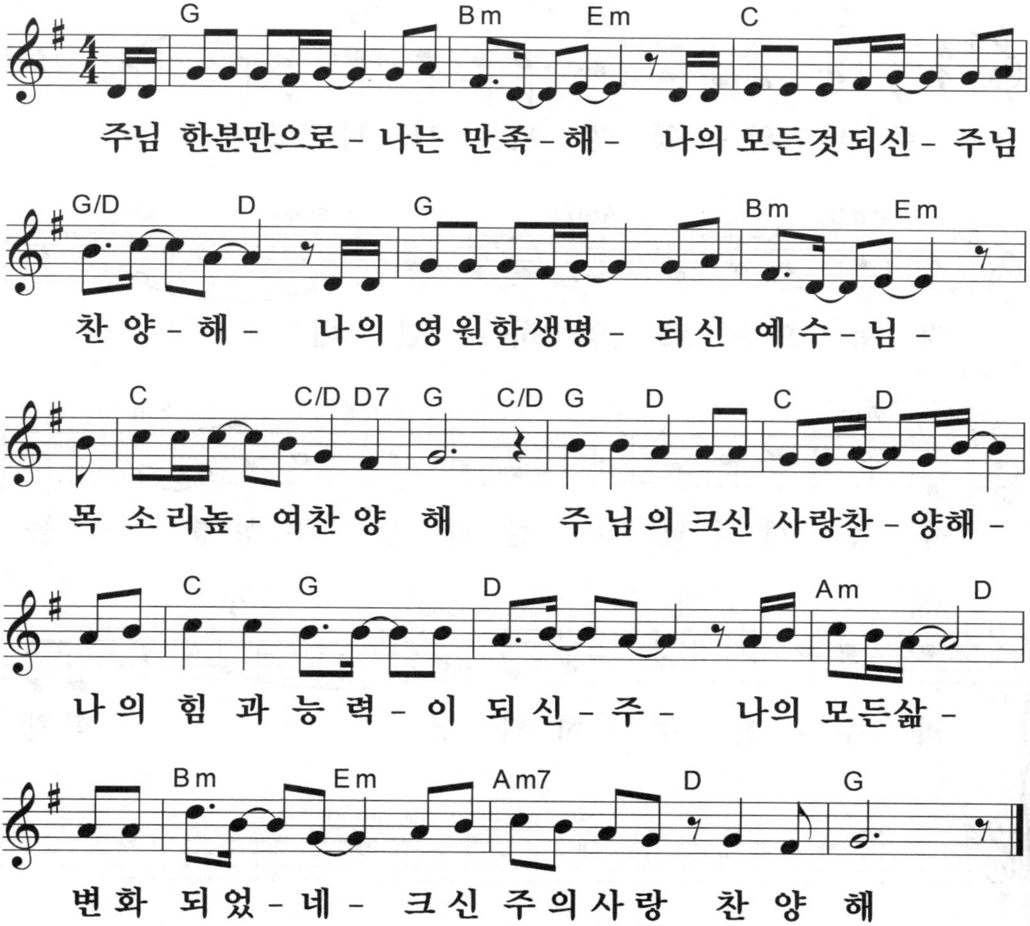

주님 한분만으로 - 나는 만족-해 - 나의 모든것되신 - 주님

찬 양 - 해 - 나의 영원한생명 - 되신 예수-님 -

목 소 리높 - 여찬 양 해 주님의 크신 사랑찬 - 양해 -

나의 힘 과 능 력 - 이 되신 - 주 - 나의 모든삶 -

변 화 되었 - 네 - 크 신 주 의 사랑 찬 양 해

G

383 주님의 영광 나타나셨네
(The Lord has displayed His glory)

David Fellingham

주님의 - 영광 나 - 타 나 셨네 -

권능으 - 로 임하 - 셨 네 -

죽음 에서 날 - 살 리 신 주 성령 - 놀

라 우 - 신 주 하 나 님 - 할 렐

루야 주 의 나 라가 - - - 할 렐

눈먼 자 는 - 눈을 뜨 며 -

주님의 영광 나타나셨네

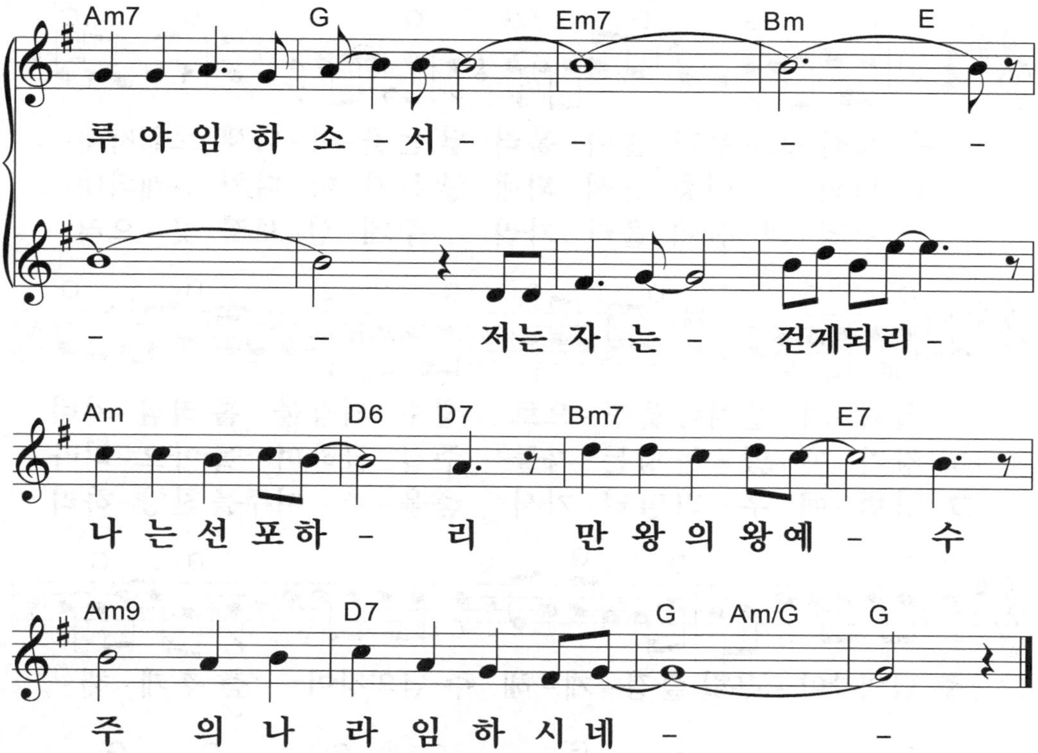

루 야 임 하 소 -서 - - - - - -

- - 저 는 자 는 - 건게되리 -

나 는 선 포 하 - 리 만 왕 의 왕 예 - 수

주 의 나 라 임 하 시 네 - -

G

384

주 보좌로부터

(주님의 강이 / The river is here)

Andy Park

주 보좌-로-부터 물이-흘러 닿 는곳-마-다새 로워지네-
주 님의-강-이충 만케-되네 닿 는자-마-다치 유케되네-
주님-의-산에 올라-가리 주계-신-보좌 찾 으러-

골짜-기-를지나 들판-으로 생수-의강물 흘러넘-치네
그 강가-에-있 -는병든-자들 주갈-급하며 돌 아오-리라
그 강변-에-우 -리달려-가서 춤을-추 -며주를 찬양-하리

주 님의강이 - 우릴 즐겁-게 -해 주 님의강이 - 춤 추게-해-

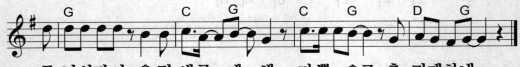

주 님의강이 우릴 새롭-게 -해 기쁨-으로 충 만케하네-

주 예수 기뻐 찬양해

(Celebrate Jesus)

Gary Oliver

주 예수 기 - 뻐 찬 - 양해

주 예수 기 - 뻐 찬 - 양해

1. D/E E/F#

2. G/B

부활하 - -신- 우리 주 - - -님 - 영원 히

- 다스리네 - 부활 하 -신- 우리 주 - - -님

- 다와서찬 -양해- - 부활하신 -주찬-양-해 -

G

386 주 예수의 이름 높이세

(We want to see Jesus lifted high)

Doug Horley

주예수의이 - 름높 - 이 세 - 온땅을덮는 - 깃발 - 처럼

- 모든사람진 - 리를보 며 - 길되신주 - 를알 - 리

주예수여 주예수여 높임을받으 - 시옵 - 소 서

1. - 주예수여 주예수여 높임을받으 - 시 옵 - 소 서

- 한걸 음 씩전 - 진 하 - 며 이땅을 정복 해 - 가 네

- 기 도 로 무기 - 삼으 - 면 원수 는 무너지리

2. G C/G G

- 무너 - 지 리 - - 라 - - - -

D.C.

주 우리 아버지

(God is our Father)

Alex Simon & Freda Kimmey

주 우리 아버지 - 우리는 그분의자 - 녀

예수우 리 형제 - 손에 손 잡고하나되어 함 께걸 - 어가 리

주 께 찬 송 해 탬 버 린으로
주 께 찬 송 해 춤을 추 면 서

주 께 찬 송 해 손 뼉 쳐

해 - 목 소 리 로 랄 랄 라 라랄라라 - 랄라

랄 랄 라 라랄라라 - 라 랄 랄 라 라랄라라 - 랄라

랄 랄 랄 랄 랄 라 라 - 라랄 라 -

G

388 주의 이름 높이며

(Lord I lift Your name on high)

Rick Founds

G C2 D C C/D G C2 D C

주의이름높－이 며　　주를찬양하－나 이－다

G C2 D C C/D G C2 Dsus4 D C/D D

나를구하러－오 신　　주를기뻐하－나 이－다

G C D C G C

하늘영광 버리고 － 이 땅 위에　십자가－를지시고

D C G Am7 D Em7 G/B

－ 죄 사 － 했 네 무덤에－서일어나 － 하늘로－올리셨네

Am7 D C/D G C/G G

－ 주 의 이 름 높 － 이 － 리 －

주의 이름 송축하리

(The name of the Lord)

Clinton Utterbach

주의이름송축하리 - 주의이름송축하리 - - -
거룩하신주의이름 - 거룩하신주의이름 - - -
영광스런주의이름 - 영광스런주의이름 - - -

지존하신주의이름 - 찬 - 양 -
거룩하신주의이름 -
영광스런주의이름 -

- 찬 - 양 - - 주님의이름 - 은 -

Fine

강한성 - 루 - 그곳에달려 - 간 - 자

안전 - 하리 - 안전 - 하리 -

D.C. al Fine

390 주의 인자하심이 생명보다

정종원

주의인자 - 하심이 생명보다 - 나으 므로내 - 입술은 주를찬양

주의인자 - 하심이 생명보다 - 나으 므로내입술은주 찬양 -

이러므로 - 내평생에 주 를 - 송축하며 주의

이름으로 - 인 하여 내손을 들리 - 라 - - 찬양 -

죽임 당하신 어린 양

391

고형원

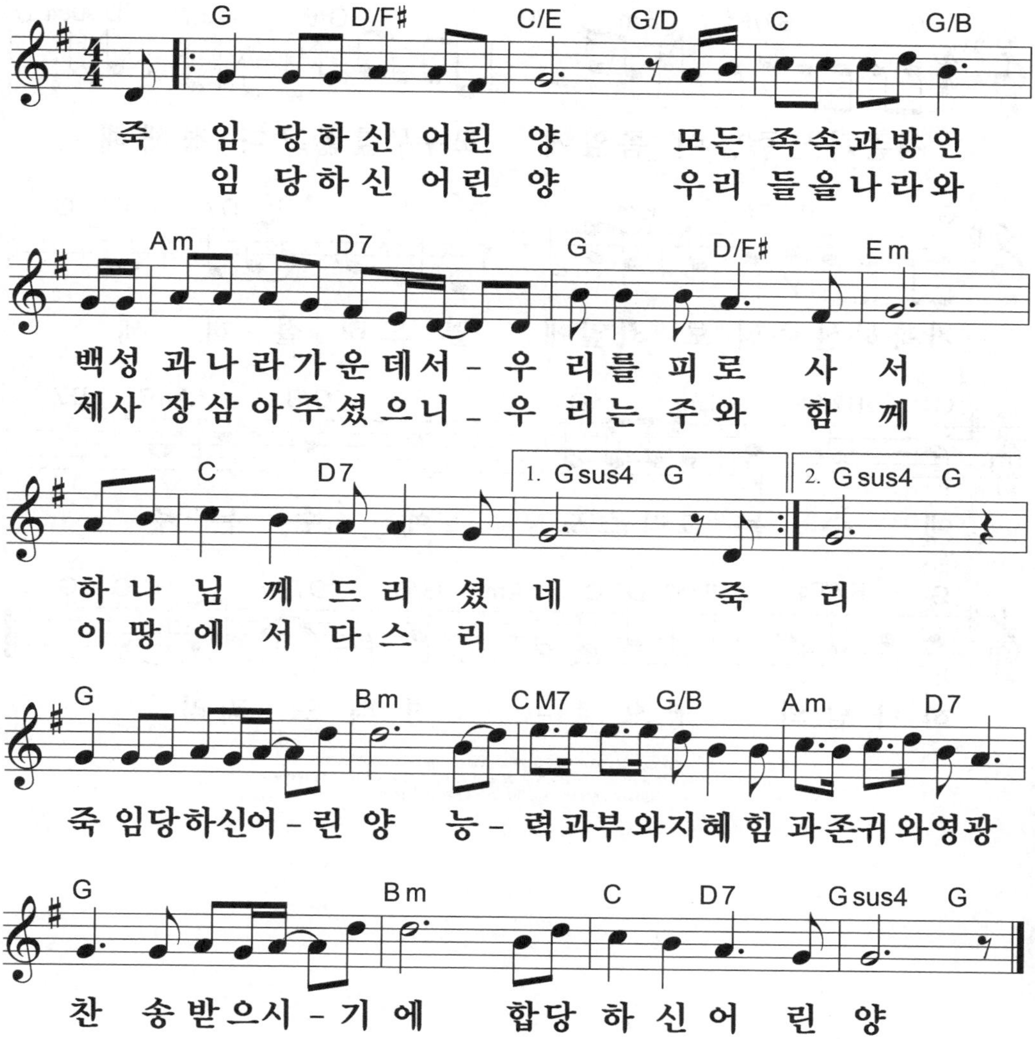

392 지존하신 주님 이름 앞에

(Jesus at Your name)

Chris Bowater

지존하신주님이 름앞에　　모두무릎꿇고 다 경배해 -

거룩하신주님보 좌앞에　　엎 드려 절 - 하 세

예　수　는　그리스도　　예　수　는주

하 나 님의　　영으로 -　　경 배 드 - 리리 -

지치고 상한 내 영혼을 393

(주여 인도하소서)

최인혁

지 치고 - -상 한 내영 혼을 - 주여 받아주소서 -

내 가 주께로 지금 가 - 오 니

버림 받고 - -깨 진 나의 마음을 - 주여 받아주소서 -

내 가 주께로 지금갑 니 다

험한세 상에 나혼자있 게마 시 고

오 주여 - 나 를 인도하소서 - -

거친 비바람 - 불어 올 때 나를보호하 시고 - -

오 주여 - -나 를 인도하 -소 서

G

394 찬송을 부르세요

| G | | C | A | A7 | D |

찬송 을부르 세 요　　찬송 을부르 세 요
기도 를드리 세 요　　기도 를드리 세 요
서로 사랑하 세 요　　서로 사랑하 세 요
말씀 을들으 세 요　　말씀 을들으 세 요
항상 기뻐하 세 요　　항상 기뻐하 세 요
모두 용서하 세 요　　모두 용서하 세 요

| G | G7 | C | Am | G/D | D7 | G |

놀라 운일이 생 깁 니 다　　찬송 부르세 요
놀라 운일이 생 깁 니 다　　기도 드리세 요
놀라 운일이 생 깁 니 다　　서로 사랑해 요
놀라 운일이 생 깁 니 다　　말씀 들으세 요
놀라 운일이 생 깁 니 다　　항상 기뻐해 요
놀라 운일이 생 깁 니 다　　모두 용서해 요

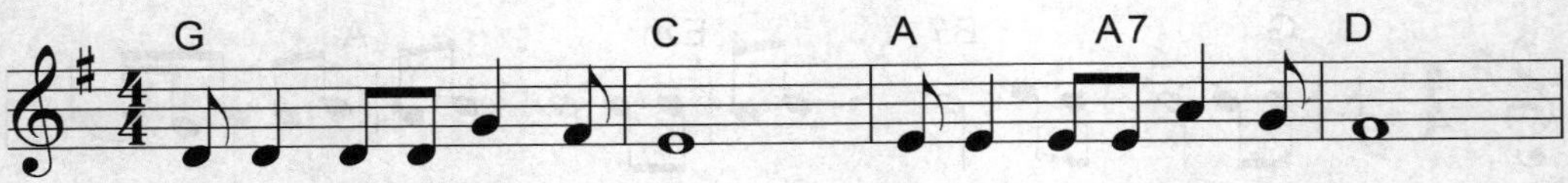

395 찬양하라 내 영혼아
(Bless the Lord, oh my soul)

Margaret Evans

| G | C | A | D |

찬양하라 내영혼 아　　찬양하라 내영혼 아

| G | C | G | D7 | G |

내 속 에있는 것 들아다 찬 양 하 라

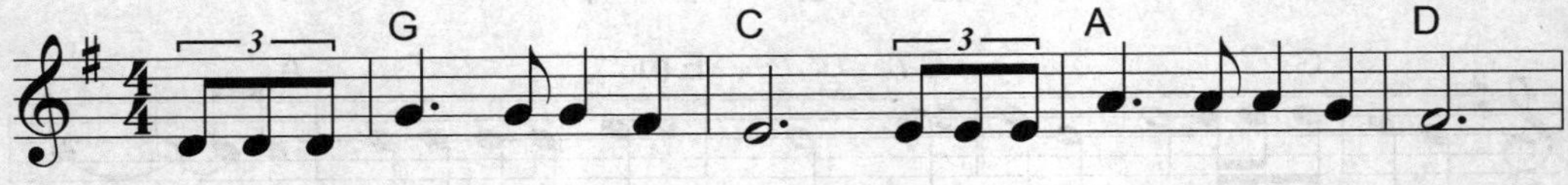

창조의 아버지

(Father of creation)

396

David Ruis

1. 창조 - 의아버 - 지　　그 섭리보 - 이사 -
　 주의 - 크신능 - 력　　만 물이사모하니 -
2. 열방 - 의통치 - 자　　세상이보 - 리라 -
　 우릴 - 돌아보 - 사　　강 건케하 - 소서 -

택하신세대일으 키 - 어　　이땅을고치소서 -
성령의기름부어 주 - 사　　이시간임하소서
신실한주의약속 으 - 로　　교회는승리하리 -
연약함모두벗어 지 - 고　　승리케하옵소서

- 주영광 여기 - 임 하사 - 　　열방향

- 해그빛 - 비추 소서　　주의얼굴구 - - 할때

- 주의 향기 머무 소 - - 서

G

397 천년이 두 번 지나도

전종혁 & 조효성

천년 이두번 - 지나도 변하지 않는것 -

당신 을 향한 - 하나님의 - 사랑이에요 -

천년 이두번 - 지나도 바꿀수 없는것 -

당신 을 향한 - 하나님의 - 마음이에요 -

당신 의삶을 - 통해 - 하나 님영광받으시고 -

우리 가 하나 - 될때 주님나라 이뤄지죠 -

당신을 향 한하나님의 - 선하신 계획 -

우리의 섬김과 - 나눔으로 - 아름 답게열매맺어 요

천년이 두 번 지나도

하나 - 님 은당 -신을 - 통해 - 그 의마 - 음을 -

그의 사 랑과 - 그의용 서를 - 나 타내 기원 해요 -

천년 이두번지나도 - 당신 은하나님의사람 - 이죠 -

천 년 이 가 도 - 영 원 히

G

398 캄캄한 인생길

(달리다굼)

현윤식

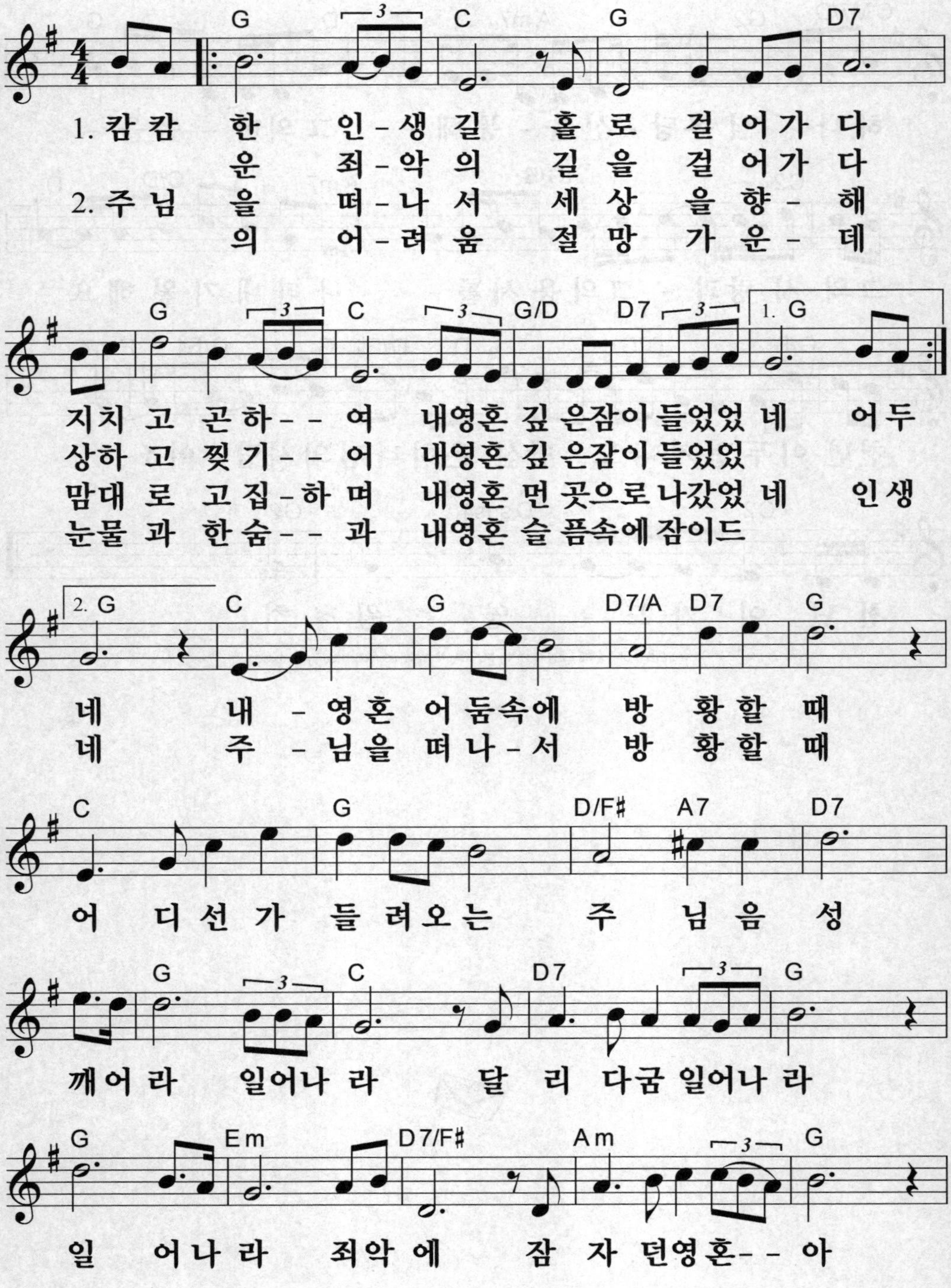

달 리다 꿈 깨어라 일 어 나걸-어 라

어 둠 은 물러가 고 새날 이 다가오 네

주님 오 실날멀잖았 네 어둠속 에 잠자 던 영혼일어나 라

일 어 나걸-어 라 달 리 다 꿈 일어나 라

G

399 축복하소서 우리에게

이천

축복 하 소서 - 우 - 리 에게 -

날마다 새롭게 - 태 어나도 록 록

주는 아 버지 - 우 - 리 - 는주의 자 녀

주님 두 팔로 - 안아 주소서 -

하나님께로 더 가까이 400
(Nearer to God)

Stephen Hah

하 나님께로 더가까이 갑니다

고 통가운데 계신주님 -

변함없 는주님의 크신사랑 -

영원히 주님만을 섬기리

G

하나님께서 당신을 통해 401

김영범

하나님께서 당신을통해 메마른땅에 샘물 나게하시 기를

가난한영혼 목마른영혼 당신을통해 주사 랑알기 원하네 -

402 하나님께서는 우리의 만남을

(우리 함께 / Together)

Rodger Strader

하나님께서 는 — 우리의만남 을

계획해놓셨 네 — — — 우린하나되 어

어디든가리 라 — 주위해서라 면

무엇이든하 리 -라 — 당신과함 께 —

우리는 하 -나 되어- 함 -께 걷네 하늘아

버 지 사 랑안 -에 서 — 우리는 기 -다

리며- 기 -도 하네 우리의 삶 에

사 랑넘치도 록 — 우리는 —

하늘의 나는 새도

403

(주 말씀 향하여 / I will run to You)

Dalene Zschech

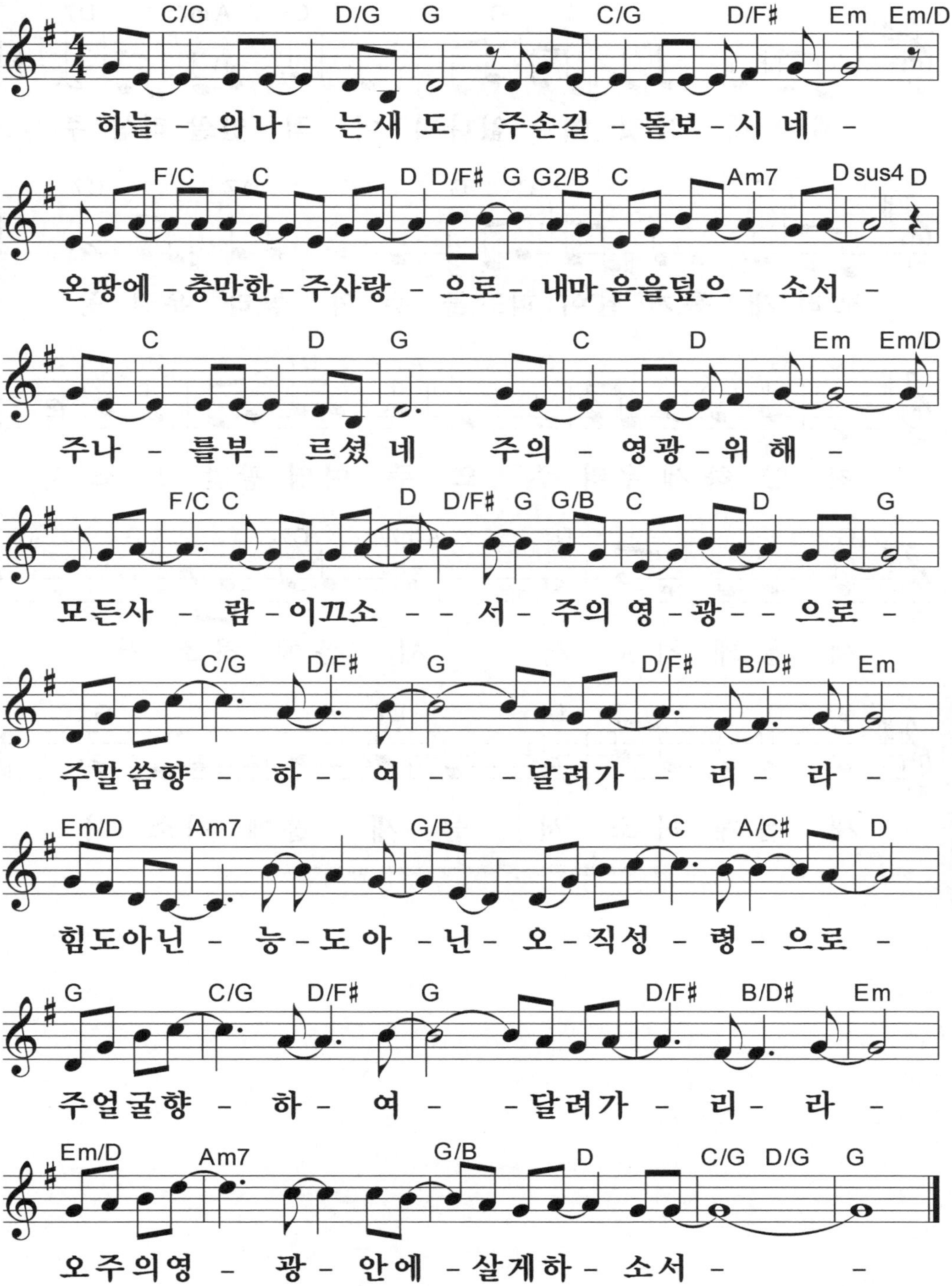

G

404 해 아래 새 것이 없나니
(새롭게 하소서)

이종용

해아래 새것이 - 없나니 이 죄인살 리신 주

보라새 롭게 된이 피조물 주 의 놀라 운권 능

찬 양 하세우리주 오 주 여영광받 으소서

새 롭게 하소 서 새 롭게 하소 서

새 롭게 하소 서 늘새 롭게 하소 서

호산나

(Hosanna)

Carl Tuttle

호 산 -나 호 산 -나 호 산나높은곳 에 서
영 -광 영 -광 왕의왕께영 광 을

호 산 -나 호 산 -나 호 산나높은곳 에 서
영 -광 영 -광 왕의왕께영 광 을

주의이름높여 – 다찬양하라 –

귀하신주나의 하 나 님 주 님께영광돌 리 세

G

406 그는 여호와 창조의 하나님

(창조의 하나님 / He is Jehovah)

Betty Jean Robinson

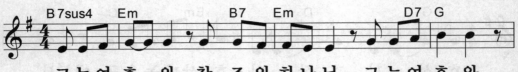

그는여호-와 창조의하나님 그는여호와
지존의 하나님 아브라함의 하나님 여호와 샬롬
여호와 이-레 그는 나의 공급자 구원의하나님

전능의 하나님 길르앗의 향료요 반석의하나님
평강의 하나님 이스라엘의 하나님 영원한 하나님
구주의 하나님 아 들을 보내어 그를증거하셨네

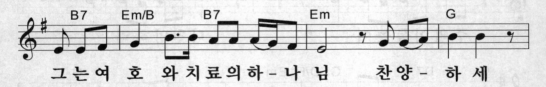

그는여호 와치료의하-나님 찬양-하세

할렐-루야 찬양-하세오-할렐루야 그는여호-와

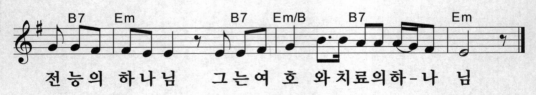

전능의 하나님 그는여호 와치료의하-나 님

온 땅이여 주를 찬양

407

(Sing to the Lord all the earth)

Miles Kahaloa & Kari Kahaloa

온 땅이여 주를 찬양 - 날마 다 주를찬 양하 세 - -

주 의 기사와 주의 영광 - 온땅 에 널리알 려졌 네

위 대 하신 주 그의 힘 과 - 위 엄 을

기 뻐 하 - 라 주의다스리 - 심 - 을 -

D.C. al Fine

G

408 우리 주의 성령이

(When The Spirit Of The Lord Is Whitin My Heart)

Margaret Evans

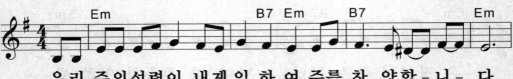

우리 주의성령이 내게임 하 여 주를 찬 양합 – 니 – 다
우리 주의성령이 내게임 하 여 손뼉 치 며찬양합니 다
우리 주의성령이 내게임 하 여 소리 높 여찬양합니 다
우리 주의성령이 내게임 하 여 춤을 추 며찬양합니 다

우리 주의성령이 내게 임 하 여 주를 찬 양합 – 니 – 다
우리 주의성령이 내게 임 하 여 손뼉 치 며찬양합니 다
우리 주의성령이 내게 임 하 여 소리 높 여찬양합니 다
우리 주의성령이 내게 임 하 여 춤을 추 며찬양합니 다

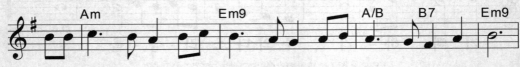

찬양 합 니다 찬양 합 니다 주를 찬 양합 니 다
손뼉 치 면서 손뼉 치 면서 주를 찬 양합 니 다
소리 높 여서 소리 높 여서 주를 찬 양합 니 다
춤을 추 면서 춤을 추 면서 주를 찬 양합 니 다

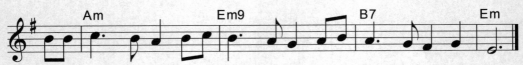

찬양 합 니다 찬양 합 니다 주를 찬 양합 니 다
손뼉 치 면서 손뼉 치 면서 주를 찬 양합 니 다
소리 높 여서 소리 높 여서 주를 찬 양합 니 다
춤을 추 면서 춤을 추 면서 주를 찬 양합 니 다

갈릴리 마을 그 숲속에서　409

(가서 제자 삼으라)

최용덕

갈 - 릴 리 마을 그 숲 속 에 서 - -

주님 그 열 한 제자 다 시 만 나 시 사 - -

마 지 막 그 들 에 게 말 씀 하 시 기 를 -

너 희 들 은 - 가 라 저 세 상 으 로 -

가 서 제 자 삼 으 라 세 상 많 은 사람 들 을

세 상 모 든 영혼 이 네 게 달 렸 나 니 -

가 서 제 자 삼 으 라 나 의 길 을 가 르 치 라

내 가 너 희 와 - 항 상 함 께 하 - 리 라 -

410 감사하신 하나님

(에벤에셀 하나님)

홍정식

감사하신하나 님 - 에벤에셀하나 님 -

살아계신하나 님 - 에벤에셀하나 님 -

여기까지인도 하 셨네 감사하신하나 님 -
장래에도인도 하 시리 감사하신하나 님 -

여기까지인도 하 셨네 살아계신하나 님
장래에도인도 하 시리 살아계신하나 님

감 사 하신하나 님 - 에벤에셀하 - 나 님

살 아 계신하나 님 에벤 에셀 하나 님

거룩한 성전에 거하시며 411

(We sing alleluia)

Walt Harrah

거룩 한성전에거 하시며　하 늘 보좌에계신- 주
오 아 름다운주의영 -광 승 리 의함성들리- 네
거룩 한성전에계신 -주 우 리 주님앞에서- 서

주 가 베푸신모든 사 랑　우 리 찬양을주님 께
죽 임 당하신어린 양 께 우 리 큰소리외치 며
이 전 의성도들과 함 께 주 보 좌앞에엎드 려

찬 양 할 렐루야　할 렐루 야 할 렐루 – 야

찬 양 할 렐루야　할 렐루 야 할 렐루 – 야

A

412

고개들어
(Lift up your heads)

Steve Fry

고 개 들 어 주 를 맞 이 해

엎 드 리 어 경 배 하 며 찬 양

왕 의 위 엄 을 신 령 과 진 정 한

찬 양 으 로 영 광 돌 려 만 왕 의 왕 께

괴로울 때 주님의 얼굴 보라 *413*

(In these dark days)

Harry John Bollback

괴로울 때 주님의얼굴 보라 평화의 주 님바라보아 라
힘이없 고 네마음연약 할 때 능력의 주 님바라보아 라

세상에 서 시달린친구 들 아 위로의 주 님바라보아 라
주의이 름 부르는모든 자 는 힘주시 고 늘지켜주시 리

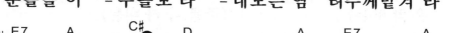

눈을들 어 –주를보 라 –네모든 염 려주께맡겨 라

슬플때 에 주님의얼굴 보 라 사랑의 주 님안식주리 라

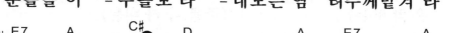

414 교회여 일어나라

전은주

교회여일어나– 라 – 주께서부르시 니 – 두려움과 실패
교회여일어나– 라 – 주께서보내시 니 –우 릴부르신 삶의

내 려놓고 교회 여 일어나라 – – – – 우린 세상의빛 –
자 리에서 교회 여 일어나라 – – – – (어둠

하나 님의편지 주의 교횔통 해
을밝 히는) (주를 나 타 내는)

세상이 주 를보리 라 – 일어나라 아버지사랑으
(우릴통해) 노래하라 아버지의사랑

로 – 아버지능력으 로– – 서로 하나되어
을 – 아버지의크심 을– – 이삶 의노래로

그빛을 – 비추 라 – 라 – 일어나 라 – –
주님을나타내

그 날이 도적같이

415

김민식

그 날이 도적같이 이를 줄
평강의 하나님이 너희를

너 희는 모 르 느 냐 -
거 룩 하 게 하 시 고 -

늘 깨어 있으라- 잠들지 말아라-
온 몸과 영혼이- 주오실 그날에-

주 님과 동 행하 라 -
흠 없기 원 하노 라 -

항상 기-뻐하라- 쉬지말고 기도하라-
이는 예수 안에서- 너희에게 향-하신-

1. 범 사에 감 사하 라 -

2. 하 나님 뜻 이니 라 -

416 나 가진 재물 없으나

(나)

송명희 & 최덕신

나 가진재물 없으나 - 나 남이가진지식 없으나 -

나남에게있는건강있지 않으나 - 나 남이없는것 있으 니

나 남이못본것을 보았고 - 나 - 남이 듣지못한음 - 성 들었고 -

나 남이 받지못 - 한사랑 받았고 - - 나 남이모르는 - 것깨 달았네 - -

공 평하신 - 하 나님이 - 나남이가진것나 없지만 -

공 평하신 - - 하 나님이 - 나 남이없는것 갖게 하셨네 -

나는 찬양하리라

(I sing praises to Your name O Lord)

Terry MacAlmon

417

나는찬양하리 라　주 - 님　그이름찬 양
나는영광돌리 리　주 - 님　영광의이 름

예 - 수　크신주 이름 나 찬 양 하 리 라

나는찬양하리 라　주 - 님　그이름찬 양
나는영광돌리 리　주 - 님　영광의이 름

예 - 수 크신주 이름 나 찬 양 하 리 라 -

A

418 나를 사랑하는 주님

나를사랑하는 주 님 나를위해죽으 시 고
나를사랑하는 주 님 나의목자되시 어 서

부활승천하시 어 서 나 의주가되셨 네
나를항상인도 하 니 주 만따라가리 라

주 오 시 면 주 – 천 국 에 서

주 님 과 살 리 라 – 영 원 토 록

주 오 시 면 – 천 국 에 서

주 님 과 살 리 라 – 영 원 토 록

나의 가장 낮은 마음

(낮은 자의 하나님)

양영금 & 유상렬

419

나 의가 - 장 - 낮 은마 - 음 - 주님께 - 서 - 기뻐하 - 시고
내가지 - 쳐 - 무 력할 - 때 - 주님내 - 게 - 힘이되 - 시고

작은일 - 에 - 큰기쁨 - 을 - 느 끼게하시는도 - 다 -
아름다 - 운 - 하늘나 - 라 - 내 맘에주시는도 - 다 -

우 리 에게 - 축 복하신 - 하 나 님 사랑 -

낮 은자를 - 높 여 주 시고 - -

아 름 다 운 - 하 늘 나 라 - 허 락 하 시고 -

내 모 든 - 것 - 예 비 하 시 네 - -

찬 양 함 에 기 쁨 을 - 감 사 함 에 평 안 을 -

간 구 함 에 하 나 님 - 알 도 록 - 하 셨 네 -

A

420 나의 모든 행실을

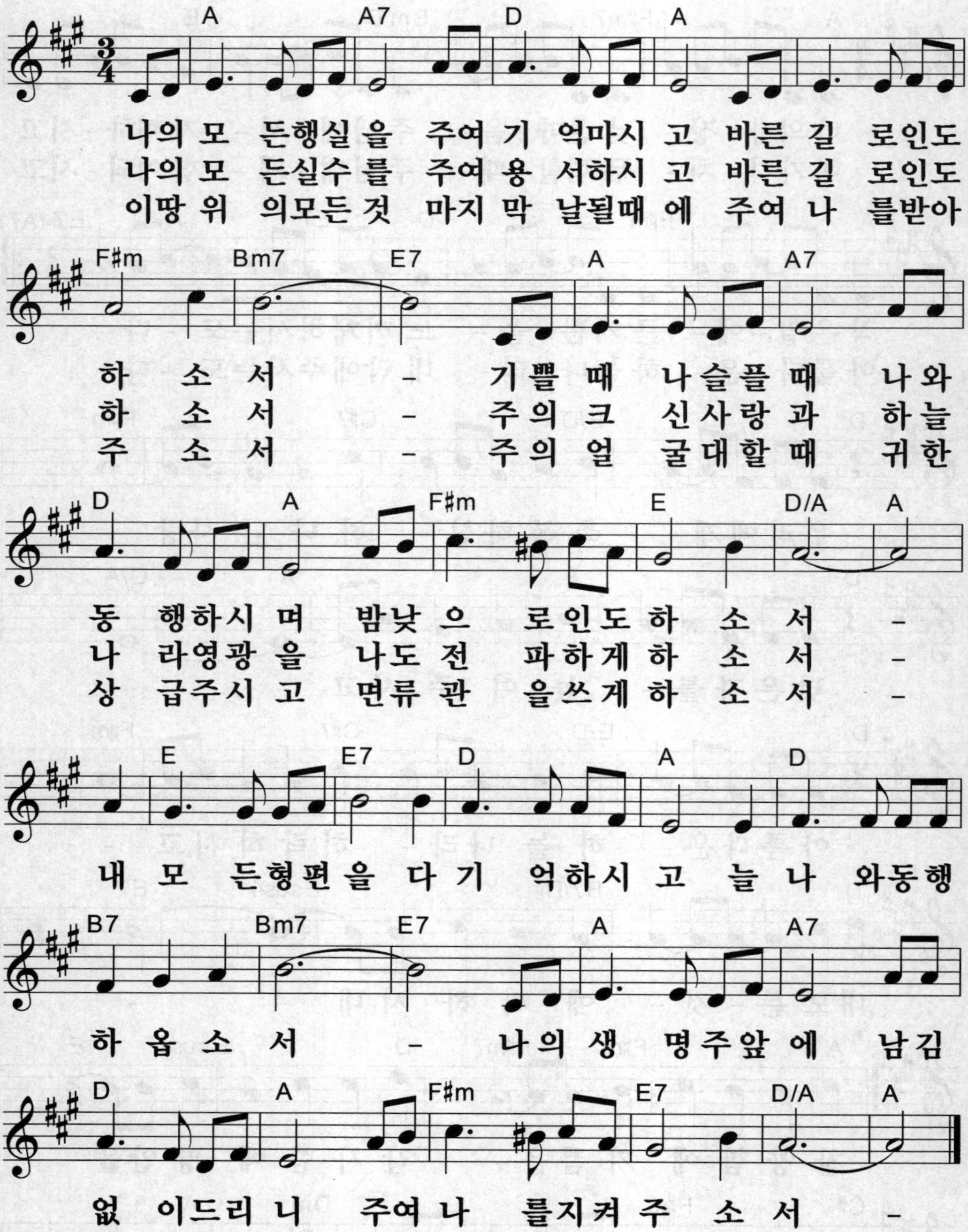

나의 믿음 주께 있네 421

(In christ alone)

Don Koch & Shawn Craig

나의믿음 - 주께있네 - 십자가

능력이-내 영 광되-었 네 주 께-서

우 리를- 승리케 하 시 니 - 나의

- 능력 - 나의 - 소망 - 주께있네 -

A

422 나의 반석이신 하나님

(Ascribe greatness)

Mary Kirkbride & Mary Lou Locke

나 의 반석이신 하 나 님 행하신

모든 것 완 전하시 니 – 나 의

생명되신 하 나 님 내게행 하신일 찬 양합니

다 – 신 실 하 신 하나– 님 실수 – 가

없으–신– 좋 으 신 나의주 – – – –

신 실 하 신 하나– 님 실수 – 가 없으–신–

좋 으 신 나의주 –

나의 백성이

423

(Heal our land)

Tom Brooks & Robin Brooks

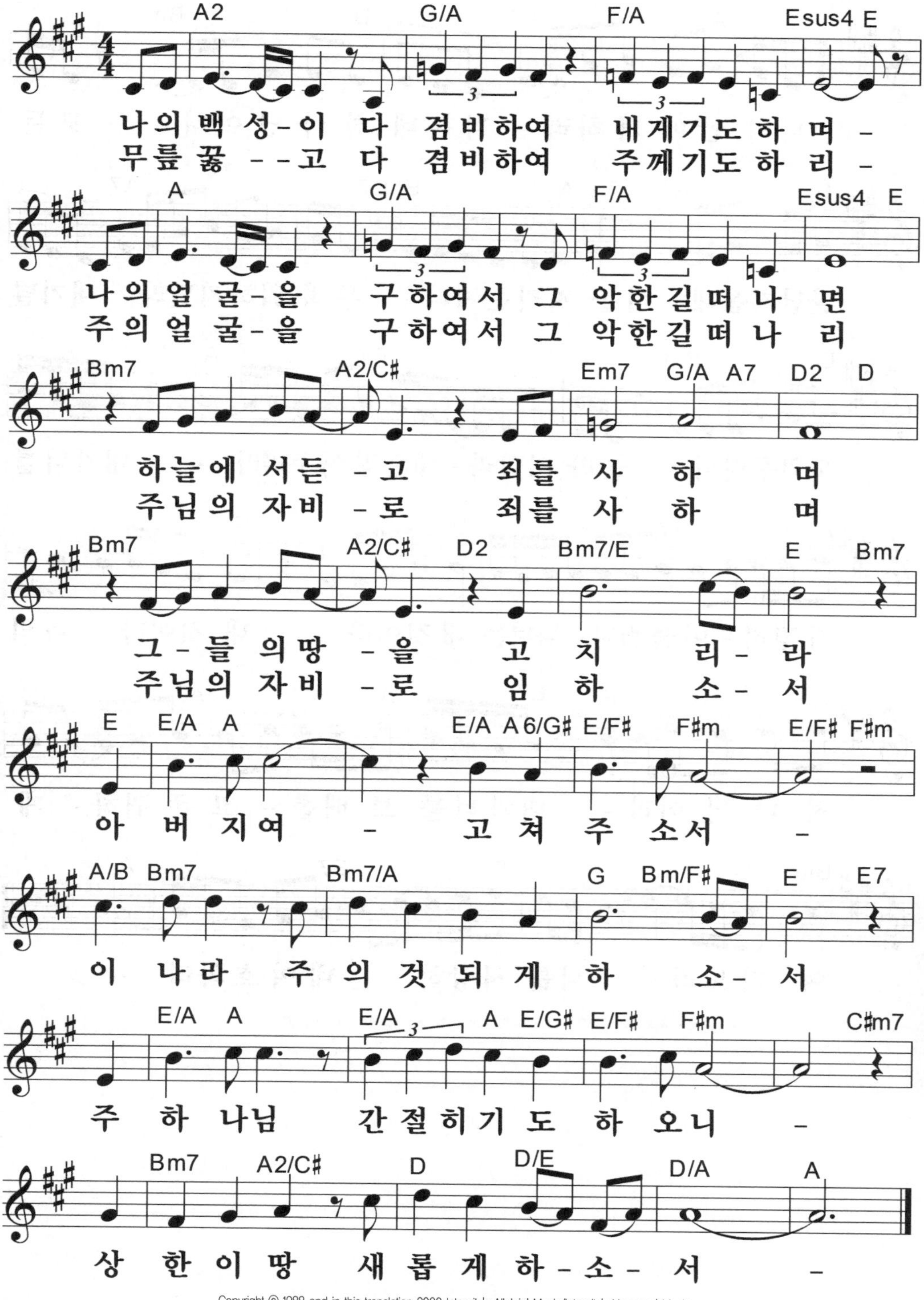

424 나의 안에 거하라

류수영

나의 안에 거 하라 – 나는네 하 나 님 이니 – 모든

환난가운데 – 너를 지키 는자라 – 두려 워하지말라 – 내가널

도와주리니 – 놀라 지말라 – 네손잡아주리라 – 내가너를

지 명하 – 여불렀나 –니너는 내 것이라 – 내 것이라 – 너의

하 나 님 이라 – 내가너를 보 배롭 – 고 존 귀하 – 게

여 기노라 – 너를 사랑하 – 는 네 여호와라 –

나의 영혼이 잠잠히

(오직 주만이)

이유정

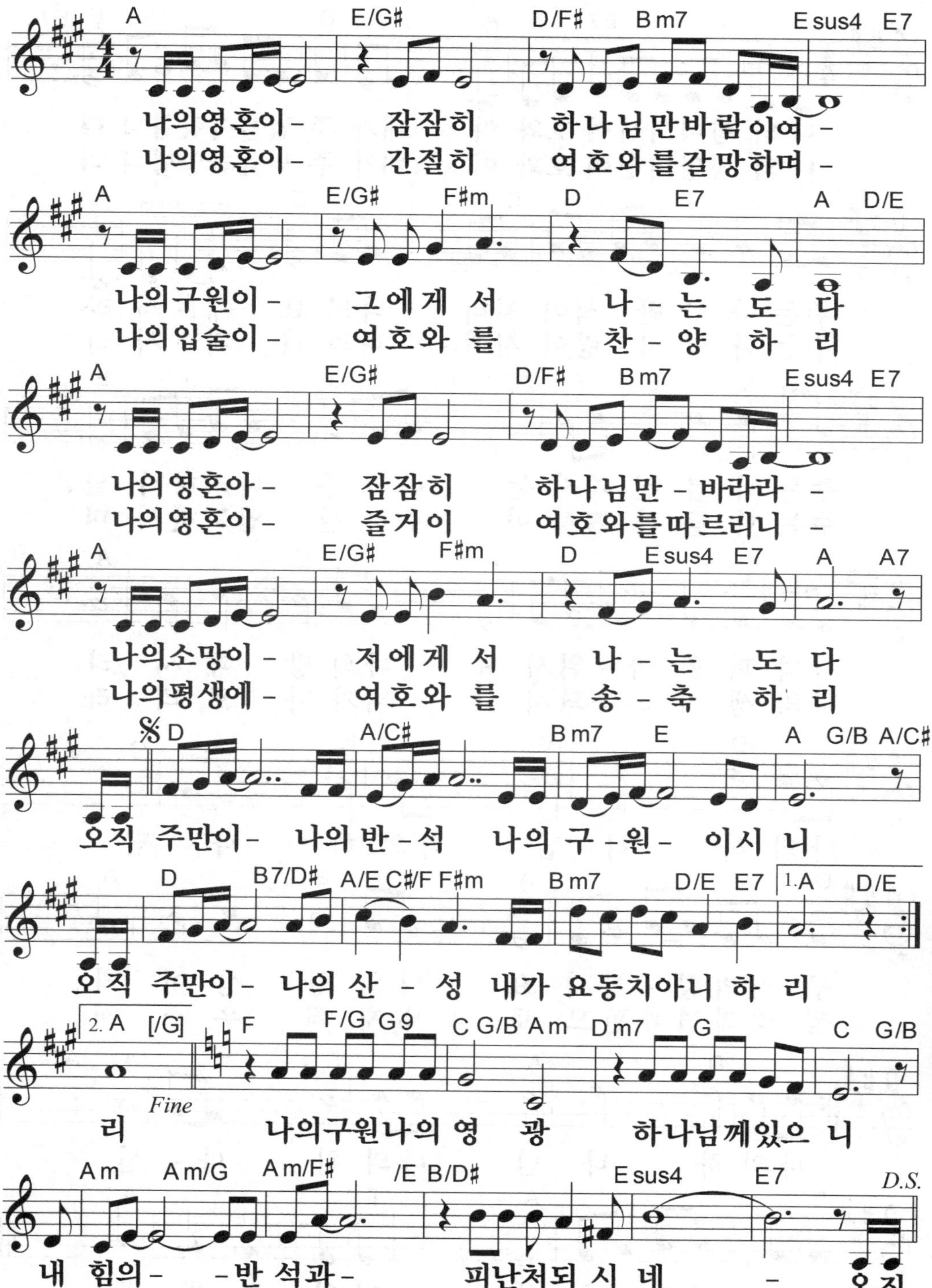

426 나의 힘이 되신 여호와여

최용덕

나의 힘이되신여호와여　　내가 주 님을사랑합니다
나의 생명되신여호와여　　내가 주 님을찬양합니다

주는 나 의 반 – 석이 시며 –　나의 요 　새 – 시 라
주는 나 의 사 – 랑이 시며 –　나의의 　지 – 시 라

주는 나 를 건 지 시 는　나의 주 　나의하나 님
주는 나 를 이 끄 시 어　주의 길 　인도하시 며

나의 피 할 바 – 위 시 요　나의 방 　패 시 라
나의 생 의 목 자 되 시 니　내가 따 　르 리 라

나의하 　나 님 　나의하 　나 – 님

구 원의뿔 – 이 시 요　나의 산 　성 이 라
생 명의면류관으 로　내게 씌 　우 소 서

나의하 　나 님 　나의하 　나 – 님

그는 나의여호 와 　나의구세 주

나 자유 얻었네

427

나자유 얻었네 너자유 얻었네 우리자유 얻 - 었 네 - - -
나구원 받았네 너구원 받았네 우리구원 받 - 았 네 - - -
나성령 받았네 너성령 받았네 우리성령 받 - 았 네 - - -
나기뻐 하겠네 너기뻐 하겠네 우리기뻐 하 - 겠 네 - - -
나은혜 받았네 너은혜 받았네 우리은혜 받 - 았 네 - - -
나믿음 얻었네 너믿음 얻었네 우리믿음 얻 - 었 네 - - -
나감사 하겠네 너감사 하겠네 우리감사 하 - 겠 네 - - -

나자유 얻었네 너자유 얻었네 우리자유 얻 - 었 네 -
나구원 받았네 너구원 받았네 우리구원 받 - 았 네 -
나성령 받았네 너성령 받았네 우리성령 받 - 았 네 -
나기뻐 하겠네 너기뻐 하겠네 우리기뻐 하 - 겠 네 -
나은혜 받았네 너은혜 받았네 우리은혜 받 - 았 네 -
나믿음 얻었네 너믿음 얻었네 우리믿음 얻 - 었 네 -
나감사 하겠네 너감사 하겠네 우리감사 하 - 겠 네 -

주말씀 하시길 죄사슬 끊겼네 우리자유 얻 - 었 네   할렐루야

A

428 날 구원하신 주 감사

(Thanks for God for my redeener)

Arr. Roy Brunner & John A Hultman

날구원 하신주 감 사 모든것 주심감 사
응답하 신기도 감 사 거절하 신것감 사
길가에 장미꽃 감 사 장미꽃 가시감 사

지난추 억인해 감 사 주내곁 에계시 네
헤쳐나 온풍랑 감 사 모든것 채우시 네
따스한 따스한가 정 희망주 신것감 사

향기론 봄철에 감 사 외론가 을날감 사
아픔과 기쁨도 감 사 절망중 위로감 사
기쁨과 슬픔도 감 사 하늘평 안을감 사

사라진 눈물도 감 사 나의영 혼평안 해
측량못 할은혜 감 사 크신사 랑감사 해
내일의 희망을 감 사 영원토 록감사 해

내가 만민중에

(Be exalted)

429

Brent Chambers

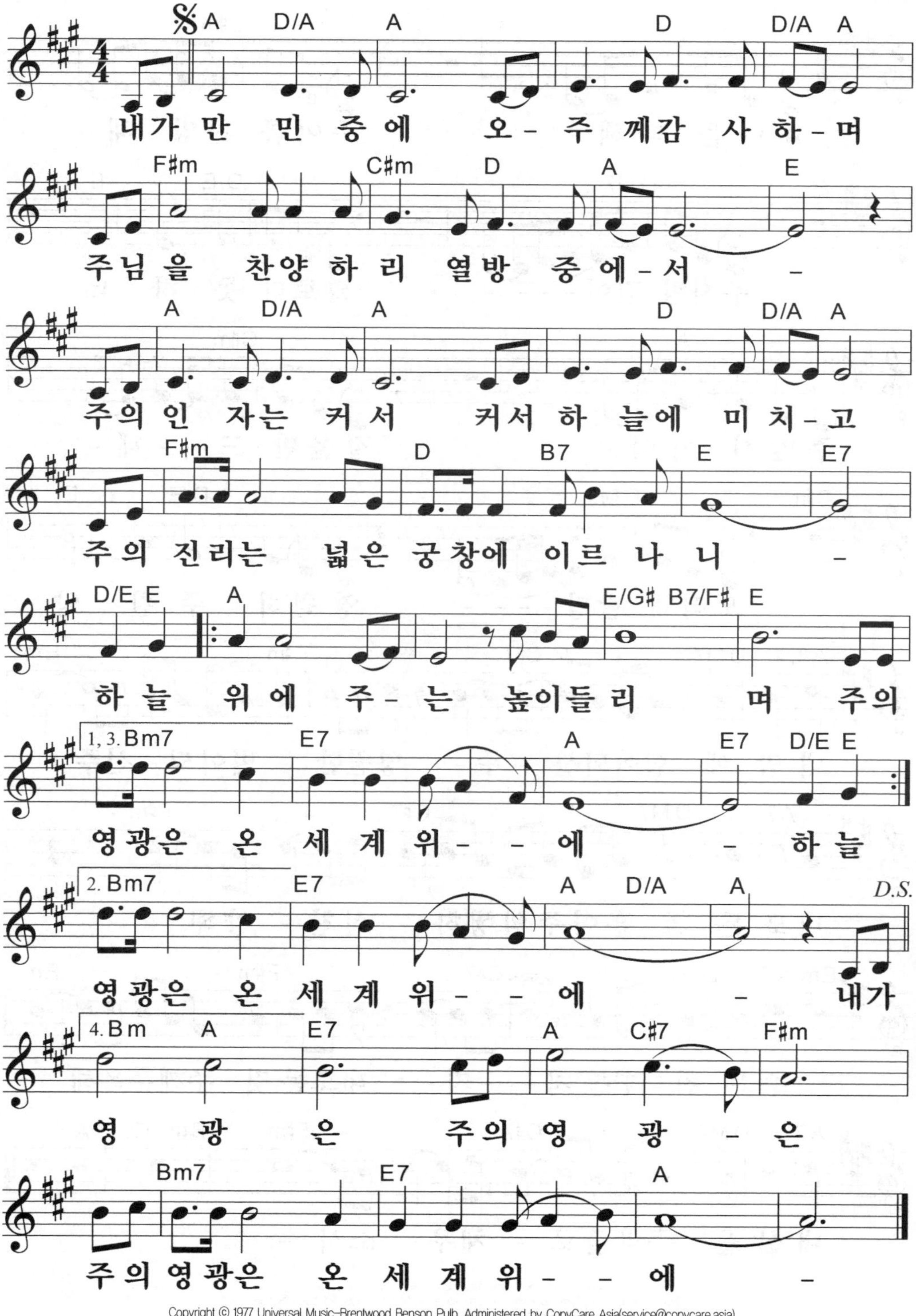

430

내 마음 다해

(My Heart Sings Praises)

Russell Fragar

내 마음 다 해 - 주 이름 찬양-해 -

주 사랑 깊어 - - - - 말로 다 못 하 네

주 앞서 가며 - 길을 만 드시 - 네 -

오직 내 갈망 - - - - 영원히 주 찬 양

내 맘 에 힘이되신 -주- 영원한 - 빛이되-신주 -

내 모 든 호 흡이주의행하 - 심찬 - 양해 -

주 는 위 대한통 치 - -자- 내모든 것 주께순복해 -

내 삶을 주의불로 - 채우- 소서 -

내 마음에 주를 향한 사랑이 431

(십자가의 길 순교자의 삶 / The way of cross the way of martyr)

Stephen Hah

내마음에주를향한 사랑이 –　나의말엔주가주신 진리로 –
내입술에찬 – 양의 향기가 –　두손에는주를닮은 섬김이 –

나의눈에주의눈물 채 워 주 소 서　　　　서
나의삶에주의흔적 남 게 하 소

하나 님 의 사 랑 이 –　영 원 히 함 께 하 리 –

십자 가의길을걷는자에 게　순교 자의삶을사는이에 게

조 롱 하 는 소 리 와 –　세 상 유 혹 속 에 도 –

주의 순결한신부가되리 라　내생 명　주님 께 드 리 리

A

432 너의 하나님 여호와가

(스바냐 3장 17절)

김진호

너 의하나님여 호와가 너 의가운데계시니 -

그 는구원을베 푸실전능자 전능자시-라 -

그 가너로인하여 기쁨을 이기지못하시며 -

너를잠 잠 - 히사 랑 하 시 - - 며 - - - - -

즐거이 부르며기 뻐 기뻐하시리라 -

당신의 그 섬김이

(해같이 빛나리)

김석균

433

당신의 - 그섬김 이 천국 에서 해같이빛나 리
당신의 - 그순종 이 천국 에서 해같이빛나 리

당신의 - 그겸손 이 천국 에서 해같이빛나 리
당신의 - 그사랑 이 천국 에서 해같이빛나 리

당신의 - 그믿음 이 천국 에서 해같이빛나 리
당신의 - 그찬송 이 천국 에서 해같이빛나 리

당신의 - 그충성 이 천국 에서 해같이빛나 리
당신의 - 그헌신 이 천국 에서 해같이빛나 리

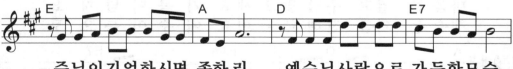

주님이기억하시면 족하 리   예수님사랑으로 가득한모습

천사도흠모하는 아름다운그모습 - 천국 에서 해같이빛나 리

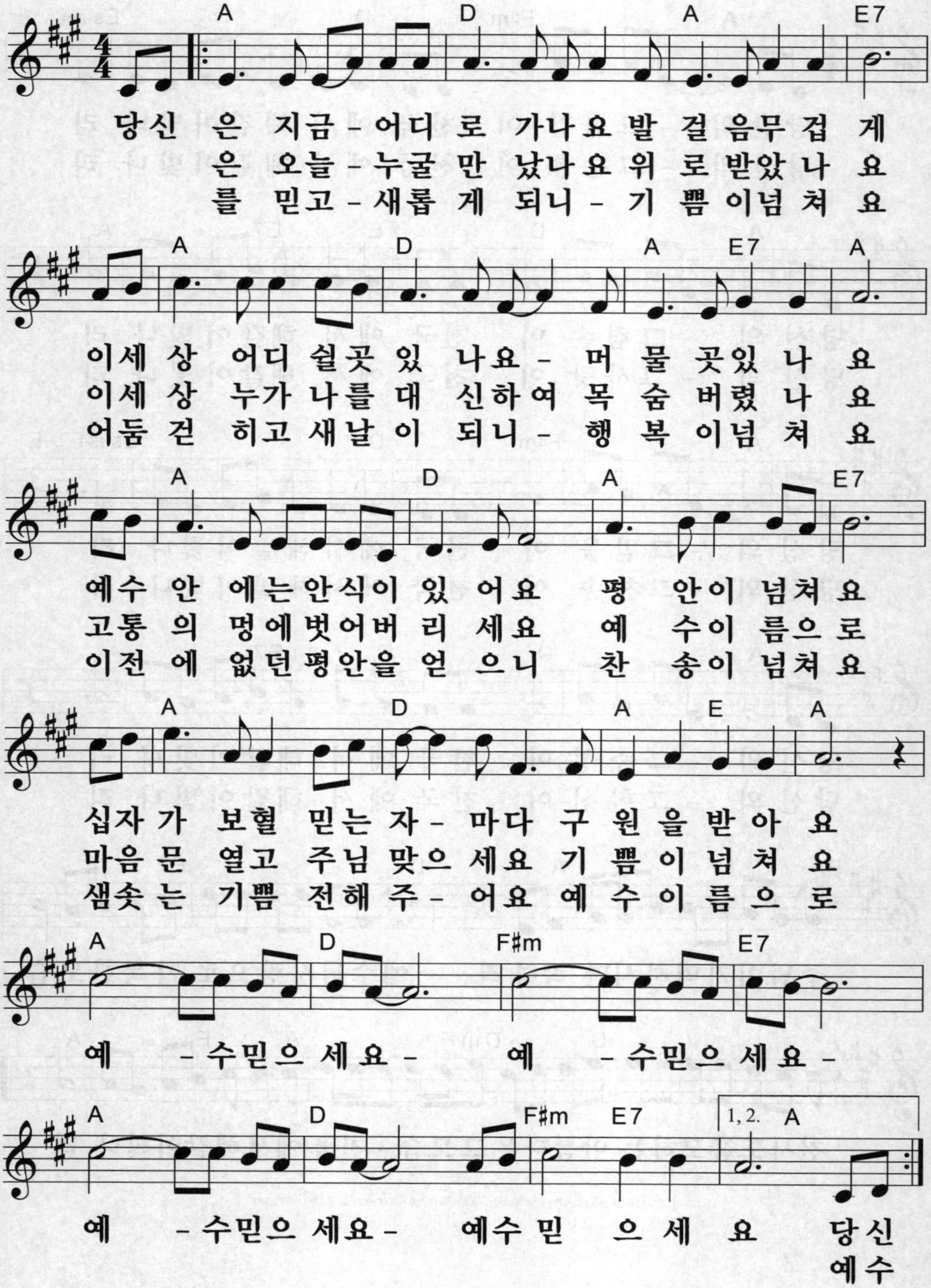

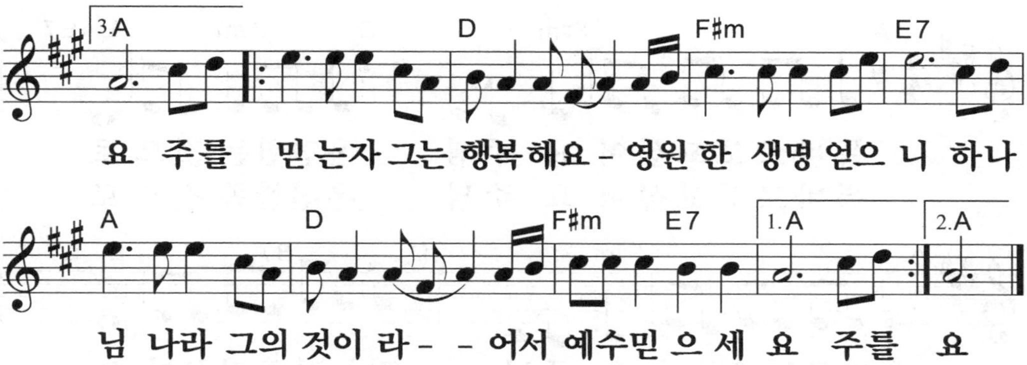

요 주를 믿 는 자 그 는 행복해요 – 영원 한 생명 얻으 니 하나

님 나라 그 의 것이 라 – – 어서 예수믿 으 세 요 주를 요

A

435 똑바로 보고 싶어요

최원순

똑바로보고싶어 요 주님   온전한눈 짓으 로
똑바로걷고싶어 요 주님   온전한몸 짓으 로

똑바로보고싶어 요 주님   곁눈질하긴싫어 요
똑바로걷고싶어 요 주님   기우뚱하긴싫어 요

하지만내모습은 온전치않아   세상이보 는눈 은

마치날죄인처럼 멀 리하며   외면을하네 요

주님 이낮은 자를통하여   어디에쓰 시 려고

이 렇게 초라한 모 습으로   만들어놓으셨나 요

당신 께 - 드릴것 은   사모 하 는 - 이마음 뿐

똑바로 보고 싶어요

이 생 명 도 - 달 라 시 면   십 자 가 에 - 놓 겠 으 니

허 울 뿐 인 육 신 속 에 - 참 빛 을   심 게 하 시 고

가 식 뿐 인 세 상 속 에 - 밀 알 로   썩 게 하 소 서

436 들어오라 지성소로

(거룩하신 주님께 나오라 / Come into the Holy of Holiness)

John Sellers

들어오라지성소로 - 오 라 - 어린양의보혈로써 -

찬양하며주님앞에 - 나와 - 보좌앞에경배하세 - -

왕의 왕 주께 - 거룩한-손들 고

경 배 해 - 주 님 께 -

경 배 해 - 주 님 께 -

마라나타

고형원

마라나타 - 주예수여 - 어서 오시옵 - 소 서

땅의모든끝 모든족속 주를찬송하 - 게 하소서 -

마라나타 - 주예수여 - 어서오시옵 - 소 서

모든열방 이 주께돌아 와 춤추며경배하 - 게

하소서 - 우리주님 다시오실 길을만들자 - 십자

가를들 - 고땅끝까 - 지 우린가리라 - 우리주님 하늘영광

온땅덮을때 - 우린 땅끝에 - 서주를맞 - 으 리 - 마라나타

- -마라나타 - 아멘 주예수 - 여오시옵 - 소 서 - 마라나타

- -마라나타 - 아멘 주예수 - 여오시옵소 서

438 많은 사람들

(예수가 좋다오)

김석균

많은-사람 들 - 참된 진 리를모른채 - 주 님곁을
무거운짐진자 - 다 - 내게-로오라 - 내가너를
그대-가만일 - 참된 행 복을찾거든 - 예 수님을

떠 나 갔 지만 - - 내가만난주-님 은 - 참
쉬 게하 리라 - - 이길만이생명의 길 - 참
만 나 보 세요 - - 그분으로인-하 여 - 참

사 랑-이었 고 - 진리였고 소 망 이었소 - -
복 된-길이 라 - 항상내게 들 려주셨소 - -
평 안을얻으 면 - 나와같이 고 백 할거요 - -

난 예수가좋 다 오 - - 난 - -

예수가좋 다 오 - - 주 를 사 랑 한 다던 -

베 드로고백 처럼 - 난 예수를사랑한다 오 -

멀고 험한 이 세상 길

(돌아온 탕자)

김석균

멀고 험한 - 이세상 길 소망 없 는나그네 - 길
무거운 짐 - 등에지고 쉴곳 없 어애처로운 몸
눈물로 써 - 회개하고 아버지 의품에안기 어

방황하 고 - 헤매이 며 정처 없 이살 - 아왔 네
쓰러지 고 - 넘어져 도 위로 할 자내겐없었 네
죄악으 로 - 더럽힌 몸 십자 가 에못 - 박았 네

의지할 곳없 는이 몸 위로 받 고살 고파 서
세상에 서버 림받 고 귀한 세 월방 탕하 다
구원함 을얻 은기 쁨 세상 에 서제 일이 라

세상유 혹따 라가 다 모든 것 을다 잃었 네
아버지 를만 났을 때 죄인 임 을깨 달았 네
영광의 길허 락하 신 내주 예 수찬 양하 네

A

440 모든 민족과 방언들 가운데

(Hallelujah to the Lamb)

Debbye Graafsma & Don Moen

모　든민 족과방언들 가운데　수 많은주- 백성 모였- 네
어　린양피로씻어진 우리들　은 혜로주- 앞에 서있- 네

주의- 보 혈과　그사랑-으 로　친백- 성 삼 -으셨네
주이- 름 으로　자녀된-우 리　겸손- 히 구 -하오니

주를향 한　감사와-찬 양 -을　말로다 표현할수 없네- -
주의능 력　우리게-베 푸 -사　주를더 욱닮게하 소서- -

다만 - 내 소리높여-　온 맘을다해-　찬 양 -하리라-
그때 - 에 모든나라-　주 영광보며-　경 배 -하리라-

할렐 루야 할렐루야 할렐 루야 어린양 할렐 루야 할렐루야

주의 보혈덮 으사-　모든 족속 모든방언 모든 백성 열방이

모든 영광　모든존귀 모든 찬양주께드-리네 -

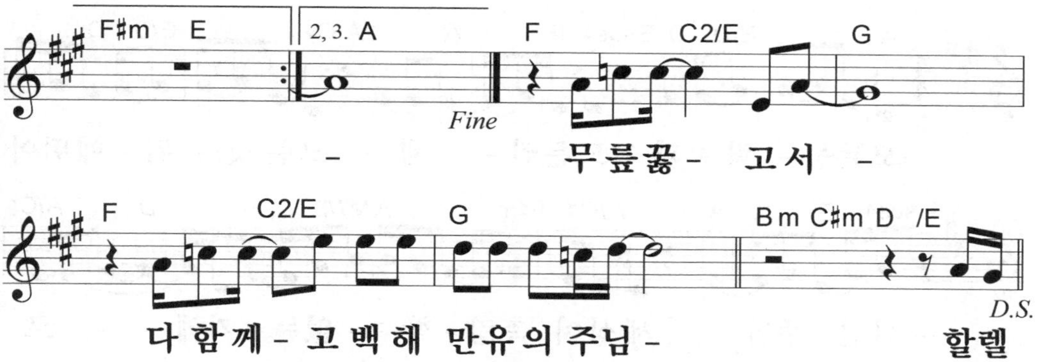

- 무릎꿇 - 고서 -

다 함께 - 고 백 해 만유의 주님 -

할렐

D.S.

A

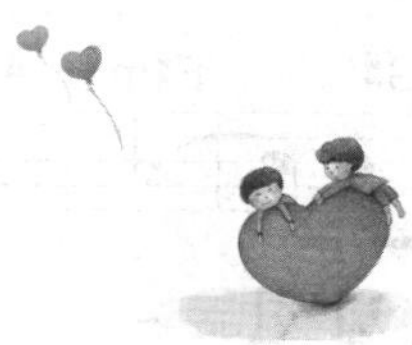

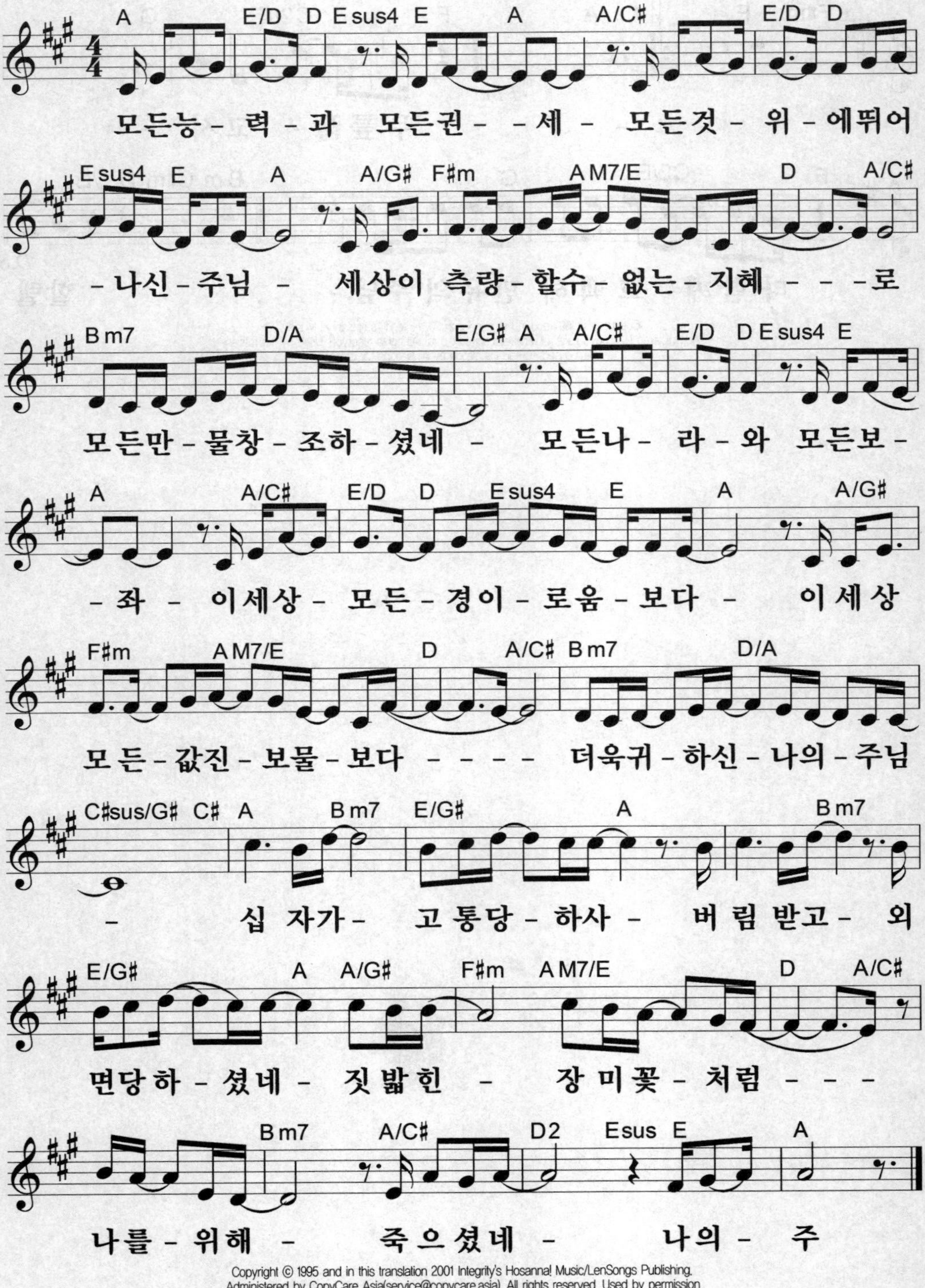

441 모든 능력과 모든 권세

(Above All)

Lenny LeBlanc & Paul Baloche

무화과 나뭇잎이 마르고

442

(Though the fig tree)

Tony Hopkins

무화과 나뭇잎 이 – 마 르고 – 포도 열 매가없 으며 –

감 람 나무열매 그 치고 논밭에 식 물이없 어도 –

우리 에 양 떼 가 없 으며 외양간 송 아지없 어도 –

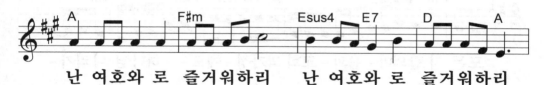

난 여호와 로 즐거워하리 난 여호와 로 즐거워하리

난 구 원의하 나 님 을 인해 기 뻐 하 –리라 –

443 민족의 가슴마다

(그리스도의 계절)

김준곤 시, 박지영 정리 & 이성균

민족의 - 가 슴 마 다 피묻 은 그 리 스 도 를 - 심 어 이땅

에푸르고 - 푸른 - 그리 스도의계절 - 이 - - 오게하소 서 서

이땅에 - 하나님 - 의 나 라 가 - 이뤄 지 게 하 옵 - 소 서

모든 사 람 의 마 - 음 과 - 교회 와가정 - 에도 - - 하나님 나 라 가 -

임 하게 하 여 주 - 소 - 서 - 주의 청 년 들 이 - 예수의 꿈 을꾸고 -

인류 구원의 - 환상을 보게하 - 소 - 서 - 한 손엔 복 음 들고 -

한손엔사랑을들고 - 온땅 구석구석누비 - 는 나라 - 되게하소 서

서 이땅 구석구 - 석에 - 서 - 예수를주로 고백 하게하 - 소 - 서 -

민족의 가슴마다

하늘의뜻이땅에 이뤄주–소–서–주의 나라–되게하소 – 서 – –

주의 청 년들이– 예수의꿈 을꾸고 – 인류 구원의 – 환상을

보게하–소–서– 한손엔 복 음들고 – 한손엔 사랑을 들고–

온땅 구 석 구 석누비–는 나 라 – 되게하 소 서

A

444

믿음따라
(I walk by faith)

Chris Falson

믿 음 따 -라 - 걸 음 마 -다 -

말 씀 따 -라 - 주님 만 따르-리 - 믿

나 의 가는 길 - - 믿 음 따라 갈 -때

군 대가 날에워 싸 -도 겁 없네-

또 내 입술의 기 -도 믿 음의 선 포 -

주 님 날 위하시 -면 누 가 날 대 적 하 -리 믿

사망의 그늘에 앉아

(그날)

445

고형원

사망의그늘에앉 아　죽어 가는 나의백성 들

절망 과 굶주림 에 갇힌저들은　내마음의 -오랜슬 픔

고통의멍에에매 여　울고 있는 나의자녀 들

나는 이제일어나-저들의 멍에를꺾고　눈물씻기기 - 원하는 데

누가내게부르- 짖 어　저들을구원케-할 까

누가나를위해- 가 서　나의사랑을전-할 까

나는 이 제 보기원하 네 나의 자녀들- 살아나는- 그 날

기쁜 찬 송 소리하늘 에 웃음 소리온- 땅가득한- 그 날

446 새 힘 얻으리

(Everlasting God)

Ken Riley & Brenton Brown

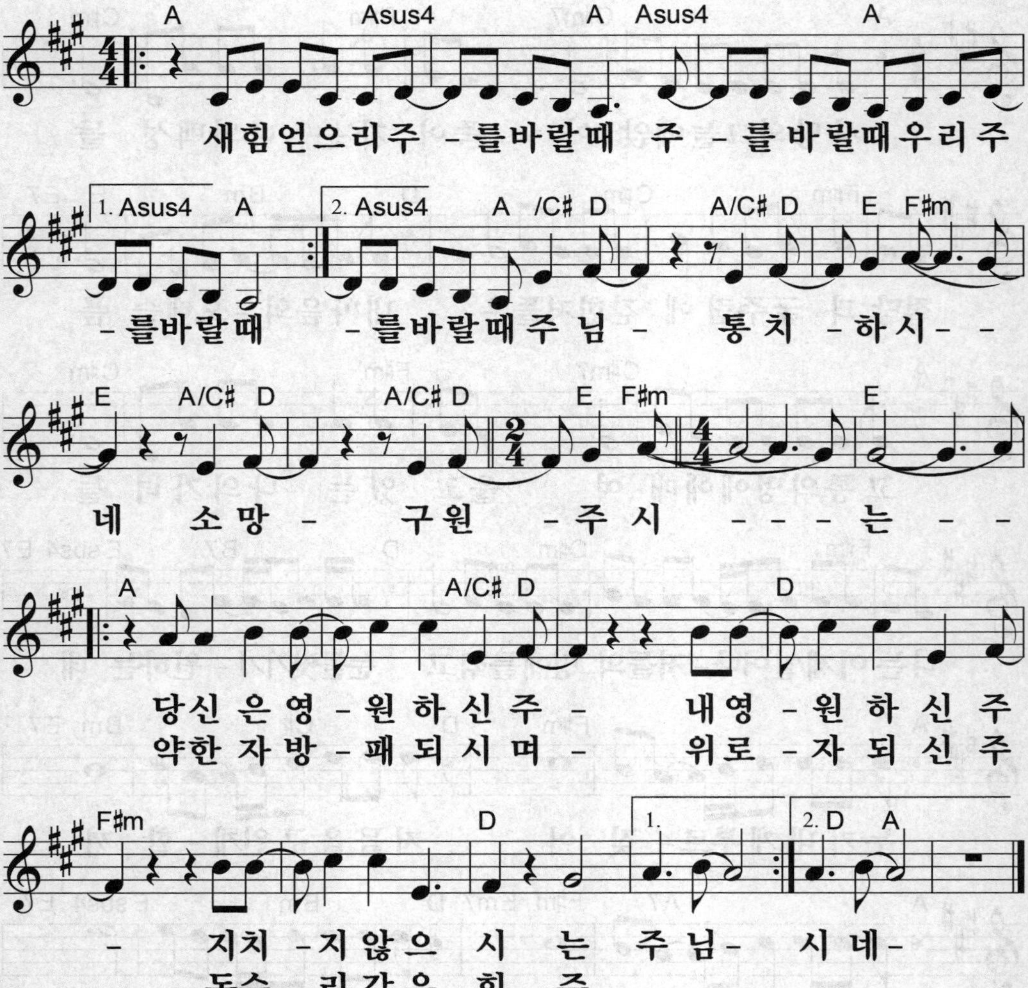

선포하라
(All heaven Declares)

447

Noel Richards & Tricia Richards

선 포 하 라　　부활하신영광의주
선 포 하 라　　부활하신영광의주

아 름 다 운　　영광의주 를 보라
하 나 님 과　　화목하게 하 신주

보 좌에앉으 신　　그 어린양예 수
찬 송과존귀 와　　영광과능력 을

다 무릎꿇고 서　　주 경배하리 라
영 원영원토 록　　받 아주옵소 서

A

448 아름답고 놀라운 주 예수

(I stand in awe)

Mark Altrogge

아름 답고놀라운 주예 -수 - 말 로 할수- 없네 -

그 측량할수없 는위 -엄 - 주 님과같은분없 네 -

한 없 는 그지혜와사 -랑 그누 구도 다알수없네 -

아름 답고놀라운 주예 -수 보좌에 - 앉으 - 셨네 -

주님앞 에내 가 서있네 - 주앞 에내 가 서있네 -

주는거 룩하 신하나 님 그앞 에서 있 네

아버지여 당신의 의로

(새벽 이슬 같은)

449

이 천

아버지여 – 당신의의 –로– 부르소–서– – 예수님이 –여 –

주의보혈 –로– 덮으소 –서– – 거룩하신 – 성 령님이여 –

권능으로 –임하소서 – – 거룩 한 옷을입고 – 즐거

이 헌신하는 – – 주님의 백성들에 게 – – – – 주

여 함께 하 소 서 새 –벽이슬같 –은 –주의청 년 들이 –

주님앞 에 나오는 도다– – 주님의 이름으 –로 – 축복하여

– –주소서 – 주의 빛을발 –하게 하 소 서 – 세상을구원

Fine

하시려 –아들을주신– – 하나 님아버지 – 각나라와족속과 –모든

백성 –들의 – 찬양 을받으 –소서 – 높임 을 받으 –소 서 – –

D.S. al Fine

A

450 영광의 주님 찬양하세

(영광의 주 / Majesty)

Jack Hayford

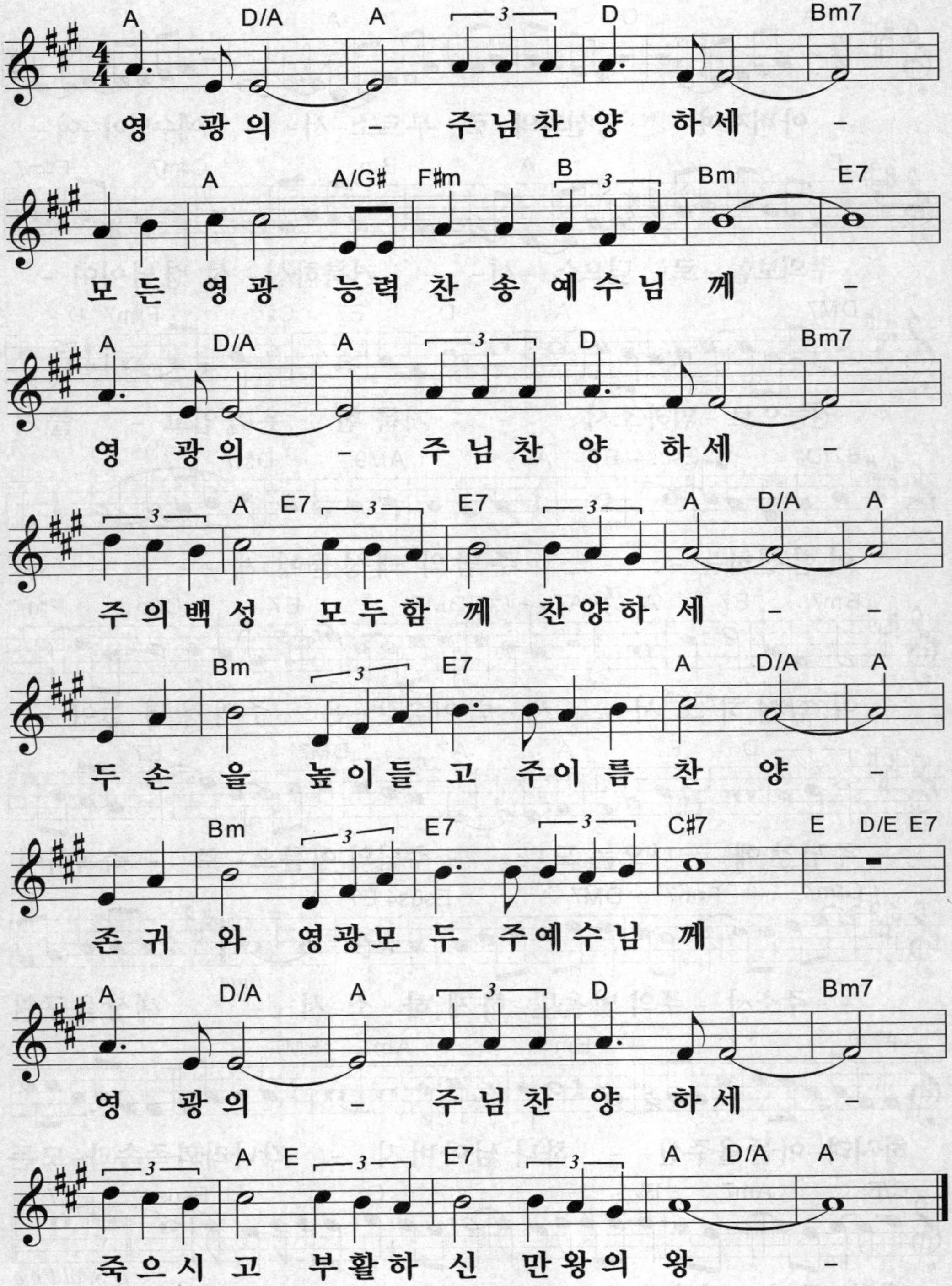

예수 나의 첫사랑 되시네 451

(Jesus, You alone)

Tim Hughes

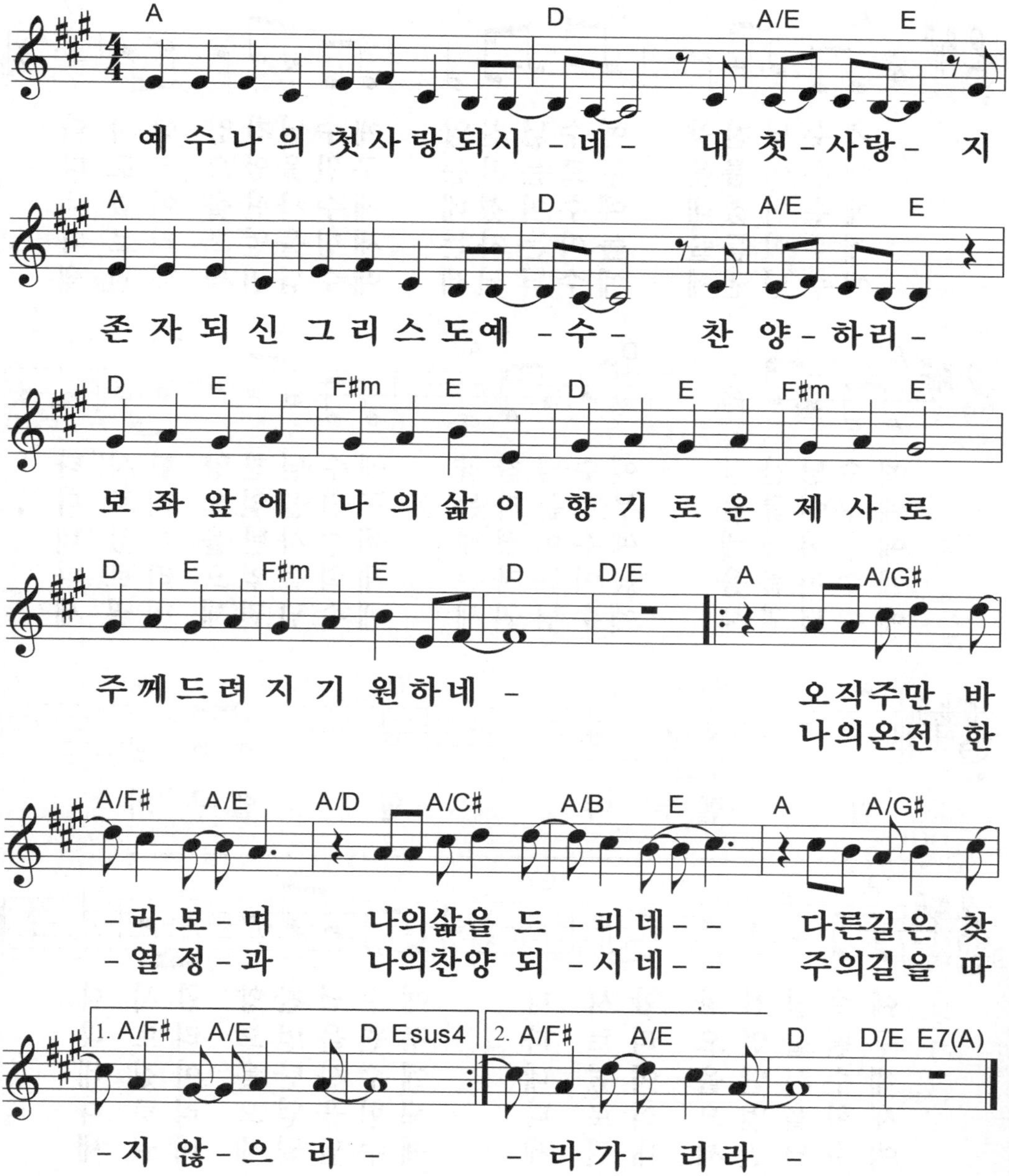

A

452 예수님 찬양

Charles Wesley & R.E.Hudson

예수님찬양 예수님찬양 예수님찬양 합시다
예수이름을 부르는자는 구원을얻으 리로다
예수이겼네 예수이겼네 예수사탄을 이겼네
예수이름을 높이는자는 새힘을얻으 리로다
예수님권세 예수님권세 예수님권세 내권세

예수님찬양 예수님찬양 예수님찬양 합시다
예수이름을 부르는자는 구원을얻으 리로다
예수이겼네 예수이겼네 예수사탄을 이겼네
예수이름을 높이는자는 새힘을얻으 리로다
예수님권세 예수님권세 예수님권세 내권세

할 렐루야 할 렐루야

예수님찬 양 합시 다
구원을얻으 리로 다
예수사탄을 이겼 네
새힘을얻으 리로다
예수님권세 내권 세

예수님찬양 합시 다
구원을얻으 리로다
예수사탄을 이겼네
새힘을얻으 리로다
예수님권세 내권 세

예수 열방의 소망

(Hope of the Nations)

Brian Doerksen

예수 열방의소 - 망 - 예수 우리의위 - 로 - 자
예수 어둠속의 - 빛 - 예수 변함없는 - 진 - 리

주는 - 온땅 - 의영 - 원한 소망 -
주는 - 온땅 - 의빛 - 이되 시네

- 우리 - 위해 죽으 - 시고 다시 - 사신

생명 - 의주 - - 주님만이 - 소망이요 -

변함없는 - 반석이라 - 주님만이 - 온세상을

비추 - - 시네 - - 또죽음에서 - 부활하신

- 우리구주 - 평강의왕 - 주를믿는 - 모든자의

- 소망 - 되신 - 주를 - - 믿네 -

454

예수 우리 왕이여
(Jesus, we enthrone You)

Paul Kyle

예 수 - 우리왕 이 여 -

이 곳 에 오소 서 -

보 좌 로 - 주 여 임 하 사 -

찬 양 을 받 아 주 소 서 -

주 님 을 찬 양 하 오 니

주 님 을 경 - 배 하 오 니

왕 이 신 예 수 여 오 셔 서

좌 정 하 사 다 스 리 소 서 -

왕 되신 주께 감사하세

(Forever)

Chris Tomlin

왕　되신주께 - 감 사하 - 세 - 그 사 랑 영원하리 - 라 -
력 의손과 - 펴 신팔 - 로 - 그 사 랑 영원하리 - 라 -
해　뜨는데서 - 지는데까 - 지 - 그 사 랑 영원하리 - 라 -

모든것위 - 에뛰어 나신 - 주 - 그 사 랑 영원하리 - 라 -
거듭난영 - 혼들을 위하 - 여 - 그 사 랑 영원하리 - 라 -
주은혜로 - 우리걸 어가 - 리 - 그 사 랑 영원하리 - 라 -

찬 양 - 찬 양 - 능

2, 3.
\- 찬 양 - 찬 양 -

영원 - 히신 - 실하 - 신 - 능력 - 의하 - 나 님 -

영원 - 히함 - 께하 - 리 영원 - 히 - - 영원

\- 히 - 영원 - 히 - 영원 히 -

456 우리는 사랑의 띠로
(The Bond of Love)

Otis Skillings

우리 는 사랑의 띠 로　하나 가 되었습 니 다

하나 님 을 사랑하고 예수 님의 사랑 을 널리전 하 세

Fine

모두 찬 양 하　며　주의 사 랑을전 하　세

모두 함 께 예수님의 사랑 – 을 세상 에 널리알 리　세

D.C.

우리 보좌 앞에 모였네

(비전 / Vision)

고형원

우리 보 좌앞에 모 였네 　 함께주를찬양－하 며

하 나님의사랑그 아들주셨네 그의피로우린 　 구원받았 　 네

십 자 가 에서쏟으신그 사랑 　 강같이온땅에－ 흘 러

각 나라와족속 백 성방언에서 구원받고주 　 경배드리 　 네

구 　 원하심이－ 보 좌에앉으신 우 리하나님과 어 린양께있도다

구 　 원하심이－ 보 좌에앉으신 우 리하나님과어 린 양께있도 다

458 우리 오늘 눈물로

(보리라)

고형원

우리 오늘 눈물로 -한 알의 씨앗을심-는 다

꿈꿀수없어무너진 가 슴 에 저들 의푸른꿈 -다시돋 아나도록-

우 리 함께 땀 흘려 -소 망 의길을만-든 다

내일 로가는길을 찾지못했던 저들 노래하며달려갈그 길

그날에- 우리보 리라 새벽 이슬 -같은저들-일어 나

뜨거운- 가슴사 랑의손길로- 이땅 치유하며 -행진할 때

오래 황폐하였던- 이땅어 디 서나 순결한꽃들피 어 나고-

푸른 의의나무가- 가득 한 세상 우리 함께보 리 라

우리 죄 위해 죽으신 주 459

(Thank you for the cross)

Mark Altrogge

우리죄위해 - 죽으 - 신주 - 십 자가그 사랑 - 감 - 사하

네 날 마 다주의 형상대로 변화 되리라 -

십 자가우 - 릴새 롭게하 리 놀라 운사랑 -

찬양하 - 리라 우 리를위해 생명주셨 - 네 -

놀라 운사랑 - 찬양하 - 리라 십자

가 의 그능 력 십자 가의그능 력

A

460 우물가의 여인처럼
(Fill my cup Lord)

Richard Blanchard

우물 가의 여인처럼 난구 했네 - 헛 되 고헛된것들 을
많고 많은사람들이 찾았 었네 - 헛 되 고헛된것들 을
내친 구여거기서 - 돌아 오라 - 내 주 의넓은품으 로

그 때 주님 - 하신 말씀 - 내샘에 와 생수를마셔 라
주 안 에감 - 추인 보배 - 세상것 과 난비길수없 네
우 리 주님 - 너를 반겨 - 그넓은 품 에안아주시 리

오 - 주님 - 채우 소서 - 나의 잔 을높이듭니 다

하늘 양식 내게채워 주 소 서 넘치 도 록 - 채워주소 서

유월절 어린양의 피로

(Under the blood)

Martin Nystrom & Rhonda Gunter Scelsi

461

유월 절어린양 – 의피로   나의 삶의문이 – 열렸네 –

저 어둠의 권 – 세는 힘이없네 주 보혈의능 – 력으로 – –

원 수가날정죄할 때 – 도   난 의롭게설수있 네 –

난 더이상정죄함 없 – 네 난 주보혈아 – 래있네 –

난 주보혈아 – 래있네 –   그 피로내죄 – 사했 – 네 –

하 나   님의긍휼 날 거룩케 하시었 네 –

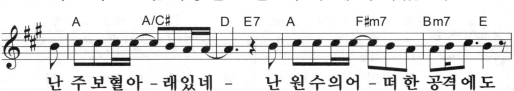

난 주보혈아 – 래있네 –   난 원수의어 – 떠한 공격에도

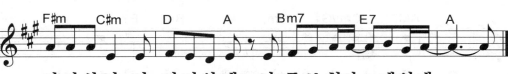

더 이상넘 어 지지않네 난 주보혈아 – 래있네 – –

A

462 이 땅의 황무함을 보소서

(부흥)

고형원

이 땅의 황무함을 보소서 - 하늘의 하나님 - 긍휼을 베푸시는 주여

우 리의 죄악 용서 하소서 - 이 땅 고쳐 주소 서

이제 우리 모두 하 나 되어 - 이 땅의 무너진 - 기초를 다시 쌓을 때

우 리의 우상들을 태우실 - 성령의 불 - 임하소 서

부흥의 불길 - 타오르게 하소서 - 진리의 말씀 - 이 땅 새롭게 하소서 -

은혜의 강물 - 흐르게 하소서 - 성령의 바람 - 이제 불어 와

오 - 주 의 - 영광 가 득한 새 날 주소 서

오 - 주 님 - 나 라 이 땅에 임 하소 서

전능하신 나의 주 하나님은 463

(Nosso Deuse poderoso)

Alda Celia

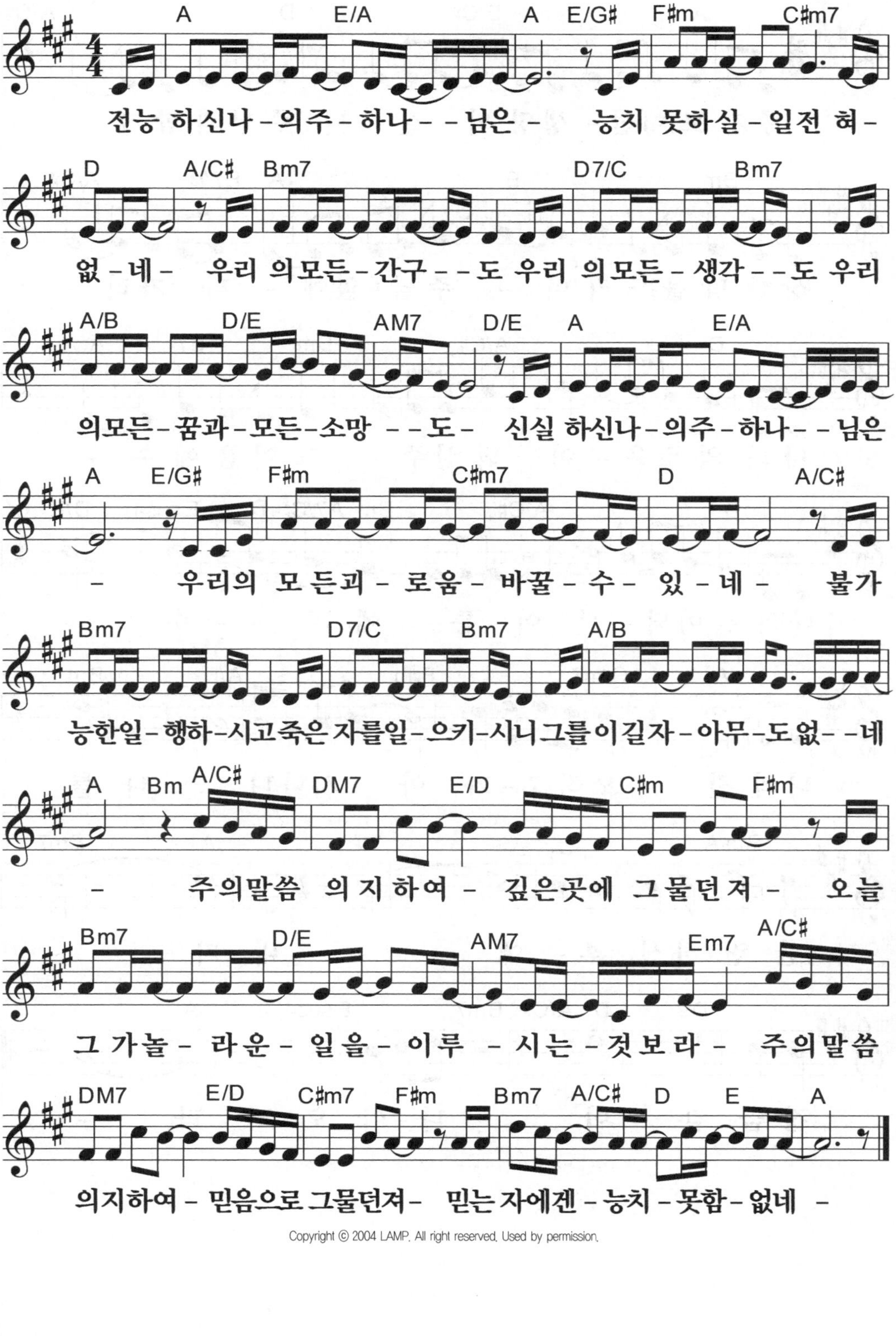

464 주가 보이신 생명의 길

박정은

주가 보이신 - 생명의 - 길 - 나 주님과함께 -
상한 맘을드리며 - 주님 - 앞에 - 나 - 가리 -
나의 의로움 - 이 되신주 - 그 이름예수 -
나의 길이되 - 신 이 - 름 - 예 - - - 수 -
나의 길 오직그 - 가 아 - 시나니 - 나 를
단 련 하신 후 - 에 - 내 가 -
정 금 같 이 나 - 아 오 리 라 -

주께 가까이 날 이끄소서 **465**

Adhemar de Campos

주 께 가까이 - 날 이끄소서 - - -

간 절 히주 - 님만 - 을원합니 - 다 - - 채 워 주소서 -

주 의 사랑을 - - - 진 정한찬 - 양드 - 릴수있도 - 록

목 마 - 른 나 의영혼 - 주 를 부르니 - -

나의맘 - 만져 - - 주 - 소서 - - 주님만을 원 합니다 -

더 원합니다 - - 나의맘 - 만져 - - 주소 - 서 -

A

466 주께 가오니

(The power of Your love)

Geoff Bullock

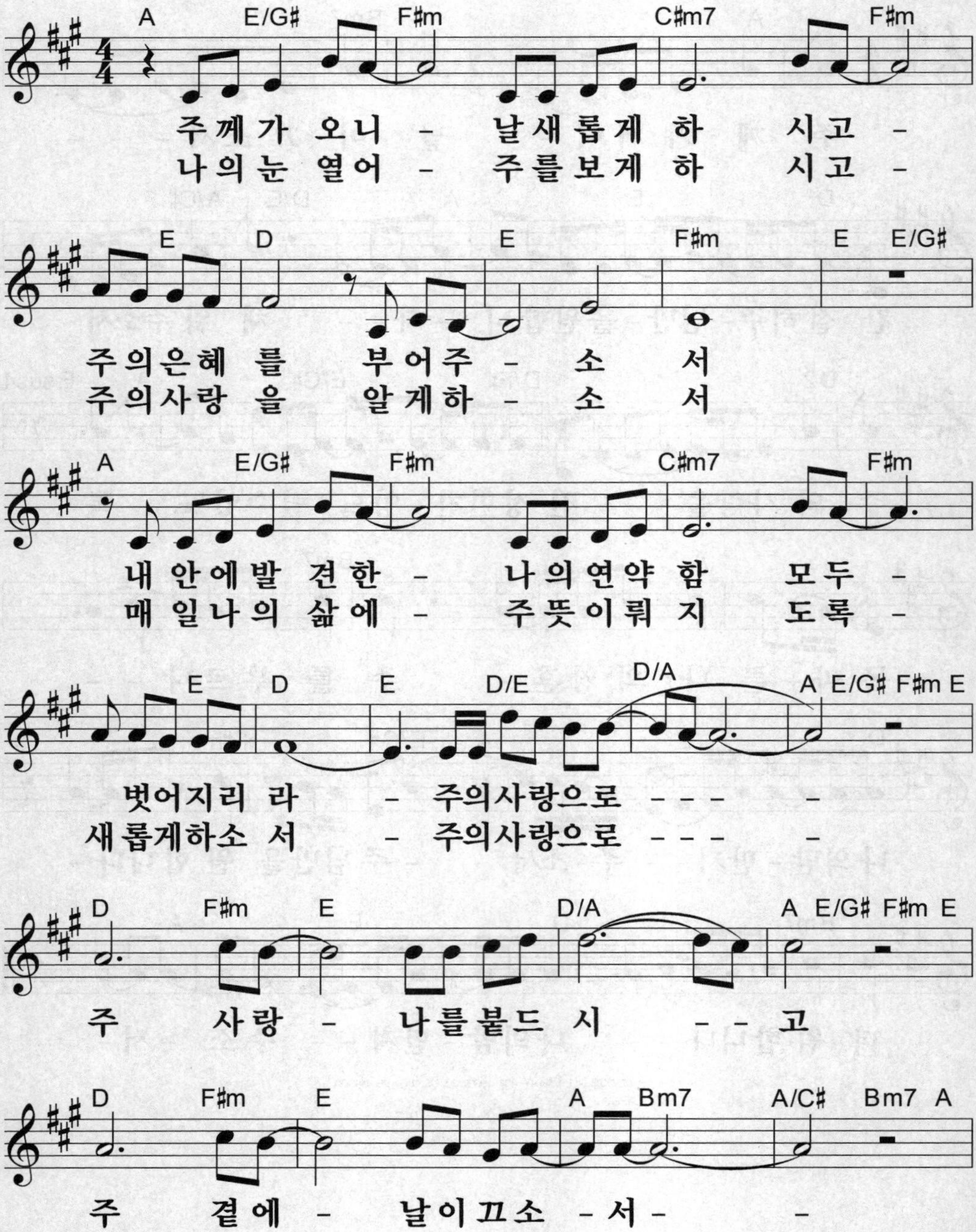

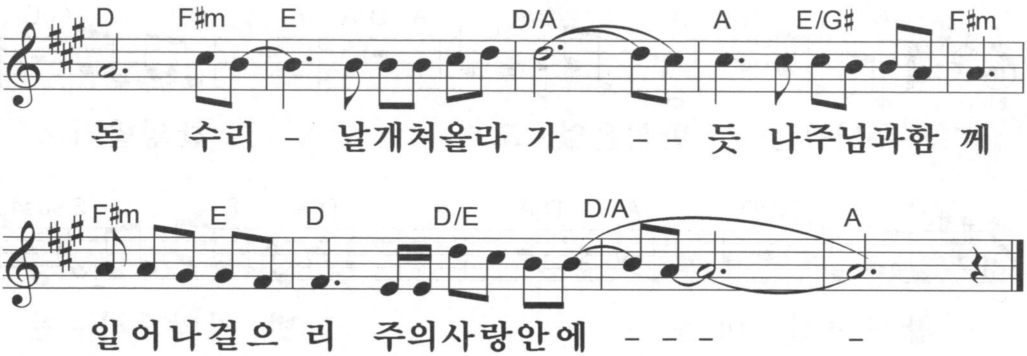

주께 가오니

독 수리 - 날개쳐올라 가 - - 듯 나주님과함 께

일 어나걸으 리 주의사랑안에 - - - -

A

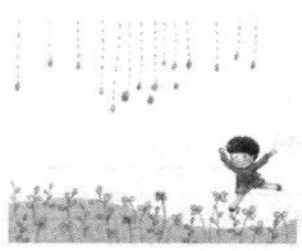

467 주님같은 반석은 없도다

(만세 반석 / Rock of Ages)

Rita Baloche

주님같은 　반석은없 – 도다 　찬 양받기

합 당하신 – 이 름 – 　변 치않으시 – 는

구 원의반석 – 　신 실하시고 – 진실하 – 신주

주님 같은 　반석은없 – 도 다

만 세반 – －석 　예 수내 – 반 – 석

만 세반 – －석 　예 수내 – 반 – 석

주님같은 　반석은없 – 도 다

주님 곁으로 날 이끄소서 468
(Draw me close to You)

Kelly Carpenter

주님곁 - 으로 - 　날이끄 - 소서 -
나의참 - 소망 - 　그무엇 - 과도 -

내모든것 - 다드 - 리며 - 　주음성들 - 기원 - 하네 -
바꿀수없 - 는주 - 사랑 - 　그품안에 - 나안 - 기리 -

주님의 - 길로 - 　인도하 - 소서 -

주님 - 만이 - 　내모 - 든것 - 되시 - 니 -

주님 - 만을 - 　더알게하 소서 -

A

469 주님 나라 임하시네

고형원

주님 나 라 임 하 시네 - 주의날은멀지않았 네

너는 일 어 나 주를따-르라 하나님널부르-시 네

세 상 은 아직 어둠 속에 - 빛되신주보기원하 네

너는 일 어 나 그 빛을발-하라 주님의영광 네게임-했

네 일어나 주 위해서라 - 강한용사-여- 주님이너와-너와

함께하-시네 주께서 다 시오실길 - 그 길예비하-라 -

영광의주님 -오 만왕의왕 곧오시 네 -

주님 당신은 사랑의 빛 470

(비추소서 / Shine Jesus, Shine)

Graham Kendrick

주 님 당신은 사 랑의-빛 어 둠가운데 비 추소-서

세 상의빛 예수 우 리를비추사 당 신의진 리로 우리를자유케

비 추 소 서 우 리 위 에

비 추 소서 - 주님 의 영 광 온 땅위에

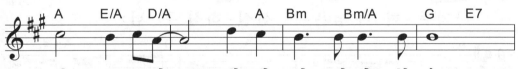

부 으소서 - 내게 성 령의 불을

넘 치소서 - 은혜 와 긍휼을 열방중에

전 하소서 - 빛 되 신 주의 말 씀

471 주님 보좌 앞에 나아가

(신실하신 하나님 / Lord I Come Before Your Throne Of Grace)

Robert Critchley & Dawn Critchley

주님은 내 삶에

(예수 만물의 주 / Lord over All)

Gary Sadler

주님은내삶에 – – 소망과 이유 – 되시며

내영혼의생수 – 귀한–보물 – 되–시네 –

주님은내맘에 – 불타는–사랑 – 되시며

나의모든호흡 – 온맘을다해 – 부르는– 노 – 래 – – – –

예 – 수 만 물 –의주 – – –

내 – 모 든 것되–신 주 – –

주 – 의 재 단–앞에 – 나가–오 니 – 주님의뜻

– 내안 에 이루–소서 – – –

472

A

473

주님은 아시네
(King of Majesty)

Marty Sampson

주님은 아시네 주 사랑 하는 맘
내 마음 다하여 주님께 고백해

이전보 - 다 더 - 주님 - 알 기 원 - 해 -
주님만 - 위 해 -

내 삶 - 드리기 - 원 해 위대하 - 신왕

- 내 맘 의 - - 한 소 - 망 언제나 - 주와 - 함 께

- 언 제 나 - 주와 - 함 께 -

예 수 나 의 영 혼 의 구 세 - 주

영 원 무 궁 히 주님만 을 나 찬양 - 하 리

주님이 주신 땅으로

(이 산지를 내게 주소서)

홍진호

주님이 주신 땅으로- 한걸음씩- 나아갈 때에

수많은 적들과 견고한성이- 나를 두렵게- 하지만

주님을 신뢰함으로- 주님을 의지함으로-

주님이 주시는 담대함으로- 큰 소리외치며- 나아가네

이산지를 내게주소-서- 그날에 -주께서

말씀-하신 이제내가 주님의 이름으로- 그땅

을 취하리니 이산지 을 취하리니 -

475 주님 큰 영광 받으소서

(Jesus shall take the highest honor)

Chris Bowater

주님 큰영광받 - 으 소서 -   홀로찬양받으 - 소 서

모든 이름위에 - 뛰어 난그이름 - 온 땅과하 - 늘이다찬 - 양 해

겸손하 - 게우리무 - 를 꿇고 -   주 이름앞 - 에영광돌 - 리 세

모 두절하세 - 독생 자예 - 수 - 주님께 - 찬양드 - 리 리 모든

영광 과존귀 와 능력 -   받으소서 -   받으소서 -

그 리 스 도   살아계신 -   하 나 님   -

주 앞에 나와 제사를 드리네 476

(온전케 되리 / Complete)

Andrew Ulugla

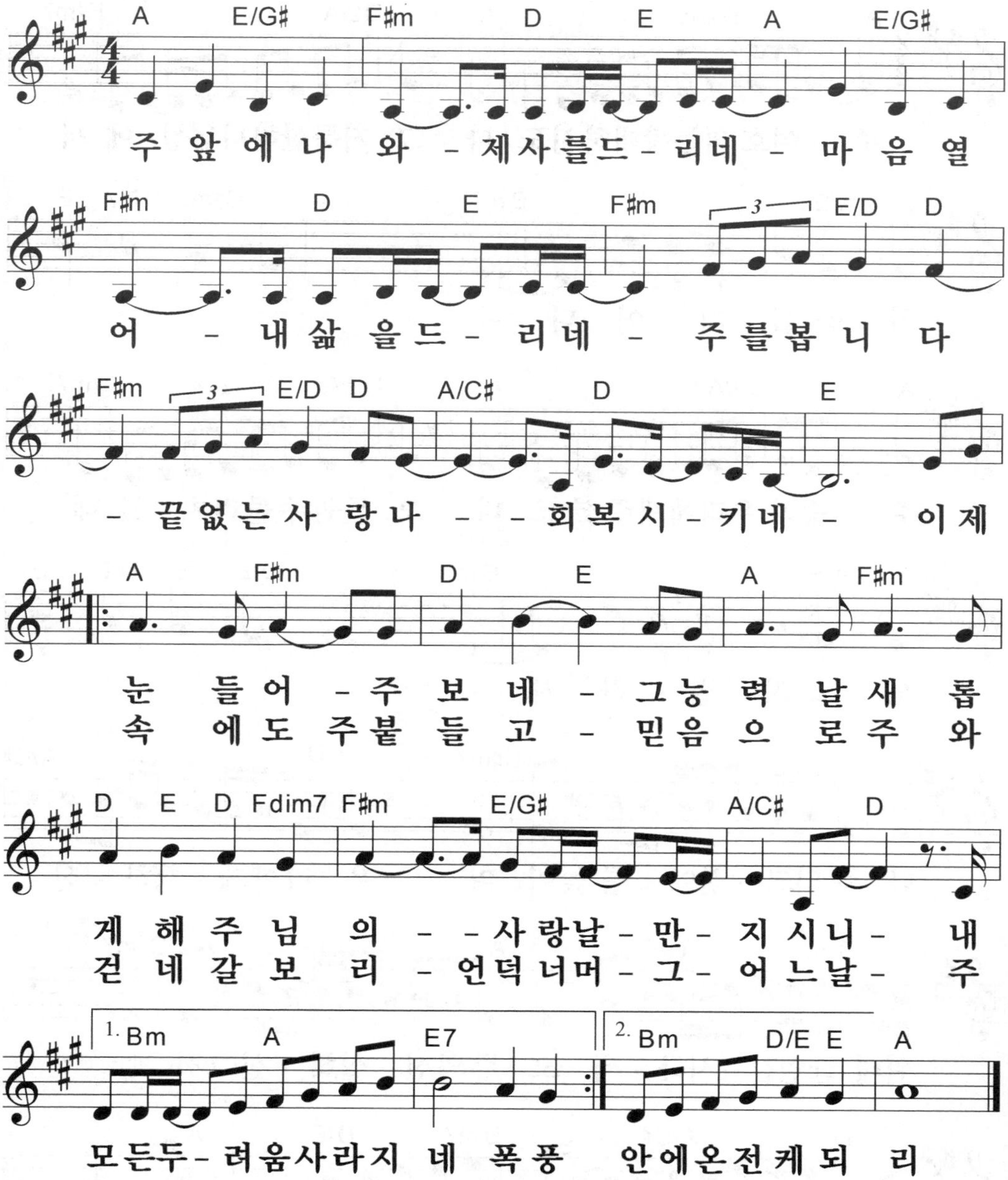

A

477 주 여호와는 광대하시도다

(Great is the Lord)

Steve McEwan

주 -여호 와는광대하시도 다 그 거룩한하나님성-에 서

찬 양할 지-어 다 -

주 -승리 우리에게주셨도 다 모 든원수물리치-셨 네

엎 드 려 절-하 세 -

다 주의크 - 신이 - 름높이 며 우 리에게- 행하 - 신

위대 한일감 - 사하 - 세 오 주의신 - 실하 - 신그사 랑

온 땅과하 - 늘위에게 -셔 홀로영원하신 이 름- -

주의 도를 버리고

(성령의 불로 / Holy Spirit)

Stephen Hah

주 의도를버리 고   헛된 꿈 을좇던우리 들
심 한고난을받 아   살소 망 까지끊어지 고

거 짓과교만 한 마음을   용 서하여주소 서
죽 음과같은 고 통에서   주 를보게하셨 네

하 나님의긍휼 로   부끄 러 운 우리삶 - 을 덮어주소서 -
용 서받을수없 는   나를 위 해 십자가 - 에 달리셨으니 -

우리의 - 소망   우리의 - 구원   주 께간구합니 다
주사랑 - 에서 그 어느누 - 구도   끊 을수는없으 리

성   령의 - 불 로   나 의 맘을태워 주소서 -

성   령의 - 불 로   나의 영혼 새롭게하소 서

A

479 주의 집에 영광이 가득해

(Redeemed)

John Barnett

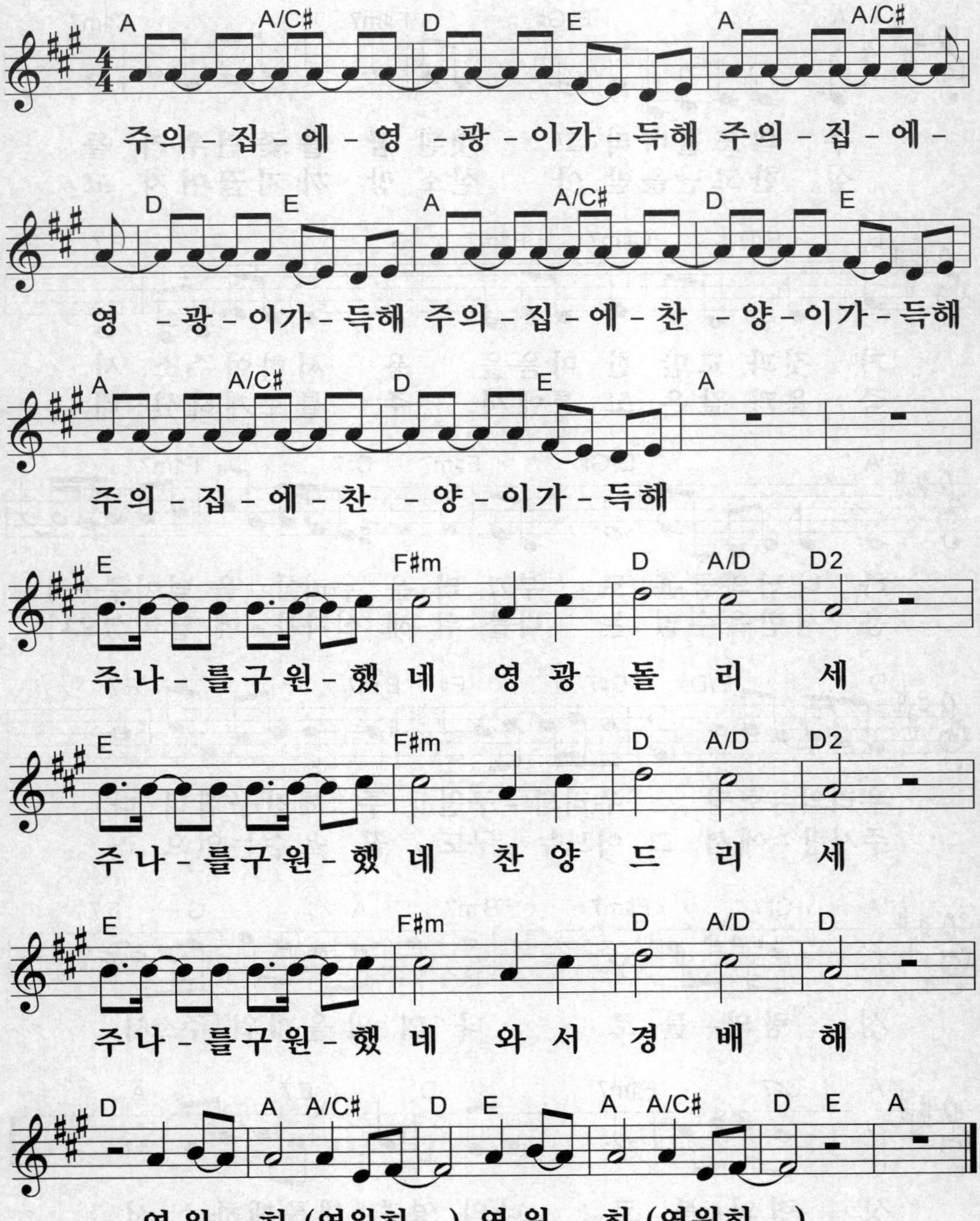

주 하나님 독생자 예수 480

(하나님의 독생자 / Because He Lives)

Gloria Gaither & William J. Gaither

주하나 님   독생자예 수   날위하 여
주안에 서   거듭난생 명   도우시 는
그언젠 가   주뵐때까 지   주를위 해

오시었 네   내모든 죄   다사하 시고
주의사 랑   참기쁨 과   확신가 지고
싸우리 라   승리의 길   멀고험 해도

죽음에 서 부 활하신 나 의구세 주
예수님 의 도 우심을 믿 으며살 리
주님께 서 나 의앞길 지 켜주시 리

살아계신 주   나의참된 소 망   걱정근 심

전혀없 네   사랑의 주 내   갈길인도 하 니

내모든 삶 의기쁨 늘 충만 하 네

A

481 지금 우리는 마음을 합하여

(일어나 새벽을 깨우리라)

조동희

지금 우리는- 마-음을 합하여- 진정으로 찬양할때니 -
지금 우리가- 하나님의 지하고- 담대히 - 나갈때이니 -

모이자- 하나되 자 우리가갈- 길이라 -
모이자- 하나되 자 주님이지키시리라 -

찬양과 (온맘과 정성을다해-) 기도와 (주님께서 기도하신것처럼-)

말씀속에 (권능으로 임 하시니) 사랑으 로 하나되 자

우리의 젊음 모두다 해 주님을 찬 양 하 며

온세상 에 주의사랑 전하리 라 -

일어나 - 새벽을 깨 우리 라- 지금 너희가- 하나될때이 니

일어나- 새벽을 깨 우리 라- 내가 너희와 -함께 하리라 -

지금은 엘리야 때처럼

(Day of Elijah)

482

Robin Mark

지금-은엘리야때 처럼- 주 말씀-이선-포되고 -
에스-겔의-환상 처럼- 마 른뼈-가살-아나며 -

또 주의-종모세의 때와- 같이- 언약-이성취-되 네
또 주의-종다윗의 때와- 같이- 예배-가회복-되 네

비록 전쟁-과기근-과 핍박- 환 난날-이다가-와 -도 -
추수-할때가-이 르러- 들 판- -은희어-졌 -네 -

우 리는-광야 의외 치는- 소리-주 의길을예- -비하라 -
우리 -는추 수할 일꾼- 되어-주 말씀을선- -포하리 -

보 라 주 - 님 구름타시고 - 나팔불때에 -

다시오-시 네 모두외 치 - 세 이는은혜의해니 -

시온에서 구 원이임하 네   또 네

483 찬양이 언제나 넘치면

김석균

찬양이 언제나 넘 치면 – 은 혜로 얼굴이 환해요 –
감 사가 언제나 넘 치면 – 은 혜로 얼굴이 환해요 –
사 랑이 언제나 넘 치면 – 은 혜로 얼굴이 환해요 –
기 도가 언제나 넘 치면 – 은 혜로 얼굴이 환해요 –

성 령의 충만한 모 – 습을 – 서 로가느 – 껴 요

할렐루 할렐루손뼉 치 –면서 할렐루 할렐루 소리외 –치며

할 렐루 할렐루 두손을 –들고 주 님을찬양해 요

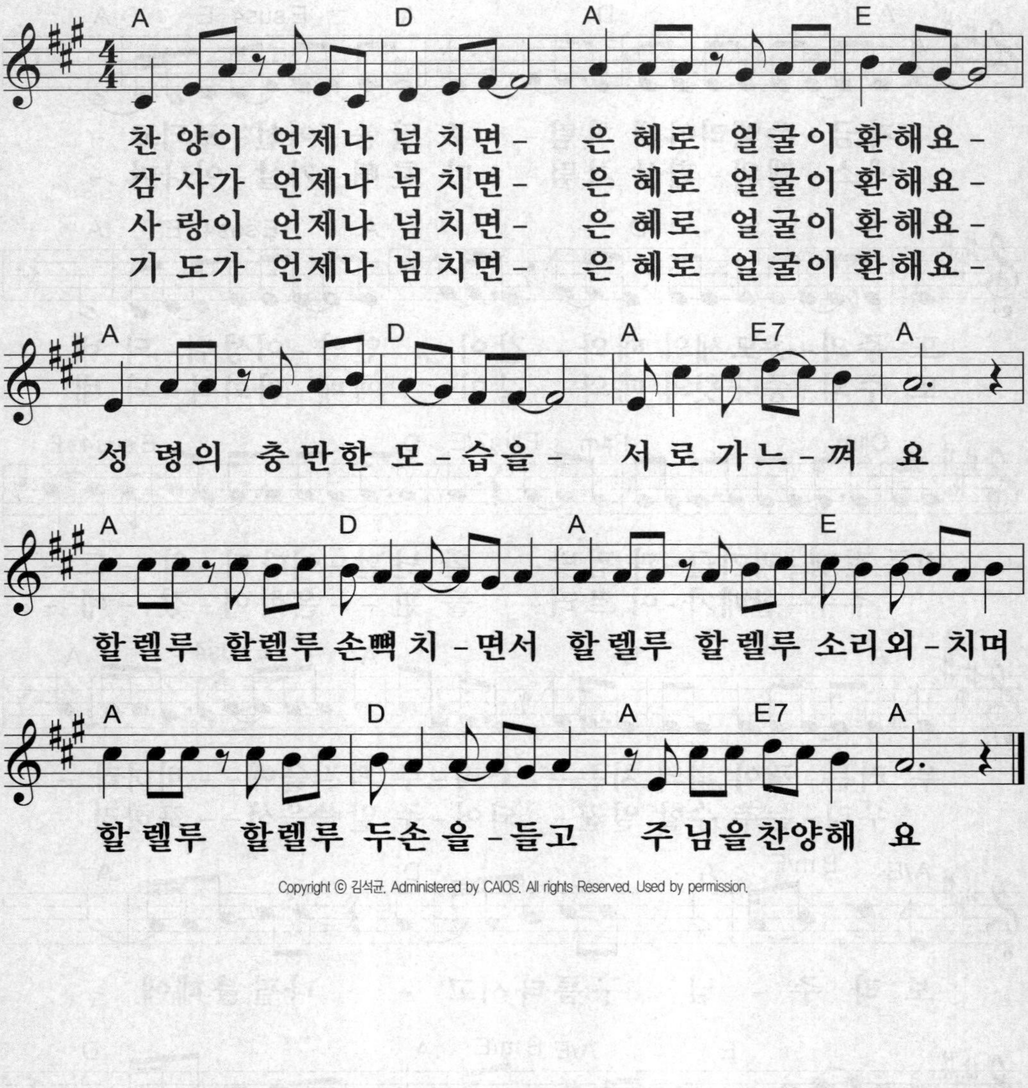

찬양하세
(Come let us sing)

Danny Reed

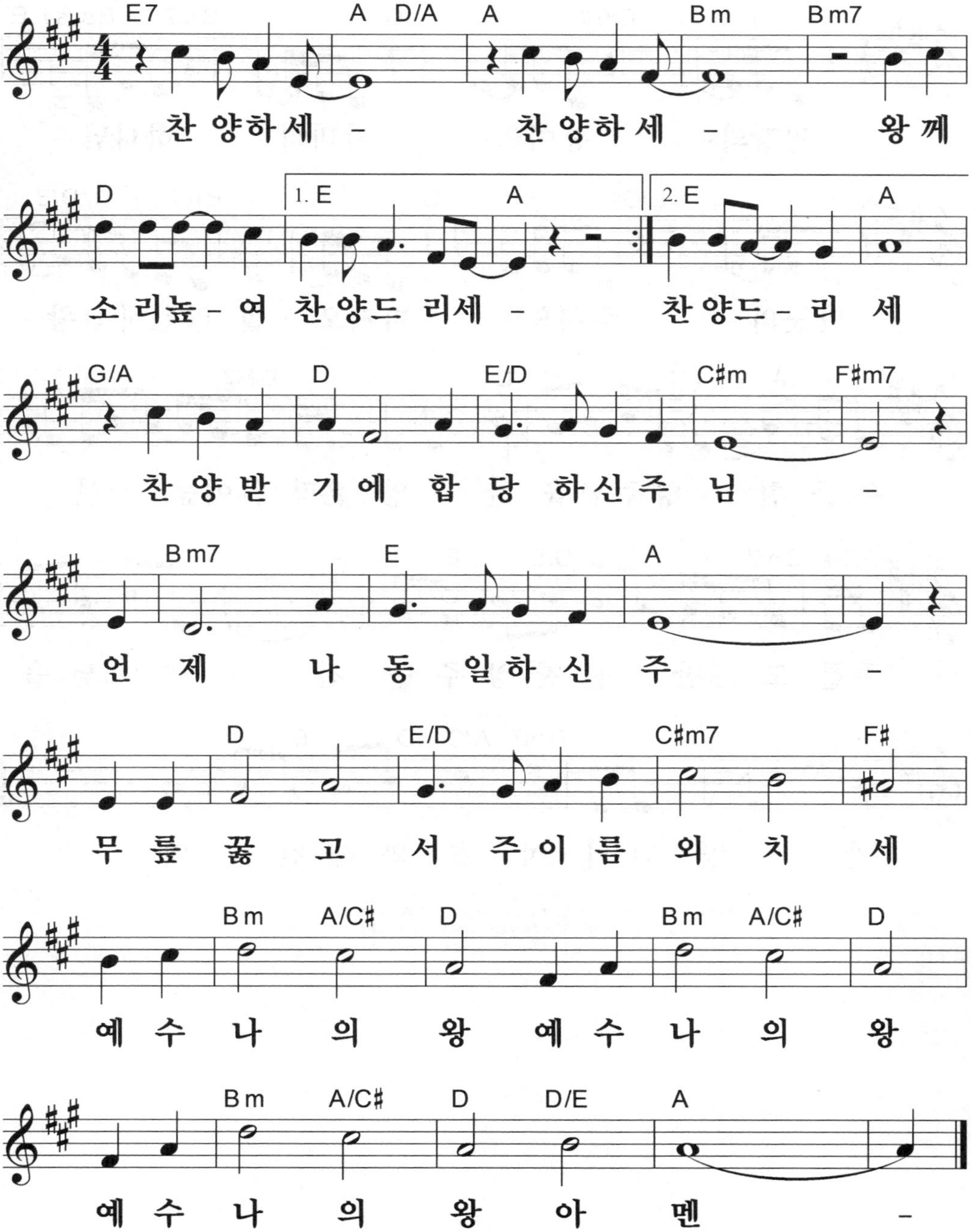

485

평강의 왕이요
(I extol You)

Jennifer Randolph

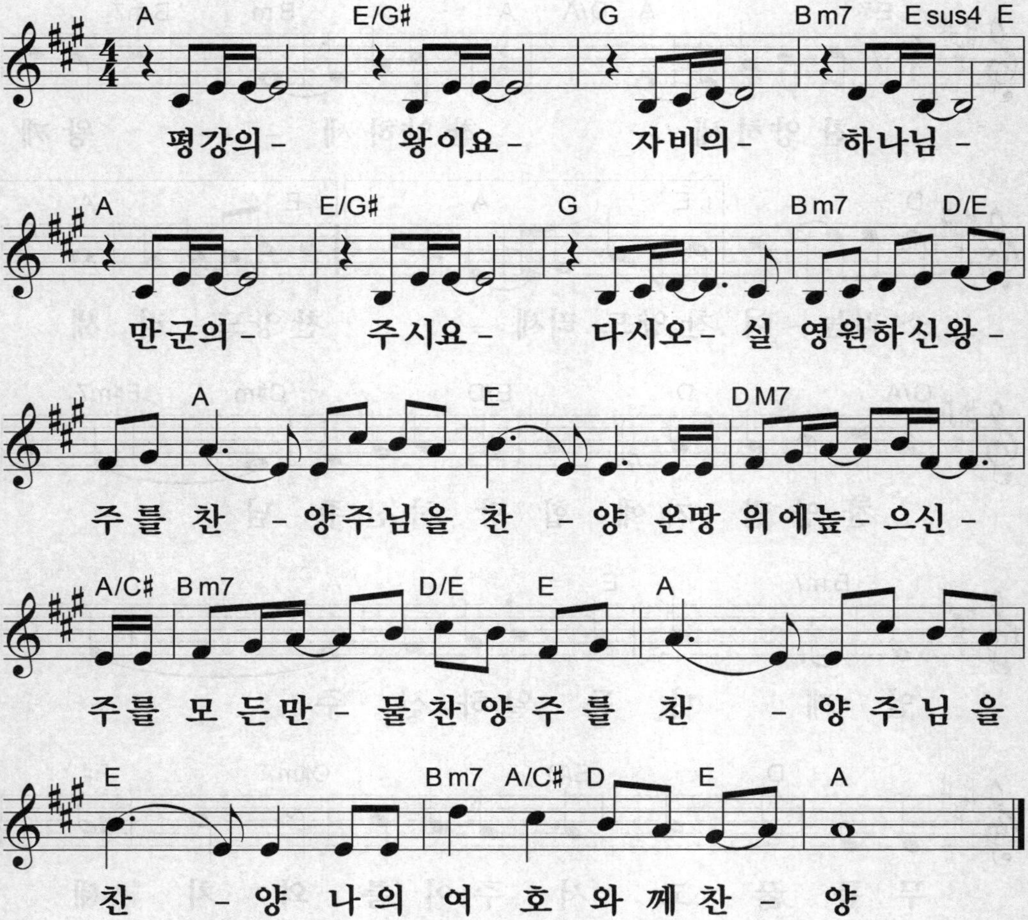

하나님 어린 양
(Lamb of God)

Chris Bowater

486

하 나 님 - 어 린 양 - 독 생 자 - 예 - 수 -

날 위 해 - 죽 으 신 - 주 님 -

주 흘 리 신 - 그 보 혈 이 - 나 의 죄 를

정 결 케 하 네 - 내 영 을 - 고 치 시 네

송 축 하 리 라 - 화 목 케 하 신 주 -

나 의 모 든 죄 - 깨 끗 케 하 - 셨 네 -

송 축 하 리 라 - 귀 하 신 어 린 양 -

모 두 절 하 고 - 모 두 외 치 리 라 -

A

487 하나님은 우리의 피난처가 되시며

(너희는 가만히 있어 / Psalm 46)

Stephen Hah

하 -나님은 우리의- 피 -난처가 되시며-

환 -난중에 우리의- 힘 -과도움 이시라-

너 희는가만히 있 -어- 주 가하나님- 됨 알찌-어다

열 방과세계가 운 -데- 주가 높임을- -받으리 라

사 랑합니다내 아버지- 찬 양합니다- 내 온맘다하여

선 포합니다예 수그리스도 주님 오심을- -기다리 며

하나님의 사랑을 사모하는자 488

(주만 바라 볼지라)

박성호

하나 님의 사 - 랑을 사모하는자 하나 님의 평 - 안을
님께 찬 - 양과 경배하는자 하나 님의 선하심을

바라보는자 너의 모 든것창조하신 우리주님이
닮아가는자 너의 모 든것창조하신 우리주님이

너를 얼마나사랑하시는 지   하나 자녀삼으셨 네

하나 님 사랑 의 눈으로 - 너를 어느때나바라보시 고

하나 님 인자 한 귀로써 - 언제 나너에게기울이시 니

어두 움에 밝은빛을 비춰주시고 너의 작은신음에도 응답하시니

너는 어느곳에있 - 든지 주를향하고 주만 바라볼 찌

라 하나 라 주만 바라 볼 찌라 -

A

489 하늘 위에 주님 밖에

(주는 나의 힘이요 / God is the Strength of My Heart)

Eugene Greco

하늘위 에주 -님- 밖에 -

내가 사모할자 -이세상 -에 -없 -네 -

내 맘과힘 은 믿 을수 -없 네 -

오 직한 가 지 그 진 리를 -믿네 주는나의

-힘 이요 -주는나의 -힘 이요 -주는나의

-힘 이요 -영원히 -주를 의 지 -하 리

주는나의 영원 - -히 -

하늘의 문을 여소서

(임재)

조영준

하늘의문을여 소서 - 이곳을 주목하소서- 주를

향한노래가 - 꺼지 지않으니 - 하늘을열고보 소서-

이곳에임재하 소서 - 주님을 기다립니다- 기도

의 향기가 - 하늘 에닿으니 - 주여임재하여 주 소서

- 이 곳에오셔 서 - 이곳 에앉으 소서 - 이곳에서드

리는 - 예배를받으소 서 주님의이름 이 - 주님의이름

만이 - 오직주의이 름만 - 이곳에있습니 다 이곳에오셔 다

491 햇빛보다 더 밝은곳

햇빛보다더밝은곳 내집 있네 햇빛보다더밝은곳 내집 있네
예수믿고구원됐네 예수 믿어 예수믿고구원됐네 예수 믿어
예수님은다시오네 다시 오네 예수님은다시오네 다시 오네

햇빛보다더밝은곳 내집 있네 - 푸 른 하 늘 저 편
예수믿고구원됐네 예수 믿어 - 예 수 믿 으 시 오
예수님은다시오네 다시 오네 - 우 리 데 려 가 리

내주여내주여 날들으소서 내주여내주여 날들으소서

내주여내주여 날들으소서 - 푸 른 하 늘 저 편

형제여 우리 모두 다 함께 492

정종원

형제여 - 우리 모두다함께 - 주님을 - 높이 부르세

자매여 - 우리 손을내밀어 - 주님께 - 사랑 드 리세

주님은 - 우리모 일때 늘 임하시 는주 맘과

뜻 - 다해 - 주를 높 - 이세 - 주님은 기 뻐 하시네 오

주님을찬양 - 주님을찬양 - 우리주님을 - 찬양 해

주 님을 주 님을 주 님을 찬 양

주님을찬양 - 주님을찬양 - 우리주님을 - 찬양 해

주 님 을 주 님 을 주 님 을 찬 양

493 내 안에 주를 향한 이노래

(아름다우신)

심형진

내 안에 - 주를향 한 이 노래   영원한노래있으 니
십 자가 - 그사랑 찬 양 하 리   날구원하신그사 랑

날 향한 - 주님의 크 신 사랑   영원히찬양하리 라
내 삶을 - 드려찬 양 하 리 라

놀라우신주의사 랑   영원히찬양하리 -라- 아름다

우-신- 오놀라우-신- 형언할 -수없는-사랑 - 오위대

하 -신- 하나님 의사랑 영원 히 찬양 -하리 -

- 주와 같은분-은 없 -네- 이세상 -그누-구도 - 주와

같은분-은없 -네- 누구도 -비길수-없네 - 주와 - 아름다

내 삶의 소망

(예수 닮기를)

심형진

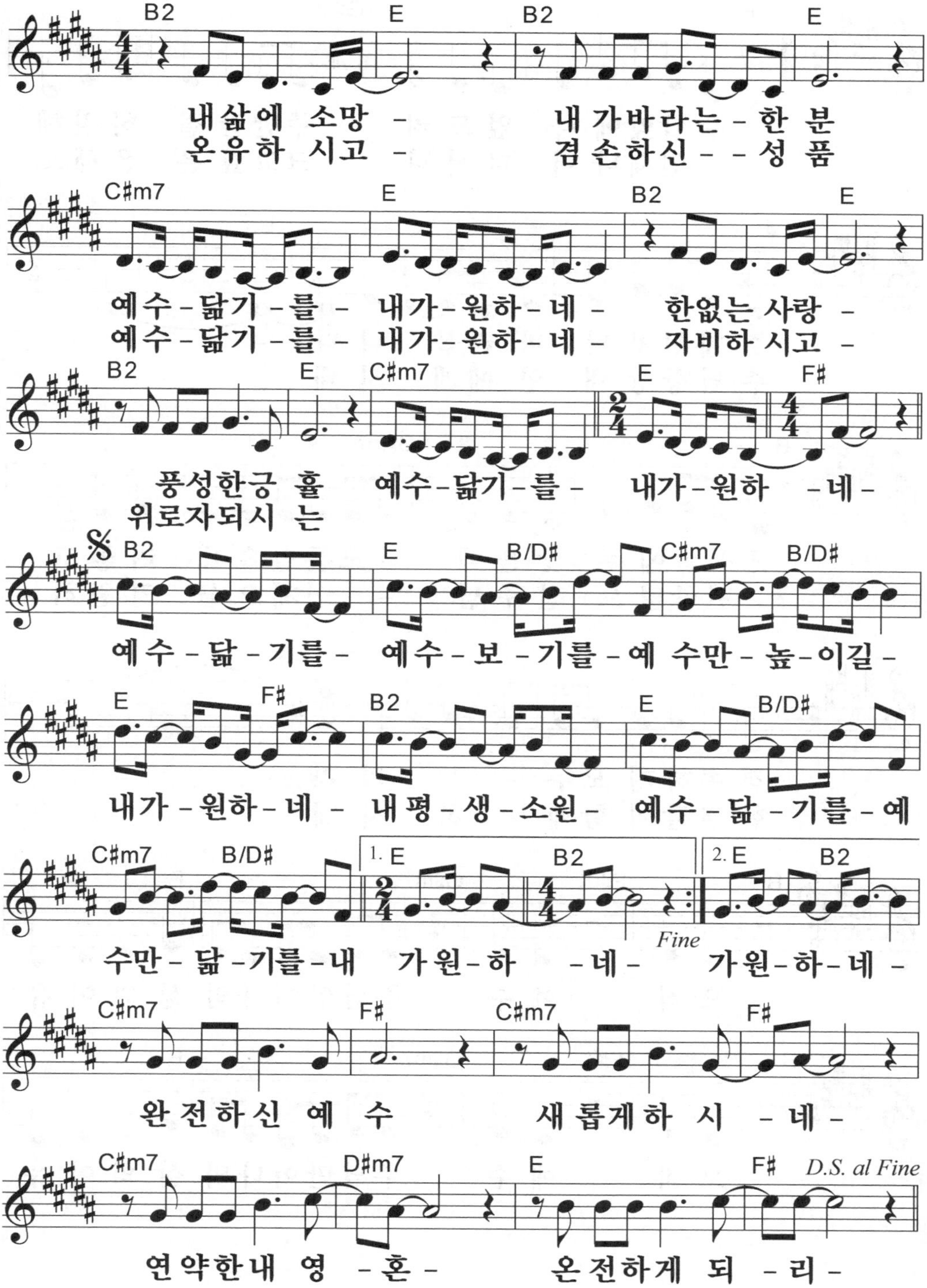

495 주 발 앞에 나 엎드려

(오직 예수 / One Way)

Joel Houston & Jonathon Douglass

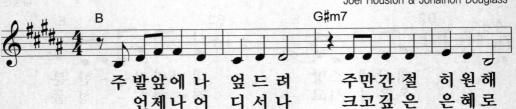

주발앞에나 엎드려 　주만간절 히원해
언제나어 디서나 　크고깊은 은혜로

주 계신곳나 바라봅ㅡ니다 ㅡ 　ㅡ
주 님항상내 안에계ㅡ시네 ㅡ 　ㅡ

근 심속에주 찾을때 ㅡ모든필요내 려놓고
변 함없으 신주님 ㅡ 어제오늘 영원히

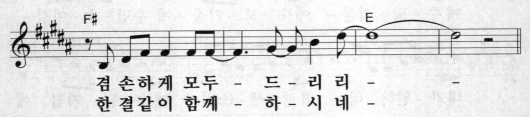

겸 손하게모두 ㅡ드ㅡ리리 ㅡ 　ㅡ
한 결같이함께 ㅡ하ㅡ시네 ㅡ

오 직 예 수 주님만이나의 삶 의이유

오 직 예 수 주님만이나의 삶 의이유

주 발 앞에 나 엎드려

오 직   예 수   주님만이나의 삶 의 이 유

오 직   예 수   주님만이나의 삶 의 이 유

주 님 은길 과진 - 리 생명 나는 - 오 직 -믿 음

- 으로 -살 리 -   주만 -위 해 -살 리 -   -

주님만이나의 삶 의 이 유   -

B

496 주 이름 찬양
(Blessed be Your name)

Matt Redman

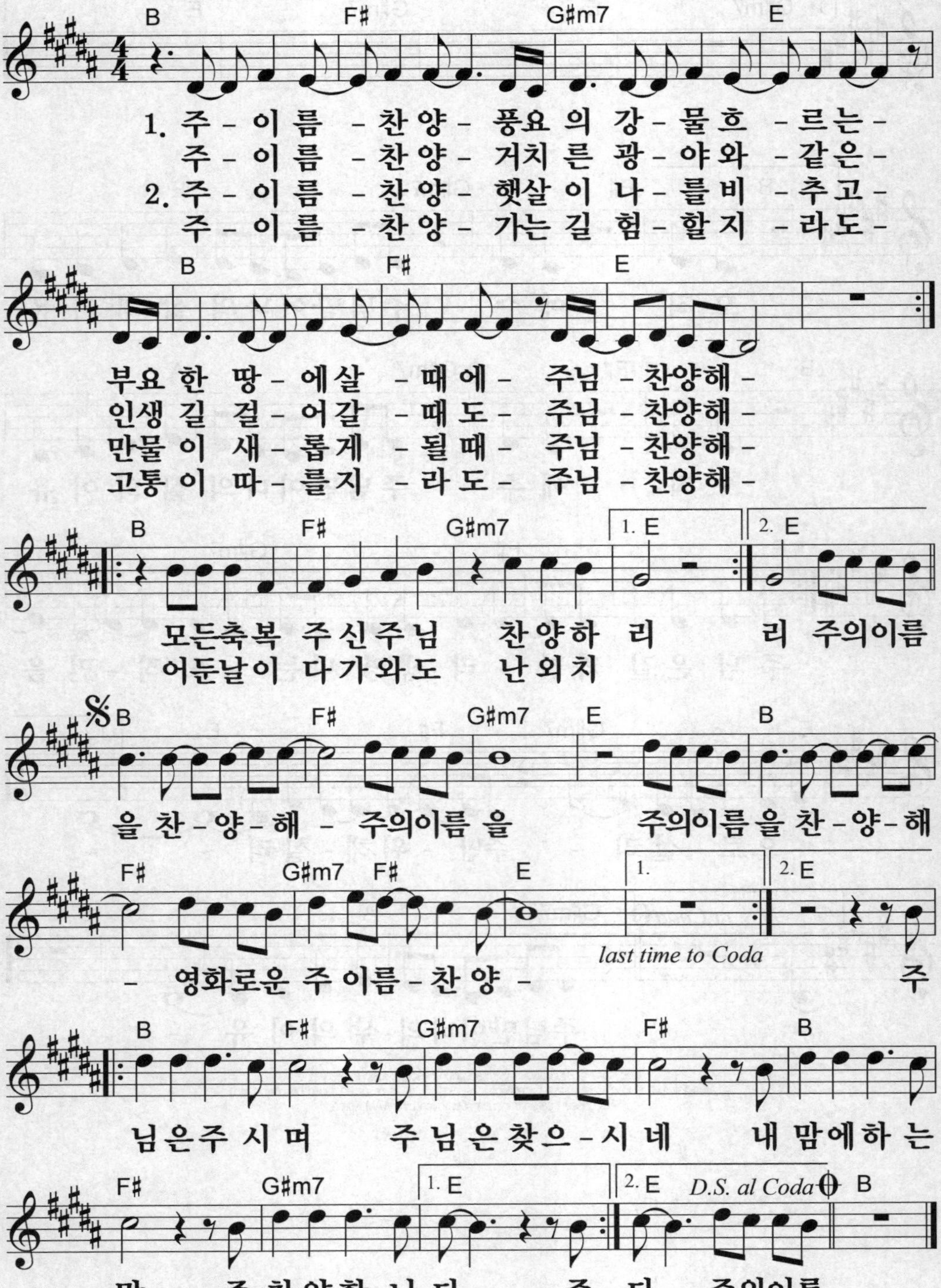

내일 일은 난 몰라요

(I know who holds my hand)

Ira F. Stanphill

내일 일은 난 몰라요 하루 하 루살아 요
좁은 이 길 진리의 길 주님 가 신 그 옛 길
만 왕의 왕 예수께서 이세 상 에 오셔 서

불행 이 나요 행함 도 내 뜻 대 로 못 해 요
힘이 들 고 어려워 도 찬송 하 며 갑니 다
만 백성 을 구속하 니 참 구 주 가 되시 네

험한 이 길 가고 가 도 끝은 없 고 곤 해 요
성령 이 여 그 음성 을 항상 들 려 주소 서
순 교 자 의 본을 받 아 나의 믿 음 지키 고

주님 예 수 팔 내미 사 내 손 잡 아 주소 서 서
내 마음 은 정했어 요 변 치 않 게 하소 서 서
순 교 자 의 신앙 따 라 이 복 음 을 전하 세

내일 일 은 난 몰라 요 장 래 일 도 몰라 요
내일 일 은 난 몰라 요 장 래 일 도 몰라 요
불 과 같 은 성령이 여 내 맘 에 항 상 계 셔

아 버 지 여 날 붙 드 사 평 탄 한 길 주옵 소 서
아 버 지 여 아 버지 여 주 신 소 명 이루 소 서
천 국 가 는 그 날 까 지 주 여 지 켜 주옵 소 서

B

498 목적도 없이

(험한 십자가 능력있네 / The old rugged cross made the difference)

William J. Gaither

목적도 없이나 는방황 했네 – –

소망도 없 – 이 살았 네 –

그때에 못자국 난 그 손길 – –

나에게 새생 명주 셨 네 –

험한 십 – 자가에 –능력 있네 – –

거기서 나의 삶이 변했 네 –

찬양하 – 리 주 이 름 영원 – 히 –

주의 십자 가능 력 있 네 –

나는믿 네 갈보리 언덕 십 – 자가 –

목적도 없이

나 는 믿 네 그 누 가 뭐 라 해 도 –

이 세 상 다 지 나 고 끝 날 이 와 도

험 한 십 자 가 붙 들 겠 네 –

나 는 믿 네 십 자 가 에 서 못 박 힌 주

오 늘 도 새 삶 을 주 시 네 –

날 새 롭 게 하 셨 네 나 는 새 피 조 물

십 자 가 잡 고 살 아 가 리 –

나 는 믿 네 갈 보 리 언 덕 십 자 가 – 나 는 믿

– 험 한 십 자 가 붙 들 겠 네 –

B

499 이제 내가 살아도

(사나 죽으나)

최배송

이 제내가 -- 살 아도 주 위해살 고
이 제내가 -- 떠 나도 저 천국가 고

이 제내가 -- 죽 어도 주 위해죽 네
이 제내가 -- 있 어도 주 위해있 네

하 늘영광 -- 보여주며 날 오라하 네
우 리예수 -- 찬송하며 나 는가겠 네

할 렐루야 -- 찬송하며 주 께갑니 다
천 군천사 -- 나팔불며 마 중나오 네

그러므로 나는 사 나죽으나 - 주 님것이 - 요

사 나 -죽으나 --- 사 나 -죽으나

날 위해피흘리 -신 내주 님의 것이 요

감당 못 할 고난이 닥쳐와도 500

(내가 승리 하리라)

김석균

감당못할고난이 닥쳐와도 - 나 는두렵지않 네
소돔같은재앙이 온다해도 - 나 는두렵지않 네
원치않는질병이 찾아와도 - 나 는두렵지않 네
부귀영화명예가 떠나가도 - 나 는두렵지않 네

여호와의손잡고 일어나 - 반 드시승리하리 라
여호와는내방패 이시며 - 피 난처되시는도 다
여호와의치료의 손길이 - 내 몸을감싸주시 네
여호와로인하여 감사와 - 기 쁨이넘쳐나도 다

여호와 - 만군의하 - 나님이 나에게 - 능 력을 - 주시니
여호와 - 구원의하 - 나님이 나에게 - 새 힘을 - 주시니
여호와 - 창조의하 - 나님이 나에게 - 새 생명 - 주시니
여호와 - 전능의하 - 나님이 나에게 - 지 혜를 - 주시니

무 슨 - 일 을만 - 나든지 내 가 승리하리 라
무 슨 - 일 을만 - 나든지 항 상 찬송하리 라
무 슨 - 일 을만 - 나든지 항 상 기뻐하리 라
무 슨 - 일 을만 - 나든지 항 상 감사하리 라

B

♥ 날마다 **찬미예수** (500곡)

초판 발행일	2017년 5월 1일
펴낸이	김수곤
펴낸곳	ccm2u
출판등록	1999년 9월 21일 제 54호
악보편집	노수정, 김종인
업무지원	기태훈, 김한희
디자인	이소연
주소	서울시 송파구 백제고분로 27길 12 (삼전동)
전화	02-2203-2739
FAX	02-6455-2798
E-mail	ccm2you@gmail.com
Homepage	www.ccm2u.com

KOMCA 한국음악저작권협회
Flash on
출판 016500831